黄埔海关年鉴

2023

《黄埔海关年鉴（2023）》编纂委员会　编

中国海关出版社有限公司
·北京·

图书在版编目（CIP）数据

黄埔海关年鉴. 2023 /《黄埔海关年鉴（2023）》编纂委员会编. -- 北京：中国海关出版社有限公司，2024. 6. --（中国海关史料丛书）. -- ISBN 978-7-5175-0818-2

Ⅰ. F752.55-54

中国国家版本馆 CIP 数据核字第 2024TB9950 号

黄埔海关年鉴（2023）

HUANGPU HAIGUAN NIANJIAN (2023)

作　　者：《黄埔海关年鉴（2023）》编纂委员会
责任编辑：夏淑婷
责任印制：孙　倩
出版发行：中国海关出版社有限公司
社　　址：北京市朝阳区东四环南路甲 1 号　　邮政编码：100023
编 辑 部：01065194242-7539（电话）
发 行 部：01065194221/4238/4246/5127（电话）
社办书店：01065195616（电话）
https://weidian.com/?userid=319526934（网址）
印　　刷：北京新华印刷有限公司　　经　　销：新华书店
开　　本：889mm × 1194mm　1/16
印　　张：22　　字　　数：507 千字
版　　次：2024 年 6 月第 1 版
印　　次：2024 年 6 月第 1 次印刷
书　　号：ISBN 978-7-5175-0818-2
地图审图号：粤 S（2023）039 号
定　　价：200.00 元

《黄埔海关年鉴（2023）》编纂委员会

《黄埔海关年鉴（2023）》
编辑部

总　　编　谢玉茹　钟　声

副 总 编　张　胜　沈方操　路　博

主　　编　潘海强

副 主 编　王静远　孙洪丽　冯　超

编辑部成员　（按姓氏笔画排序）

于惠中　王　单　王　超　王　静　邓　靓　叶　林
吕永才　朱　莉　向　彬　刘真真　闫　婧　关恩红
杨　宇　杨　阳　杨贵铖　李丽莉　肖双红　肖瑞琪
何伟峰　何丽华　何薇倩　沈孔忠　沈梓岚　张　洁
张宇航　张炜东　张俊豪　张晓仪　陈岱媚　陈晓芝
武月婷　林　平　和丽娟　郑　忠　赵　辉　施　琼
袁　峰　徐　晖　黄　捷　黄铃珊　梅玉枝　龚盛玮
常立丽　梁　珣　韩　聪　曾纪锐　谢　政　谢惠旋
赖志凯　詹　瞻　蔡嘉颖　廖　昕

编辑说明

一、《黄埔海关年鉴》坚持以马克思列宁主义、毛泽东思想、邓小平理论、“三个代表”重要思想、科学发展观、习近平新时代中国特色社会主义思想为指导，坚持辩证唯物主义和历史唯物主义的立场、观点和方法，围绕黄埔海关党委决策部署，全面、客观、系统地记载黄埔海关关区海关监管服务情况。

二、《黄埔海关年鉴（2023）》是由《黄埔海关年鉴（2023）》编纂委员会组织编纂，黄埔海关各单位共同参与的资料性工具书，主要载录黄埔海关2022年关区发展的基本资料。

三、《黄埔海关年鉴（2023）》采用分类编辑法，以类目、分目、条目组成框架结构的主体部分。设有特载，专记，大事记，党的建设，业务建设，综合保障，隶属海关单位，所属事业单位、社会团体，荣誉・名录，海关统计资料共10个类目。

四、《黄埔海关年鉴（2023）》所载录的文章和条目，均由黄埔海关各单位负责撰写或提供，并经单位负责人审核。因供稿单位统计口径不同，有的数据在不同条目中不尽一致。数据采用法定计量单位，个别遵从习惯。如个别数据与黄埔海关统计部门公布的数据有出入，以黄埔海关统计部门数据为准。涉及货币单位“元”，未标明币种的，均指人民币。文中撰稿人按姓氏笔画排序。

黄埔海关关区示意图

1:120000 0 5000 10000 15000 20000 米

海关专题图片

领导活动

^ 2022 年 11 月 24 日，黄埔海关党委书记、关长金海向全关宣讲党的二十大精神 （黄埔海关办公室　供图）

^ 2022 年 12 月 30 日，黄埔海关党委书记、关长金海（前排左二）在基层党建联系点黄埔老港海关处置科党支部调研 （黄埔老港海关　供图）

2022年11月23日，黄埔海关党委书记、关长金海（右二）在东莞港7号、8号泊位调研（沙田海关　供图）

2022年11月22日，黄埔海关党委书记、关长金海（右一）在东莞海关保税监管三科党支部参加主题党日活动（东莞海关　供图）

2022年7月15日，黄埔海关党委书记、关长郑汉龙（中）主持召开第一次外贸形势分析会（黄埔海关办公室　供图）

> 2022年5月18日，黄埔海关党委书记、关长郑汉龙（左二）在基层党建联系点黄埔老港海关处置科党支部参加主题党日活动（黄埔老港海关　供图）

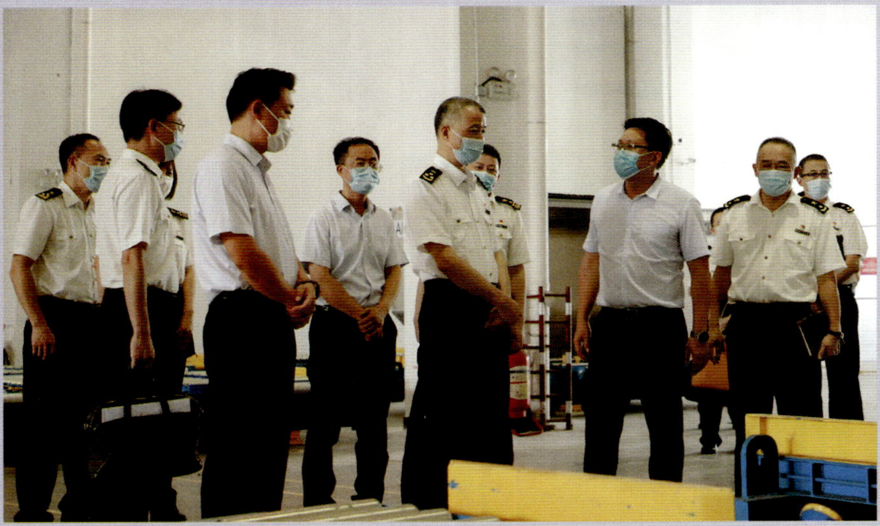

< 2022年7月26日，黄埔海关党委书记、关长郑汉龙（中）深入虎门港综合保税区实地调研项目试点情况（沙田海关　供图）

> 2022年9月19日，黄埔海关党委书记、关长郑汉龙（中）在常平海关调研（常平海关　供图）

< 2022年10月20日，黄埔海关党委委员、缉私局局长王彬（左二）在缉私局海缉处督导安保维稳工作（黄埔海关缉私局　供图）

> 2022年10月11日，黄埔海关党委委员、副关长周运保（左二）在穗东海关调研（穗东海关　供图）

< 2022年2月25日，黄埔海关党委委员、政治部主任钟文新（中）出席省直机关党的工作会议并做交流发言（黄埔海关机关党委　供图）

< 2022年4月14日，黄埔海关党委委员、纪检组长邝力（右三）在黄埔老港海关调研（黄埔老港海关　供图）

> 2022年11月30日至12月1日，黄埔海关党委委员、政治部主任柳陲（右三）在穗东海关调研　（穗东海关　供图）

< 2022年7月19日，黄埔海关党委委员、副关长谢玉茹（左二）在黄埔老港海关调研（黄埔老港海关　供图）

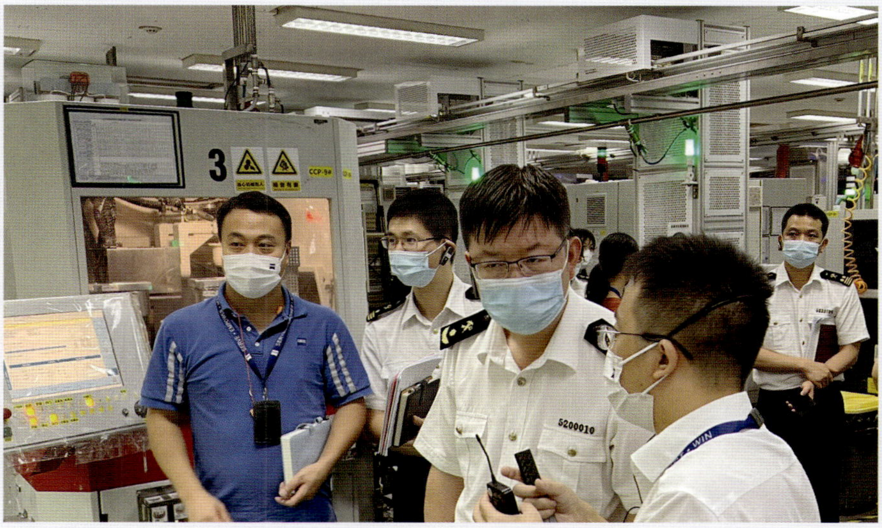

> 2022年5月24日，海关总署风险防控局（黄埔）局长薛永磊（中）在广州某企业调研 ［海关总署风险防控局（黄埔） 供图］

< 2022年5月18日，黄埔海关党委委员、副关长林利忠（左三）在东莞长安海关调研（东莞长安海关 供图）

> 2022年3月9日，黄埔海关党委委员、副关长包黎明（中）收听收看全国海关动植物检疫工作电视电话会议 （黄埔海关动植物检疫处 供图）

入党誓词
我志愿加入中国共产党，拥护党的纲领，
遵守党的章程，履行党员义务，执行党的决
定，严守党的纪律，保守党的秘密，对党忠
诚，积极工作，为共产主义奋斗终身，随时
准备为党和人民牺牲一切，永不叛党。
接受集中闭环管理的考验
确保打胜仗零感染

铸忠诚

ZHU ZHONG CHENG

2022年3月1日，沙田海关组织开展“政治生日”会（沙田海关 供图）

^ 2022 年 5 月 31 日，黄埔新港海关举办疫情防控青年突击队授旗仪式（黄埔新港海关供图）

^ 2022 年 6 月 15 日，黄埔海关第三派驻纪检组党支部在夏港街道“闯创干”实践馆开展主题党日活动（穗东海关　供图）

< 2022年6月24日，东莞海关开展"星火"读书会活动（东莞海关 供图）

> 2022年6月30日，常平海关开展"重温入党誓词"活动，热烈庆祝中国共产党成立101周年（常平海关 供图）

< 2022年7月20日，穗东海关学习习近平总书记在中央和国家机关党的建设工作会议上的重要讲话（穗东海关 供图）

< 2022年9月7日，海关总署风险防控局（黄埔）在广州市黄埔区、广州开发区反腐倡廉教育基地开展特色党日活动［海关总署风险防控局（黄埔） 供图］

< 2022年9月15日，太平海关举办“奋进新征程　喜迎二十大”先进典型事迹报告会（太平海关　供图）

< 2022年10月17日，黄埔海关机关党委（政工办）召开支部党员大会，集中研讨交流党的二十大精神（黄埔海关机关党委　供图）

> 2022 年 10 月 21 日，东江口海关党支部举办党的二十大知识竞赛（东江口海关供图）

< 2022 年 10 月 28 日，黄埔海关缉私局警务督察处党支部与太平分局侦查二科党支部通过视频会议形式开展党建“云”共建活动（黄埔海关缉私局 供图）

> 2022 年 11 月 8 日，黄埔老港海关关员积极开展学习党的二十大精神（黄埔老港海关 供图）

2022 年 10 月 12 日，沙田海关关员在码头开展安全巡查（沙田海关　供图）

担
使
命
DAN
SHI
MING

^ 2022 年 1 月 27 日，东莞海关关员在东莞市跨境电商中心园区监管跨境电商 B2B 出口车辆（东莞海关　供图）

> 2022 年 2 月 17 日，增城海关关员对供港蔬菜进行出口前监管（增城海关　供图）

2022 年 2 月 18 日，黄埔老港海关派员参加黄埔区打击人员非法入境、防范境外疫情输入联合行动（黄埔老港海关供图）

^ 2022 年 4 月 2 日，增城海关关员对供港鸡苗开展监管 （增城海关　供图）

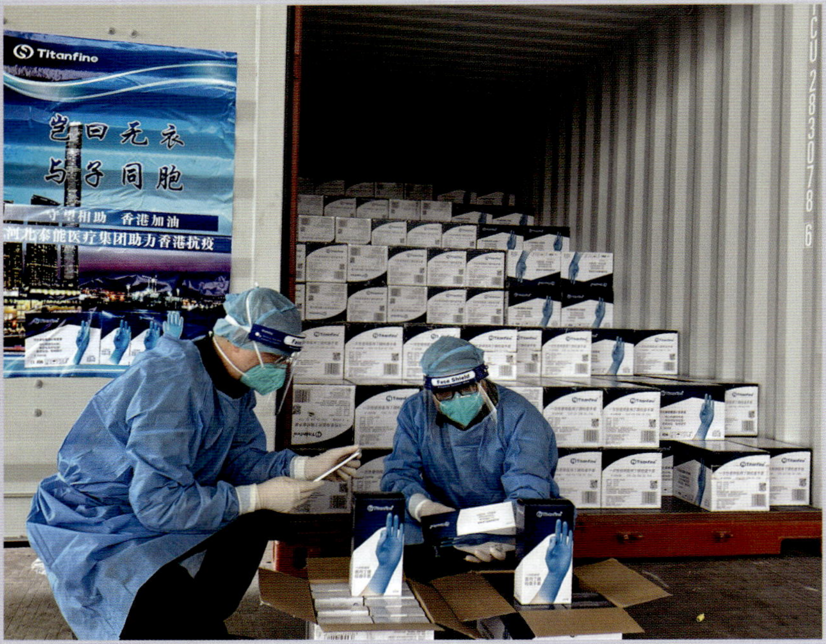

< 2022 年 4 月 12 日，沙田海关关员对捐赠医用手套进行现场查验（沙田海关　供图）

> 2022年5月9日，东莞海关关员对供港调味制品实施查验（东莞海关 供图）

∨ 2022年7月21日，凤岗海关关员对供港蛋制品实施监管（凤岗海关 供图）

^ 2022 年 8 月 5 日，沙田海关关员在三级监控指挥中心对出口货物进行监管 （沙田海关　供图）

^ 2022 年 8 月 10 日，凤岗海关关员对出口预制菜实施监管（凤岗海关　供图）

^ 2022 年 8 月 25 日，常平海关关员对出口观赏鱼进行监管（常平海关　供图）

^ 2022 年 10 月 21 日，新沙海关关员对出口欧洲灯具实施查验（新沙海关　供图）

2022 年 10 月 12 日，沙田海关关员在国际码头对出口水泥预制件进行监装 （沙田海关　供图）

守国门

SHOU
GUO
MEN

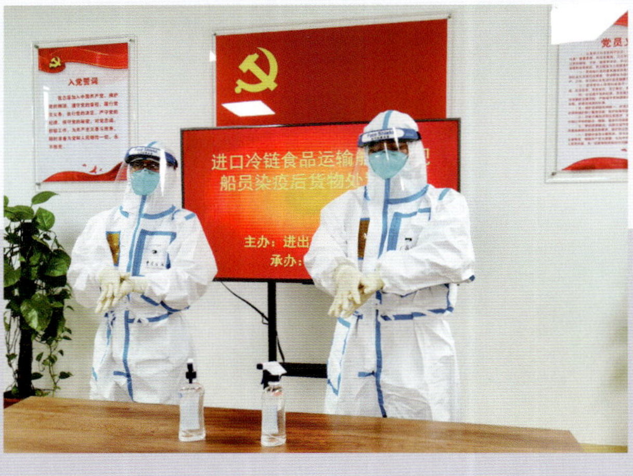

^ 2022 年 4 月 7 日，新沙海关关员开展进口冷链食品运输船舶出现船员染疫后货物处置演练 （新沙海关　供图）

^ 2022 年 4 月 11 日，穗东海关、东江口海关关员首次开展“两仓”货物检查与库存核查联合作业 （穗东海关　供图）

v 2022 年 4 月 27 日，沙田海关关员对退运“洋垃圾”监装入柜 （沙田海关　供图）

< 2022年7月19日，广州片区入境人员卫生检疫专班在高温下登船作业（黄埔老港海关　供图）

∨ 2022年7月19日，沙田海关关员高温下开展登轮检疫作业（沙田海关　供图）

^ 2022 年 8 月 22 日，新沙海关关员对进口货车开展查验（新沙海关　供图）

v 2022 年 8 月 31 日，太平海关关员对某锂电池企业实施稽查（太平海关　供图）

2022 年 9 月 20 日，增城海关关员对中欧班列出口货物实施现场监管（增城海关　供图）

< 2022 年 9 月 28 日，黄埔海关开展口岸监管环节突发事件应急处置演练（黄埔海关口岸监管处供图）

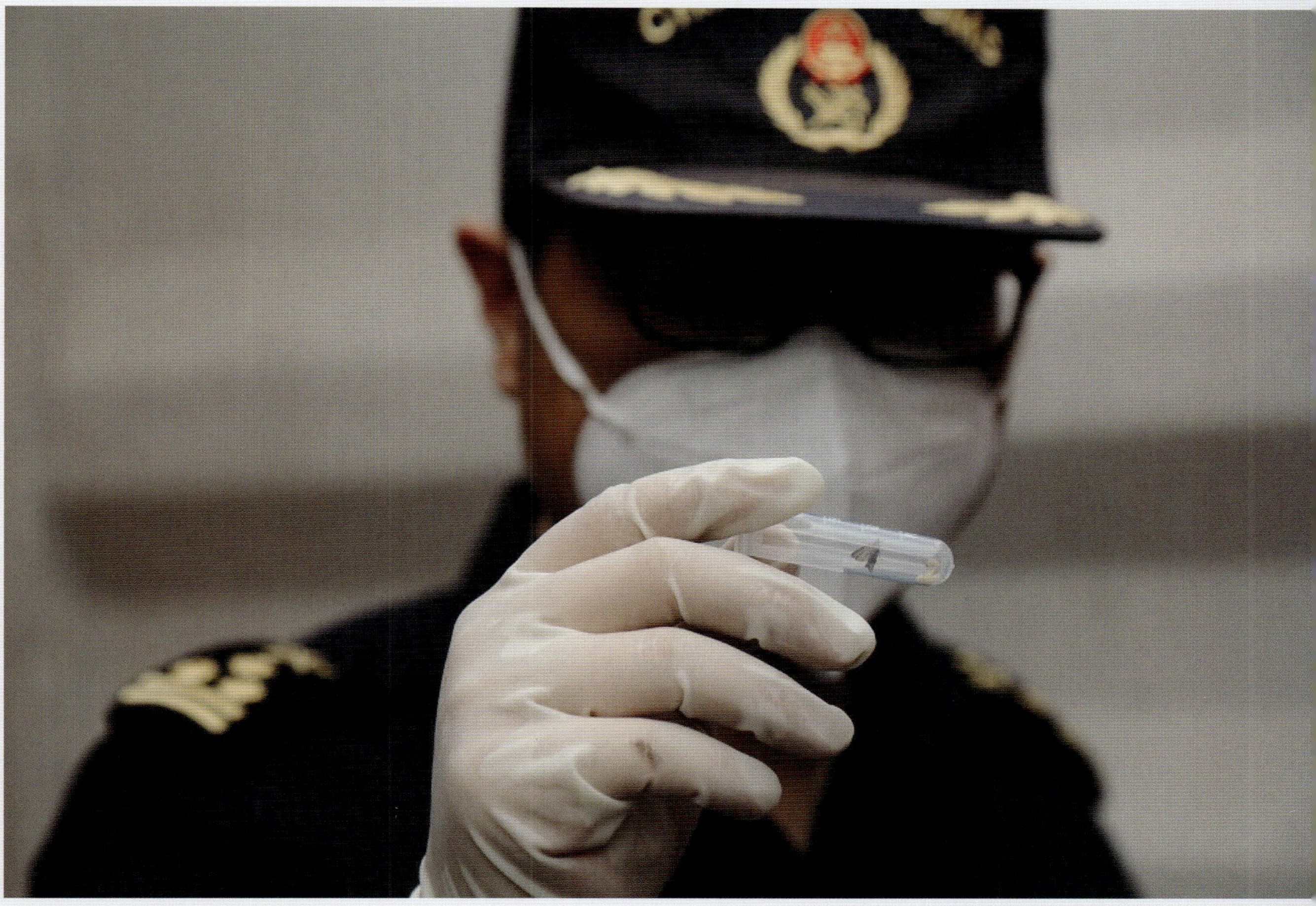

^ 2022年11月17日，黄埔老港海关关员从进口散装玉米中截获有害生物印度谷螟（黄埔老港海关　供图）

< 2022年10月12日，新沙海关关员对出口汽车实施查验（新沙海关　供图）

2022 年 1 月 27 日，沙田海关关员在东莞港 5、6 号码头准备登临采样 （沙田海关　供图）

促发展
CU
FA
ZHAN

2022 年 3 月 11 日，东莞海关关员在东莞全农蔬果种植基地对供港蔬菜实施安全监测（东莞海关　供图）

2022 年 3 月 22 日，新沙海关关员排查车辆冷却管路泄露风险（新沙海关　供图）

^ 2022 年 4 月 6 日，萝岗海关关员对供港澳大熊猫食用竹叶进行监管 （萝岗海关　供图）

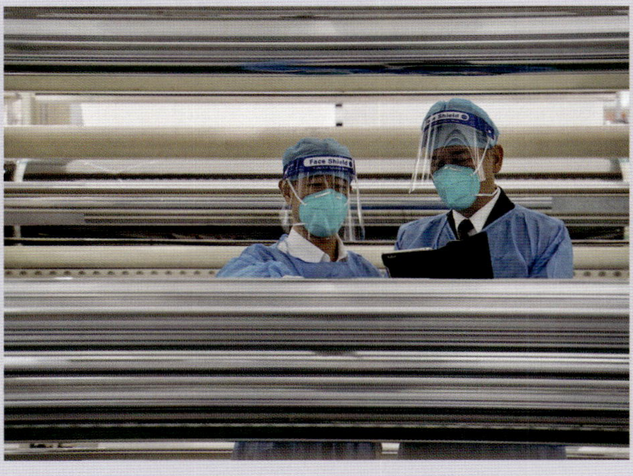

^ 2022 年 4 月 19 日，萝岗海关关员对某公司生产设备开展外验 （萝岗海关　供图）

^ 2022 年 5 月 12 日，太平海关关员对某食品公司萨琪玛生产车间开展实地核查 （太平海关　供图）

^ 2022 年 3 月 22 日，新沙海关关员排查车辆冷却管路泄露风险（新沙海关供图）

v 2022 年 6 月 15 日，穗东海关关员在京东保税仓开展现场检查（穗东海关　供图）

< 2022年6月29日，受全国海关教育培训中心委托，黄埔海关协办中荷海关实训工作线上交流活动（黄埔海关教育处　供图）

∨ 2022年7月12日，新沙海关关员对进口小麦实施查验（新沙海关　供图）

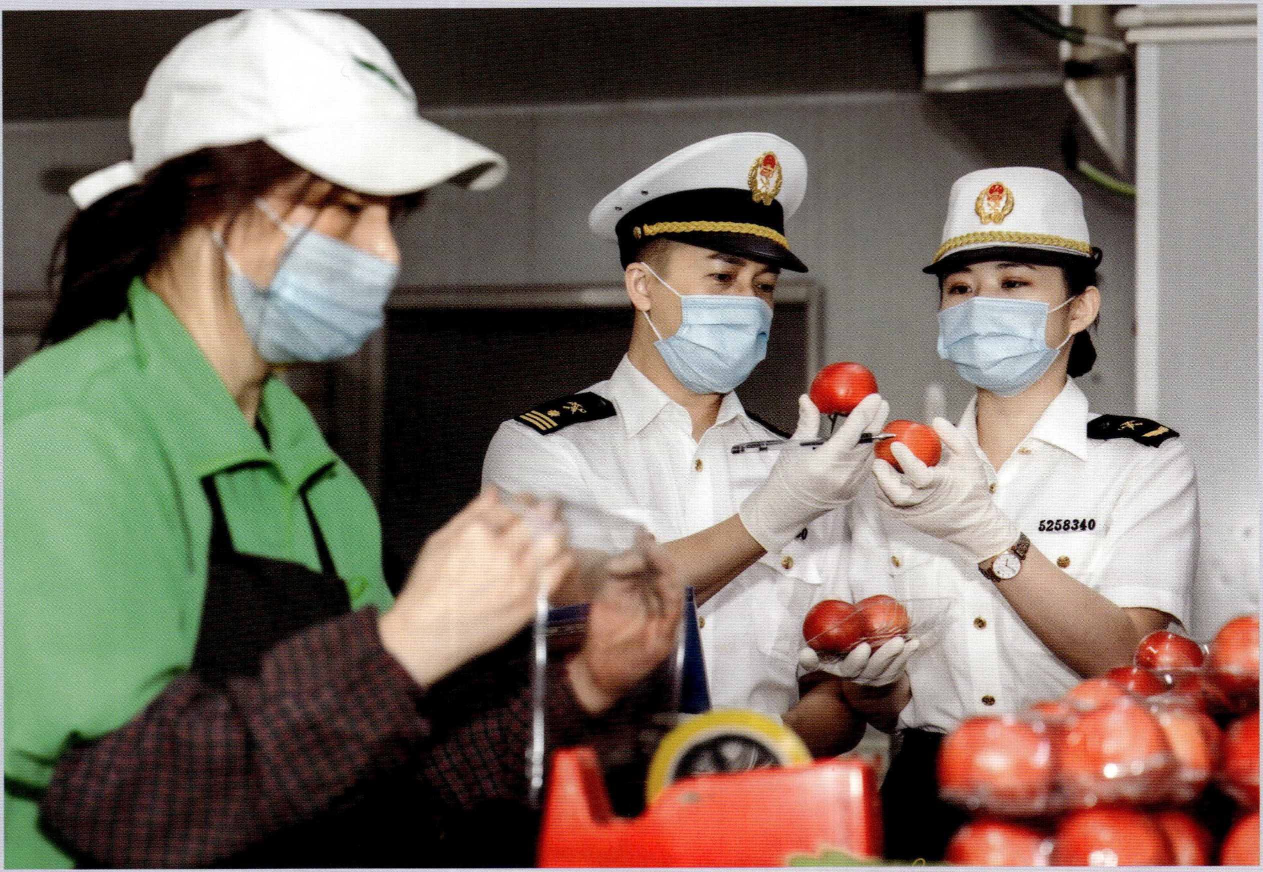

2022 年 7 月 18 日，东莞海关关员在供港蔬菜加工企业开展检查 （东莞海关　供图）

2022 年 8 月 9 日，东莞长安海关关员在某企业开展核查作业 （东莞长安海关　供图）

2022 年 8 月 12 日，穗东海关关员在新型显示器件制造企业查验真空包装货物 （穗东海关　供图）

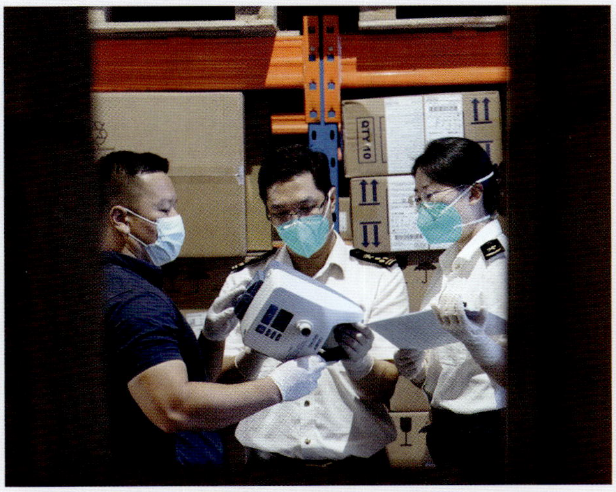

^ 2022 年 9 月 8 日，萝岗海关关员对某企业进口医疗器械进行检验监管（萝岗海关　供图）

^ 2022 年 10 月 28 日，沙田海关关员在东莞国际码头保税仓库开展实地巡查（沙田海关　供图）

v 2022 年 10 月 31 日，东莞海关关员在世界杯周边产品生产企业开展调研（东莞海关　供图）

2022 年 5 月 7 日，新沙海关关员开展进口汽车查验作业 （新沙海关　供图）

齐奋斗

QI FEN DOU

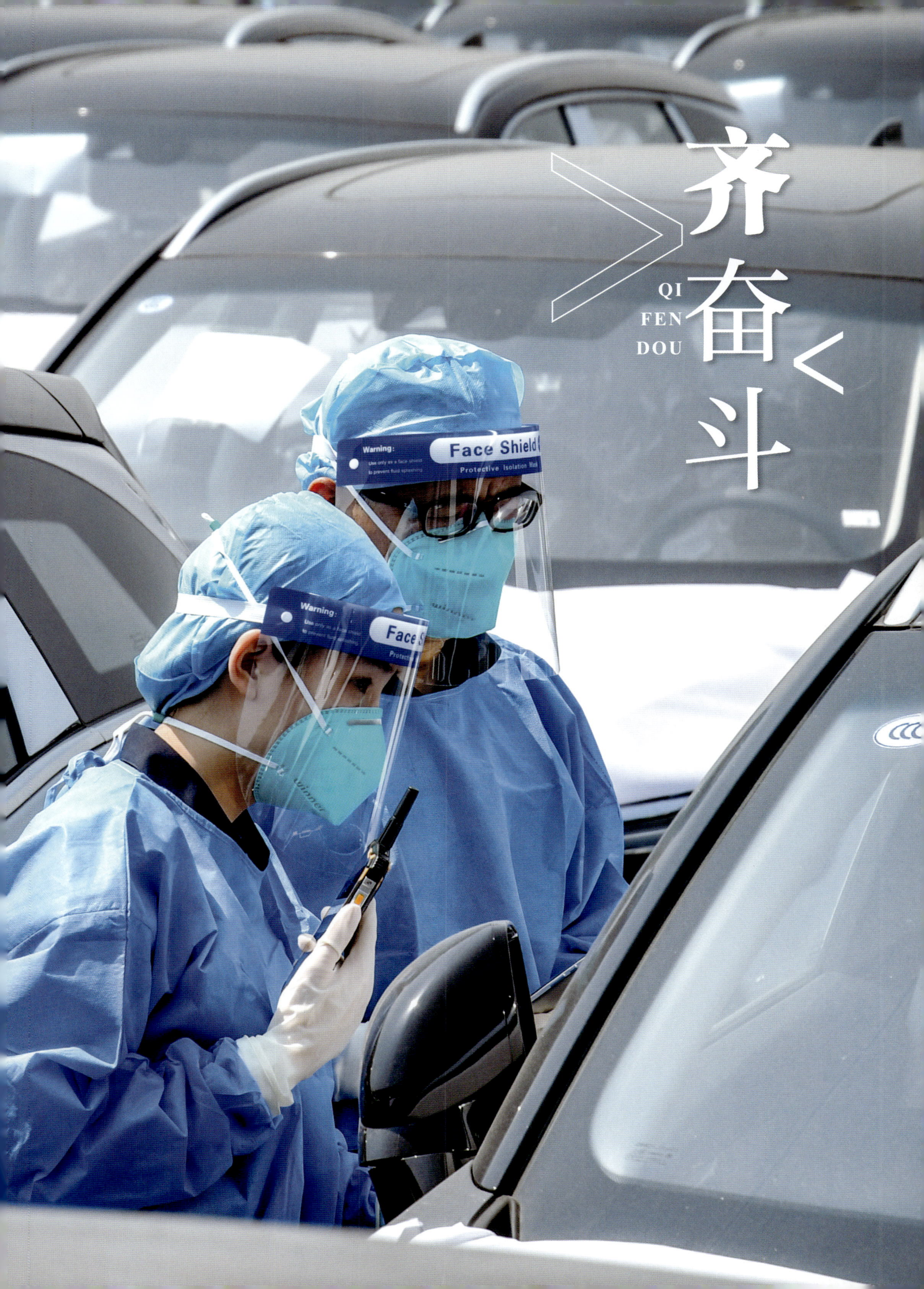

^ 2022年4月13日，黄埔海关以视频方式举办首期口岸监管系统“比拼讲堂”联学联建活动（黄埔海关口岸监管处　供图）

v 2022年6月9日，萝岗海关组织开展“国际档案日”宣传活动（萝岗海关　供图）

2022年6月29日，东江口海关开展便民利企践初心主题党日活动，企业现场体验VR教学视频（东江口海关　供图）

2022年7月28日，凤岗海关在韶关乐昌市坪石镇开展乡村振兴实地调研和党建结对帮扶活动（凤岗海关　供图）

2022年9月19日，新沙海关团支部与黄埔海关离退休干部番禺党支部开展青老结对活动（新沙海关　供图）

^ 2022年8月18—19日，黄埔老港海关在韶关乐昌市坪石镇开展乡村振兴党建共建实地调研（黄埔老港海关　供图）

^ 2022年9月19日，新沙海关团支部与黄埔海关离退休干部番禺党支部开展青老结对活动（新沙海关　供图）

v 2022年9月20日，黄埔海关办公室在太平海关开展保密档案检查（太平海关　供图）

^ 2022 年 10 月 21 日，黄埔海关技术中心工作人员向小朋友演示玩具检测实验（黄埔海关技术中心　供图）

^ 2022 年 11 月 26 日，东莞海关圆满完成东莞“阳光热线”上线直播活动（东莞海关　供图）

^ 2022 年 12 月 4 日，沙田海关深入学习宣传贯彻党的二十大精神，积极开展“宪法宣传周”活动（沙田海关　供图）

目录

第五篇 业务建设

第六篇　综合保障

第七篇　隶属海关单位

第八篇 所属事业单位、社会团体

第九篇 荣誉·名录

第十篇 海关统计资料

附 录

“中国海关史料丛书”编委会

第一篇

特载

黄埔海关概况、主要职责和组织架构

一、概 况

黄埔海关是全国42个直属海关之一，内设机构21个、下设隶属海关单位15个，其中包括海关总署设立在黄埔海关的副厅级风险防控局。业务范围包括广州市黄埔区、增城区和东莞市，现有海关监管作业场所55个，拥有海运、陆运、跨境电商等较为齐全的业务门类。

2022年，黄埔海关坚持以习近平新时代中国特色社会主义思想为指导，深入学习贯彻党的二十大精神，认真落实党中央“疫情要防住、经济要稳住、发展要安全”重要工作部署，按照海关总署党委“铸忠诚、担使命、守国门、促发展、齐奋斗”工作要求，建立专题、专班、专家工作机制，实行“一链一策”支持重点产业发展，促进外贸保稳提质，守牢安全底线，当好平稳健康的经济环境、国泰民安的社会环境、风清气正的政治环境的建设者、营造者和责任方。

2022年，黄埔海关进出口整体通关时间分别为14.52小时、0.60小时，与2017年相比分别压缩66.32%、95.19%。征收税款1376.4亿元；监管进出口货物7539.55万吨，进出口贸易总值1.72万亿元；检疫出入境人员18.7万人次；截获有害生物857种、3.55万种次；查获未准入境食品化妆品67批次，退运销毁不合格进口食品化妆品105批次；监管进口工业品16.59万批，其中进口汽车30.2万辆，出口工业品5.02万批；关区企业加工贸易及保税物流实际进出口值8939.55亿元；办理企业备案、变更作业15097宗；办结稽查、核查作业2768宗；统筹推进“国门利剑2022”联合行动，刑事立案322宗、案值121.2亿元，行政立案1251宗、案值34.5亿元。

二、主要职责

（一）负责关区贯彻落实党中央、国务院关于海关工作的方针政策和决策部署，在履行职责过程中坚持和加强党对海关工作的集中统一领导，履行全面从严治党责任。

（二）负责贯彻执行与海关管理相关的法律、法规、规章、规范性文件和相关技术规范，负责本关区征税、监管、缉私、出入境检验检疫、统计等工作。

（三）监控研判本关区各类执法风险、管理风险和廉政风险并组织防范和化解，负责本关区基层党组织建设、队伍建设和日常管理工作。

（四）完成海关总署交办的其他工作。

三、组织架构

黄埔海关

内设机构

- 办公室（党委办公室）
- 法规处
- 综合业务处
- 关税处
- 卫生检疫处
- 动植物检疫处
- 进出口食品安全处
- 商品检验处
- 口岸监管处
- 保税监管处
- 统计分析处
- 企业管理处
- 稽查处
- 财务处
- 科技处
- 督查内审处
- 人事处（党委组织部）
- 教育处
- 机关党委（思想政治工作办公室、党委宣传部、党委巡察办公室）
- 监察室（党委纪检组）
- 离退休干部办公室

隶属海关单位

- 黄埔海关风险防控分局
- 沙田海关
- 东莞长安海关
- 凤岗海关
- 太平海关
- 常平海关
- 新沙海关
- 东莞海关（下设驻邮局办事处）
- 增城海关（下设荔城办事处）
- 萝岗海关
- 东江口海关
- 穗东海关
- 黄埔新港海关
- 黄埔老港海关（下设船舶监管办事处）
- 海关总署风险防控局（黄埔）

事业单位

- 东莞海关后勤管理中心
- 增城海关后勤管理中心
- 穗东海关综合技术服务中心
- 黄埔海关国际旅行卫生保健中心（黄埔海关口岸门诊部）
- 黄埔海关技术中心
- 中国电子口岸数据中心黄埔分中心
- 黄埔海关后勤管理中心

在 2022 年黄埔海关工作会议上的讲话

黄埔海关关长、党委书记　郑汉龙

（2022 年 1 月 26 日）

同志们：

这次会议的主要任务是：以习近平新时代中国特色社会主义思想为指导，深入贯彻党的十九大和十九届历次全会精神，增强“四个意识”、坚定“四个自信”、做到“两个维护”，认真落实党中央、国务院决策部署，全面落实全国海关工作会议和全面从严治党工作会议要求，总结工作、分析形势、部署任务。下面，我代表关党委讲 3 点意见：

一、2021 年工作回顾

2021 年是具有里程碑意义的一年，党迎来百年华诞，我国开启全面建设社会主义现代化国家新征程。我们从党的百年历史中感悟思想伟力、汲取奋进力量，始终坚持以习近平新时代中国特色社会主义思想为引领，坚决贯彻落实习近平总书记重要指示批示精神和党中央、国务院决策部署，不断深化“五关”建设，以更高标准持续推进“六个强化”，砥砺奋进、乘势而上，实现了新征程上的良好开局，朝着“走在前列”奋斗目标稳步前进。

（一）强化政治统领，践行“两个维护”坚决有力

持续强化党的创新理论武装，深入学习贯彻习近平新时代中国特色社会主义思想，两级党委开展中心组学习 80 次，学习贯彻持续走深走心走实。严格落实“第一议题”制度，强化传达学习、工作落实、督促检查、结果报告闭环链条，以实际行动践行“两个维护”。坚决筑牢“外防输入”第一道防线。坚决守护国门生物安全，截获有害生物 998 种、3.8 万次。始终保持打击走私高压态势，打击“水客”走私、粤港澳海上跨境走私取得实效，“洋垃圾”、象牙等濒危野生动植物及其制品走私有效遏制，缉私局荣获联合国“亚洲环境执法奖”。持续落实“六稳”“六保”部署，帮助企业缓解进口粮食滞港、海运集装箱“一箱难求”、汽车缺芯等难题，全年验放进口粮食 2002 万吨，进口铁矿石平均验放时长压缩近七成。积极落实“三智”理念，服务共建“一带一路”高质量发展，支持开通中老、中越国际货运班列线路，助力畅通国际物流大通道。严格落实“四个最严”要求，守住食品安全底

线，退运销毁不合格进口食品67批。扎实开展安全生产专项整治集中攻坚，口岸安全基础进一步夯实。扎实推进统计监督职能建设，认真开展13项重点产品专项调研，数据管控质量稳步提升，业务数据安全专项行动成果持续巩固。驻镇帮镇扶村工作有序推进。强化政治机关建设，大力推进政治能力建设“四项行动”，不断提高政治判断力、政治领悟力、政治执行力。严守党的政治纪律和政治规矩，严肃党内政治生活，落细落实加强意识形态工作25项措施，中央巡视整改、海关总署党委巡视整改和巡视“回头看”整改一体推进、不断深化，风清气正的政治生态持续巩固。

（二）突出求真务实，党史学习教育见行见效

切实把党史学习教育作为重大政治任务，聚焦“学党史、悟思想”，深入学习习近平总书记在党史学习教育动员大会、庆祝中国共产党成立100周年大会、党的十九届六中全会上的重要讲话精神，深入开展“四史”学习宣传教育，大力弘扬伟大建党精神，建立健全关党委领学、机关党委督学、党支部研学、党小组促学、党员自学“五学联动”机制，推动党史学习教育全面覆盖、入心入脑。开展“六个一”系列活动，隆重庆祝中国共产党成立100周年。着力“办实事、开新局”，深入基层和企业调查研究，大力推进“国门安全、便民利企、暖心聚力”三项工程，全关694项重点实事项目全部落实，3项入选海关总署“百佳项目”，入选数量居全国海关前列。科学制订黄埔海关“十四五”发展规划实施方案。通过党史学习教育，全关上下迈进新征程、奋进新时代的精气神全面提振。

（三）坚持慎终如始，常态化疫情防控扎实有效

毫不动摇坚持“外防输入、内防反弹”总策略，关党委定期召开指挥部会议，党委委员靠前指挥，加强综合研判、部署安排、督促检查。聚焦国际航行船舶、来往港澳小型船舶船员等疫情防控重点，严格执行布控指令和操作规范，全年检疫出入境人员20.2万人次，登临检疫进境船舶3675艘次，坚决筑牢口岸疫情防线。强化“人、物、环境同防”“多病共防”，严格落实进口冷链食品、进口高风险非冷链集装箱货物监测检测和预防性消毒监督工作。从严顶格做好安全防护，坚持培训考核、监督管理、自查督查一体推进，进一步健全安全防护体系。组织开展“加强疫情防控安全防护月”活动，强化视频每日监控、“四不两直”督查、常态化专项监督，一线人员安全防护意识和规范操作水平持续提升。严格实施高风险岗位人员封闭管理，认真落实“四必须”“五件套”“六个不”。“人防、物防、技防”一体推进，组建业务应急预备梯队，关心关爱长效机制有效落实，防疫物资保障高效到位，核酸检测能力大幅提升，疫情防控综合保障机制更为健全。严格落实“日报告、零报告”“应检尽检”要求，动态调整疫情内部防控措施，紧急排查28万人次，实现“打胜仗、零感染”。

（四）严密监管链条，国门安全防线全面筑牢

始终坚持将监管放在第一位，持续深化制度“立改废释”，编制全领域业务操作指引，建立健全行政争议化解机制，有力夯实依法履职基础。健全完善一体化风险防控机制，大数据应用持续拓展，全领域风险整体防控效能显著提升。综合治税任务圆满完成，全年税收入库 1274.1 亿元、居全国海关第六位，税收工作量增质升。深化安全生产联防联控机制，持续强化危险化学品全链条监管，全年进口危险化学品检出率为 11%、增长 7 个百分点。扎实推进跨境电商“断链刨根”专项行动，“集零为整”“三单造假”等风险得到有效化解，跨境寄递智慧监管改革成效明显。圆满完成重要时间节点口岸维稳保障任务。加大打击侵犯知识产权违法行为力度，查扣批次、数量、货值实现提升。三级监控指挥中心全面实体化运作，监管作业场所、运输工具、货物“三位一体”智能物流监控体系初步建立。智能审图制图有效性持续保持领先水平。全年监管货运量 9239 万吨，货值 1.78 万亿元、同比增长 16.9%。稳步推进属地企业精准“画像”，科学进行企业守法评估和信用分类。涉税、涉检等重点领域专项稽查深入开展。建立“缉私指导、风险抓总、职能牵头、现场承接”全员打私工作机制。“国门利剑 2021”成效显著，查证走私冻品、废旧金属、二手挖掘机等一批重大走私案件。

（五）深化改革创新，开放监管能力稳步提升

积极推进全业务领域一体化，“两步申报”应用比例提升至 31.7%，“两段准入”在汽车等重点商品领域拓展应用。稳步推进进口“船边直提”、出口“抵港直装”试点，惠及进出口货物 861 万吨。全力推动检查异常处置模块试点运行。税收征管改革持续深化。“企业集团”加工贸易监管改革有序推进，“以企业为单元”加工贸易监管改革覆盖面进一步扩大。海运智能大通关改革顺利推进，“关港企”一体联动不断深化，进口提箱时间由 36 小时缩短至 2 小时。检验检疫单证集约签发改革启动试点，签证效率和人员配置实现“双优化”。实施属地查检业务集约化，规范属地查检外勤执法管理，稳步推进与稽（核）查指令叠加、结果互认，有效提升属地监管效能。“互联网 + 证单”“互联网 + 实验室”上线运行，线上办理业务覆盖面进一步扩大。

（六）全面优化服务，助力构建新发展格局成效明显

全面落实减税降费政策，不断深化“放管服”改革，积极推进“证照分离”“注销便利化”。主动服务粤港澳大湾区建设，“东莞—香港国际空港中心”“大湾区组合港”“湾区一港通”等项目试点运行，以供应链为单元布控协同取得初步成效。支持综合保税区业态多元化发展，进口汽车保税存储、保税租赁等“保税 +”新型业务先后落地，一线进出区货值 1002.3 亿元、同比增长 54.4%。健全新业态协同监管机制，促进跨境电商、市场采购健康发展。持续优化口岸营商环境，扎实推进促进跨境贸易便利化专项行动 25 项措施，进出口整体通关时间分别压缩至 11.65 小时、0.9 小时。积极帮扶企业应对技术性贸易壁垒，深入推进 AEO 认证工作，提升 AEO 认证企业质量，守法企业通关便利获得感更强。

（七）围绕中心工作，综合保障水平稳步提升

办公综合工作高效运行，信息宣传、政务公开、机要档案工作成效显著。开展重大决策部署专项监督 27 项，扎实做好海关总署专项审计整改，开展全领域自查自纠，审计监督作用充分发挥。切实过好“紧日子”，财务管理科学规范，财务保障精准有力。黄埔海关机关顺利搬迁，后勤改革深入推进，物业管理更加规范，服务质量稳步提升。实验室资质能力扩项取得新进展，法检项目自检率提升至80.1%，检测时长压缩22.4%。信息化应用全面整合优化，业务科技一体化更为紧密。移动“P2+ 实验室”投入应用，病原检测方法增加110 种，法定传染病检测实现不出关区、应检能检。“运维 +”服务创新模式顺利落地，数据信息服务效能持续提升。工青妇等群团组织桥梁纽带作用充分发挥，黄埔海关荣获全国群众体育先进单位。海关学会和关志编修工作全面推进。离退休干部管理服务工作受到中组部等部门表彰，1 名干部获评“全国先进老干部工作者”荣誉称号。

（八）加强党的建设，全面从严治党纵深推进

坚持和加强党的全面领导，严格落实“三重一大”决策制度，始终坚持民主集中制，上下贯通、执行有力的两级党委领导机制不断健全，党委把方向、管大局、保落实作用充分发挥。树立正确选人用人导向，全年选拔任用处科级领导干部 308 人，各级领导班子配齐配强，年龄结构进一步优化。实施“科长能力提升工程”，评选首届“十佳执法一线科长”。开展分级分类培训 11.8 万人次，教学成果获奖数列全国海关第一。新增专业资质人员 924人次，“一专多能”人才库逐步搭建。人力资源动态评估调配机制初步建立，“三位一体”考核体系不断完善，基层科室绩效考核全面实施，队伍干事创业热情进一步激发，凝聚力显著增强。

深入推进模范机关创建，扎实开展“基层党建高质量发展年”行动，构建“2+N”党建实训体系，经验做法被中央和国家机关工委、中宣部党建网站刊载。培育评选 86 个“四强”党支部、57 个党建品牌，“强基提质工程”持续巩固深化。“三个突出问题”整治取得阶段性成效，准军事化纪律部队建设深入推进。扎实开展“爱岗敬业十佳关员”等先进典型培树，35 个集体和个人荣获省部级以上表彰。

持续正风肃纪反腐，一体推进不敢腐、不能腐、不想腐。认真贯彻落实中央八项规定精神及海关各项具体措施，驰而不息纠治“四风”，政务服务“好差评”工作好评率达 100%。加强对“一把手”和领导班子监督，完成全覆盖巡察，派驻纪检组定期开展“画像式”报告，切实管住用好“关键少数”。抓实个人有关事项报告工作，如实报告率达100%。扎实开展“现场监管与外勤执法权力寻租”专项整治，深入推进“反围猎”“红包”综合治理，建立健全制度规范 157 项，反腐败斗争压倒性胜利不断巩固发展。

过去一年，全关上下锚定“走在前列”奋斗目标，一环一扣稳扎稳打，一步一印接续奋进，取得了来之不易的成绩。这些成绩的取得，是习近平新时代中国特色社会主义思想引领的结果，是海关总署党委正确领导的结果，是全体干部职工辛勤付出的结果，是地方党政和社会各界关心支持的结果。在此，我谨代表关党委，向全体干部职工和离退休老同志，特别是奋战在疫情防控一线的同志们，致以衷心的感谢和崇高的敬意！

在总结成绩的同时也要清醒看到，当前工作还存在一些问题和不足：政治机关建设仍需深化，政治站位不高、敏感性不强问题还一定程度存在，从政治上大局上思考推进工作的能力仍需提升。有的改革成效不够明显，有待进一步“拓面上量”。有的业务现场作业不够规范，制度执行刚性仍需持续强化。技术支撑能力存在短板，专业技术人才培养亟待加强。基层单位仍不同程度存在党建工作浮在面上等问题，纵深推进全面从严治党还需久久为功。这些问题必须高度重视，在下一步工作中认真加以解决。

回首过去，我们深切体会到：必须加强党的政治建设，始终把政治标准、政治要求贯穿全关工作全过程各方面，捍卫“两个确立”，做到“两个维护”，这是实现“走在前列”奋斗目标的根本政治保证。必须狠抓工作落实，坚持问题导向和目标导向相结合，健全完善“五个一”工作机制，实行任务项目化、项目清单化、清单责任化，这是确保工作落到实处、取得实效的重要方法。必须加强统筹协调，进一步加强部门之间、关际之间、关地之间协调配合，形成互动联动、协作协同工作格局，这是提升工作效能的有效机制。必须持续强化底线思维，增强忧患意识，发扬斗争精神，坚持“四个安全”一体推进，建立全领域自查自纠长效机制，这是防范化解风险的必然要求。必须坚持严字当头，立足常态长效、着眼深入深化，持续纵深推进全面从严治党，这是各级党组织和领导干部的政治责任。这些体会既是近年来的实践积累，也是全关上下的普遍共识，在今后工作中要深化运用。

二、准确把握新形势新任务新要求

2022 年将召开党的二十大，这是党和国家政治生活中的一件大事，做好全年工作意义重大、责任重大。以习近平同志为核心的党中央已经作出一系列决策部署。我们要准确把握新时代新征程的历史方位，准确把握海关工作面临的复杂形势、安全态势、经济走势、独特优势、发展大势，坚定历史自信、把握历史规律、掌握历史主动，更好服务构建新发展格局、促进高质量发展。

（一）深刻领会“两个确立”对新时代党和国家事业发展的决定性意义，坚决做到“两个维护”

党的十九届六中全会强调，党确立习近平同志党中央的核心、全党的核心地位，确立习近平新时代中国特色社会主义思想的指导地位，反映了全党全军全国各族人民共同心愿，对新时代党和国家事业发展、对推进中华民族伟大复兴历史进程具有决定性意义。

党的十八大以来，党和国家事业取得历史性成就、发生历史性变革，最根本的原因在于有习近平总书记作为党中央的核心、全党的核心掌舵领航，在于有习近平新时代中国特色社会主义思想科学指引。在实现第二个百年奋斗目标新的“赶考”之路上，还会有许多可以预料和难以预料的艰难险阻，将继续进行许多具有新的历史特点的伟大斗争。要进一步深刻认识坚强领导核心和科学理论指导，是关系党和国家前途命运、党和人民事业成败的根本性问题，把捍卫“两个确立”真正转化为做到“两个维护”的政治自觉、思想自觉、行动自觉。

海关作为政治机关，必须坚定捍卫“两个确立”，坚决做到“两个维护”。在“知”上要更深刻。深刻把握习近平新时代中国特色社会主义思想的科学性真理性，持续在真学真懂真信真用上下功夫，掌握好习近平总书记教给的世界观方法论，切实做到学懂弄通做实。在“悟”上要更用心。始终胸怀“国之大者”，准确把握党中央各项决策部署蕴含的政治考量、体现的政治要求，自觉同党中央精神对标对表，切实从政治层面强化业务工作，确保各项工作首先落实政治要求。在“行”上要更扎实。必须把讲政治的要求落实到具体行动上，将“两个维护”体现在贯彻落实习近平总书记重要指示批示精神上，体现在落实党中央决策部署上，体现在履职尽责、做好海关监管服务的实效上，体现在日常言行上。

（二）深刻领会总体国家安全观的重大战略思想，切实筑牢国门安全防线

习近平总书记强调，保证国家安全是头等大事。党的十九届六中全会指出，国泰民安是人民群众最基本、最普遍的愿望。必须坚持底线思维、居安思危、未雨绸缪，坚持国家利益至上，以人民安全为宗旨，以政治安全为根本，以经济安全为基础，以军事、科技、文化、社会安全为保障，以促进国际安全为依托，统筹发展和安全，统筹开放和安全，统筹传统安全和非传统安全，统筹自身安全和共同安全，统筹维护国家安全和塑造国家安全。

当前，国门安全形势日益复杂严峻。反宣品、枪支弹药、毒品、重点涉税商品走私等传统安全威胁长期存在，疫情疫病叠加输入、“洋垃圾”走私、象牙等濒危野生动植物及其制品走私、外来物种入侵等非传统安全风险不断增加，海关在口岸维护国家政治、经济、文化、社会、生态等安全的责任更加重大。机构改革后，黄埔海关承担的属地监管职责显著拓展，监管的属地企业大幅增加，全关13个隶属海关中有9个以属地监管业务为主，属地监管重要性进一步凸显。但与口岸监管环节相比，属地监管领域关检融合不够充分，“以企业为单元”的监管模式还未充分建立，制约了属地监管效能提升。

黄埔海关是口岸监管业务大关，也是属地监管业务大关，监管要求更高、任务更重、难度更大，必须始终把监管作为最基本、最重要的职责，以公正监管保障公平竞争。聚焦监管主责。始终把国家主权和安全放在第一位，充分认识监管就是服务，而且是最好的服务，不断增强主责主业意识，牢牢守住监管底线。创新监管理念。坚持“由企及物”，口岸监管重在“物”，属地监管重在“企”，推动形成口岸和属地互动联动、协作协同工作格局。提升监管效能。坚持系统观念，提高斗争本领，从维护国家安全和核心利益高度审视和检验监管工作，加强全链条、宏观性风险防控，坚决维护国门安全、国家安全。

（三）深刻领会构建新发展格局的重大战略决策，更好服务经济社会发展大局

习近平总书记强调，加快形成以国内大循环为主体、国内国际双循环相互促进的新发展格局，是根据我国发展阶段、环境、条件变化作出的战略决策，是事关全局的系统性深层次变革。中央经济工作会议指出，无论国际风云如何变幻，我们都要坚定不移做好自己的事情，不断做强经济基础，增强科技创新能力，坚持多边主义，主动对标高标准国际经贸规则，以高水平开放促进深层次改革、推动高质量发展。

当前，一方面，我国经济发展面临需求收缩、供给冲击、预期转弱三重压力。广东是经济大省、制造业大省、外贸大省，黄埔海关关区外贸总体量较大，在全省占比超过两成，受国际国内形势变化影响更为直接，不少企业仍然缺少芯片、“一柜难求”，外贸发展面临的不确定不稳定因素较多。另一方面，我们也要看到，我国经济韧性强，长期向好的基本面没有改变。“一带一路”高质量发展正在加速推进，领先全球的超大自贸区RCEP正式建立，粤港澳大湾区建设重大利好不断注入；制造业高质量发展“六大工程”深入实施，集成电路、生物医药等世界级先进制造业产业集群初具规模，构建新发展格局得到强有力支撑。

海关是构建新发展格局的同行者、见证者和推动者。面对这些机遇和挑战，我们必须立足双循环“交汇枢纽”的角色定位，紧扣处于改革开放先行地、实验区的特点，传承改革创新优秀基因，深化理念、机制、手段创新，推动改革由点及面、由浅至深、拓面上量，打造先进的、在国际上最具竞争力的监管体制机制，不断提升制度创新和治理能力建设水平。紧扣处于先进制造业基地、外贸体量较大的特点，强化稳外贸稳外资的责任担当，确保国计民生重要物资监管到位、顺畅通关，鼓励先进装备“引进来”，支持优势产品“走出去”，助力稳链补链强链控链，以稳促进、以进固稳，推动制造业高质量发展和外贸高质量发展同频共振、相互促进。紧扣处于“一带一路”、粤港澳大湾区重要节点的特点，立足辐射华南乃至全国的重要口岸，深化通关便利化改革，打造海陆空立体化口岸物流通道，营造市场化法治化国际化口岸营商环境，畅通国内国际双循环，服务打造高水平、制度型对外开放格局。

（四）深刻领会坚持自我革命的宝贵经验，以永远在路上的韧劲和执着将全面从严治党引向深入

习近平总书记强调，要把新时代坚持和发展中国特色社会主义这场伟大社会革命进行好，我们党必须勇于进行自我革命，把党建设得更加坚强有力。强调要把严的要求贯穿管党治党全过程，以自我革命的政治勇气着力解决党内存在的突出问题，做到管党有方、治党有力、建党有效。

近年来，我们切实加强党的建设，推动全面从严治党向基层延伸、向纵深发展，基层基础日益夯实，队伍业务持续向好，政治生态不断净化。但也要清醒看到，海关作为高风险部门的特性没有变，黄埔海关处于走私与反走私、腐败与反腐败、“围猎”与“反围猎”斗争前沿的态势没有变，“三大风险”依然不容忽视。同时，黄埔海关业务基础不够扎实，一些领域仍存在短板弱项，制度执行不力、管理不规范、精气神不足“三个突出问题”还未根本性解决，对照高质量发展要求还有不少差距。

面对制约黄埔海关高质量发展的问题，必须勇于自我革命，不断提高党的建设质量。在强化党建引领保障作用上持续用力。不断提升党组织把方向、管大局、促改革、抓落实能力，持续增强全关党员干部履职尽责能力，围绕中心、服务大局，引领保障全关工作高质量发展。在夯实基层基础上持续用力。牢固树立大抓基层的鲜明导向，老老实实抓基层，扎扎实实打基础，踏踏实实练好基本功，推动基层建设全面进步全面过硬。在纵深推进全面从严治党上持续用力。坚决落实管党治党政治责任，在严管严治上长期坚持，以正视问题的自觉和刀刃向内的勇气，把全面从严治党战略方针贯彻到底、执行到位。

面对新形势新任务新要求，2022 年全关工作的总体要求是：以习近平新时代中国特色社会主义思想为指导，深入贯彻党的十九大和十九届历次全会精神，认真落实中央经济工作会议部署，按照全国海关工作会议和全面从严治党工作会议部署，深入学习领会“两个确立”的决定性意义，坚持党对海关工作的绝对领导，增强“四个意识”、坚定“四个自信”、做到“两个维护”，弘扬伟大建党精神，勇于推进自我革命，坚持稳中求进工作总基调，立足新发展阶段，完整、准确、全面贯彻新发展理念，加快构建新发展格局，着力推动高质量发展，深化改革创新，继续落实“六稳”“六保”部署，统筹发展和安全，统筹口岸疫情防控和促进外贸稳增长，强化监管优化服务，不断深化“五关”建设，持续推进“六个强化”，发扬“创业创新、奋斗奋进”优良传统，在全面推进社会主义现代化海关建设新征程中走在前列，以优异成绩迎接党的二十大胜利召开。

2022年是黄埔海关朝着“走在前列”目标接续奋进的关键一年。全关上下要不忘初心、牢记使命，以踏石留印、抓铁有痕的狠劲，以积土为山、积水为海的韧劲，以只争朝夕、奋发有为的干劲，咬定青山不放松，一张蓝图绘到底，昂扬奋进社会主义现代化海关建设新征程。

实现这个目标，要始终坚持以党的政治建设为统领。旗帜鲜明讲政治是我们党作为马克思主义政党的根本要求。海关是中央和国家机关，首先是政治机关，第一职责是为党工作、为国把关。海关没有离开政治的业务，也没有离开业务的政治。任何工作都要从讲政治的高度来思考和谋划，都要放到党和国家工作大局中定位和审视，不断提升政治判断力、政治领悟力、政治执行力，切实将讲政治的要求落实到全关工作全过程各方面。

实现这个目标，要紧扣高质量发展主题。一方面，要立足职能职责，全面依法履职尽责，更好服务构建新发展格局，促进外贸高质量发展。另一方面，要坚持自我革命，紧扣不断深化“五关”建设、持续推进“六个强化”这一主线，进一步推动全关工作高质量发展。这两个方面是一体两面、有机统一的。只有紧紧扭住高质量发展这个关键，才能积蓄强大后劲、迸发强劲动能，在全面推进社会主义现代化海关建设新征程中走在前列。

实现这个目标，要持续推进“六个强化”。这是关党委结合自身特点研究提出的实现路径，是“五关”建设在黄埔海关的具体化。在“走在前列”奋斗进程中，“六个强化”的内涵不断丰富，实践不断深化，成效不断彰显。步入新时代新征程，持续推进“六个强化”，就是要推进党的建设全面加强、依法履职全面到位、改革创新全面深化、风险防控有力有效、制约监督协同高效、基层基础全面夯实。

实现这个目标，要发扬“创业创新、奋斗奋进”优良传统。党的百年奋斗凝结形成的伟大建党精神，是中国共产党的精神之源，为立党兴党强党提供了丰厚滋养。改革开放以来，黄埔海关在党的坚强领导下，紧跟时代步伐，一代又一代埔关人艰苦奋斗、砥砺奋进、履职尽责、锐意进取，从一个仅有147人的口岸海关，发展成为几千人的综合型海关，形成了“创业创新、奋斗奋进”优良传统。奋进新时代、开启新征程、肩负新使命，我们要时刻牢记“创业”的艰辛，持续激发“创新”的动能，不断锤炼“奋斗”的品格，始终保持“奋进”的追求，在全面推进社会主义现代化海关建设新征程中彰显新担当、创造新业绩。

三、2022年重点工作

（一）坚定不移加强政治建设，坚决走好“两个维护”第一方阵

强化党的创新理论武装。学深悟透习近平新时代中国特色社会主义思想，持续深化“大学习、深调研、真落实”工作机制，切实做到

学思用贯通、知信行统一。深入学习贯彻党的十九届六中全会精神，通过党委会、处级领导干部轮训、党支部“三会一课”、青年理论提升工程等方式，切实用全会精神统一思想、凝聚共识。巩固拓展党史学习教育成果，建立健全党史学习教育常态化长效化机制。按照党中央统一部署，认真做好党的二十大精神学习宣传贯彻工作。

坚决贯彻落实习近平总书记重要指示批示精神。深入宣传宣讲“两个确立”的决定性意义，严格落实“两个维护”制度机制，坚持“第一议题”制度，扣紧传达学习、工作落实、督促检查、结果报告闭环链条，强化政治监督，切实把“两个维护”体现在维护国门安全、做好口岸疫情防控、服务共建“一带一路”高质量发展和粤港澳大湾区建设等工作实效上。

深入推进政治机关建设。全面加强党的领导，认真开展捍卫“两个确立”、做到“两个维护”、强化政治机关建设专项教育活动，扎实推进忠诚教育，不断提升干部队伍政治判断力、政治领悟力、政治执行力。严明政治纪律和政治规矩，严格执行重大事项请示报告制度。强化巡视巡察上下联动，持续深化巡视巡察整改，开展巡察“回头看”，实现问题动态清零。

防范化解重大政治风险。强化重大政治风险分析研判，加强风险关联性分析，切实防范单项风险发展为综合性风险、局部风险演化为系统性风险、一般风险上升为政治风险。加大枪支弹药、核生化爆、反宣品等查缉力度，做好维护意识形态安全、反恐、防扩散等工作。持续深入开展安全生产专项整治三年行动，压紧压实内部安全管理责任。落实意识形态工作责任制，加强舆情监测，严格保密管理，强化值班应急，坚决维护国家政治安全，为党的二十大召开营造安全稳定环境。

（二）坚持“外防输入、内防反弹”总策略，坚决守住来之不易的防控成果

做好常态化口岸疫情防控。强化海运第一入境口岸卫生检疫，严格执行布控指令和操作规范，确保规定动作100%落实到位。坚持“人、物、环境同防”，严格做好进口冷链食品、进口高风险非冷链集装箱货物监测检测和预防性消毒监督工作。坚持“多病共防”，严防重大传染病输入。紧密对接地方联防联控机制，确保各环节无缝衔接。

科学精准做好安全防护。健全安全防护体系，充分发挥“挑毛病”专家组作用，动态更新操作指引，围绕实战需要开展实操演练考核。严格实施高风险岗位人员封闭管理。加强健康监测，落实“应检尽检”要求，持续推进疫苗接种。完善应急预案，确保疫情内部防控措施精准有力。

强化疫情防控保障。加强督导检查，继续做好疫情防控专项考核。加强业务应急预备梯队建设，做好封闭管理人员轮战调配，关心关爱疫情防控一线人员。完善细化防护物资采购、储存、配发工作流程。加大科技赋能投入，提升疫情防控科学化水平。

（三）始终坚持将监管放在第一位，切实维护国门安全

强化一体化风险防控。优化两级风险防控机制，加强风险防控部门与职能部门、隶属海关的联系配合，完善跨区域、跨领域、跨渠道风险集中研判工作机制，提升风险协同防控能力。深化关检指令融合，推进指令统筹叠加、一体下达。强化信息情报采集和应用，拓展大数据应用广度和深度，提升风险防控覆盖面和精准性。

严把检验检疫关。深入开展“国门绿盾2022”行动，严防外来物种入侵，保障国门生物安全。完善动植物疫情疫病监测预警和检疫处理全链条管理模式，持续做好重大动植物疫情疫病防控。持续开展“国门守护”行动，严格执行进出口食品化妆品监督抽检和风险监测计划。扎实推进进出口商品质量安全风险预警和快速反应监管体系建设，加强危险化学品、“两高”产品等重点敏感商品检验监管，严把质量安全关。

深化综合治税。坚持依法征管、科学征管，全力以赴完成税收预算计划，实现税收入库与全国海关同步增长。强化属地纳税人管理，推动构建新型关企征纳关系。不断完善“口岸＋属地”双向税收风险监控分析机制，切实防范重大税收风险。加强税政研究，提高税政建议采纳率。

加强口岸监管。构建一站式物流监控平台，持续完善二、三级监控指挥体系建设，有效发挥全链条监控闭环作用。优化现场检查机制，上线运行新一代检查异常处置系统，推进检查作业规范化。认真落实贸易管控措施，提升出口管制能力和水平。深入推进跨境寄递智慧监管改革，深化跨境电商“断链刨根”专项行动成果运用。强化知识产权海关保护，加大侵权查处力度。强化统计监督，加强对不实贸易的综合管控。

严密后续监管。推动企业信用管理制度改革成果落地见效，严格开展企业认证，加强后续管理和动态监控。扎实推进稽查改革，推行径行稽查，提高稽查精准度。大力开展进境固体废物、贸易型企业、转移定价、特许权使用费行业性稽查行动，拓展检验检疫稽查广度和深度。

重拳打击走私。开展“国门利剑2022”联合行动，聚焦重点领域，严厉打击粤港澳海上跨境走私、“水客”走私，始终保持打击象牙等濒危野生动植物及其制品、“洋垃圾”、农产品、成品油等走私高压态势，持续打击重点涉税商品、冻品等走私。深入落实加强打私工作“1+8”制度办法，依法依规办理“两简”案件，持续巩固全员打私成果。强化与地方政府以及公安、海警等部门协作配合，持续增强反走私综合治理合力。

（四）全面深化改革创新，着力提升制度创新和治理能力建设水平

深化通关便利化改革。深入推进全业务领域一体化。扎实开展2022年度促进跨境贸易便利化专项行动，持续优化口岸营商环境。深化国际贸易“单一窗口”应用。扩大进口“船边直提”、出口“抵港直装”试点，巩固进出口整体通关时间压缩成果。大力推广“互联网＋海关”应用，优化“不见面”办事等特色服务体验。

创新属地监管模式。深入推进属地企业精准“画像”，统筹开展企业认证和管理类别调整，落实分级分类差别化监管。进一步规范属地查检执法，创新属地查检方式，推进车检场转型升级，提升属地查检集约化水平。深化分类核查，优化定期管理类核查模式。探索属地查检、稽查、核查等业务统筹叠加，持续提升查发效能。

深化法治海关建设。积极参与《中华人民共和国海关法》等法律法规修订。深化业务操作指引应用，加强关级规范性文件执行效果评估，开展“立改废释”。推进权责清单编制试点，建立健全动态调整机制。完善行政争议事前、事中、事后预防化解机制，进一步规范执法行为，推动行政纠纷实质性化解。组织实施“八五”普法规划，提升法治宣传品牌效应。

（五）全力以赴助力外贸促稳提质，积极服务构建新发展格局

多措并举稳定外贸。落实减税降费政策，推动清理和规范进出口环节收费。支持初级产品扩大进口，保障能源、粮食等顺畅通关，推进矿产品“先放后检”改革。落实加工贸易内销暂免征收缓税利息政策，促进内销便利化。优化新业态监管模式，促进跨境电商、市场采购健康发展。强化外贸监测预警，做好基础性、前瞻性、战略性政策研究，提升宏观分析和政策研究能力。

助力提升制造业核心竞争力。加大“十四五”期间支持科技创新进口税收政策落实力度，支持先进技术装备、关键零部件等加大进口。加强行业龙头企业、“专精特新”等企业精准培育。全面推广“企业集团”加工贸易监管模式，深化“以企业为单元”加工贸易监管改革。推动综合保税区拓展保税研发、保税维修等业务，打造高水平对外开放平台。

落实重大国家战略。将“三智”理念融入业务改革发展，大力推进海运智能大通关改革等“三智”试点项目落地落实。落实AEO互认便利措施，加强技术性贸易措施研究应对。优化多式联运监管，推广铁路跨境快速通关模式，促进国际班列拓量增效，服务共建“一带一路”高质量发展。支持“东莞—香港国际空港中心”建设，深化“大湾区组合港”“湾区一港通”改革试点。认真做好RCEP实施工作，加强原产地管理，引导企业规范申报、用好政策。

（六）加强综合保障，全面提升工作效能

完善督查督办工作机制，做好信息宣传、政务公开工作，推进关史室建设，完成关志编制出版。深入开展全领域自查自纠，深化内控机制建设，强化审计整改责任落实。落实“过紧日子”要求，优化财务管理模式，完善预算保障机制，加强固定资产管理。健全网络安全防护技术体系，拓展5G、区块链等技术应用场景，加强实验室信息化建设。全面加强事业单位管理，做好后勤服务保障，提升法检项目自检率，打造区域性医学检验中心，提升数据信息服务能力。

（七）勇于自我革命，坚持不懈把全面从严治党向纵深推进

推进党建高质量发展。深入推进模范机关创建，巩固拓展“强基提质工程”成效，充分发挥品牌支部示范作用，深化“四强”党支部建设。突出抓好党组织建设、组织生活等“五个规范”，高质量推进“融合式”党建，建立支部“结对子”机制，着力解决“灯下黑”“两张皮”“两头尖”等问题。发挥党建实训体系作用，打造“六会”书记队伍。深入细致开展经常性思想工作。坚持党建带群建，不断提升工青妇等群团组织政治性、先进性、群众性。开展艰苦奋斗教育，培树“创业创新、奋斗奋进”先进典型，不断优化“双十佳”等评选宣传机制，激励干部队伍干事创业、担当作为。

加强领导班子和干部队伍建设。坚持好干部标准，将政治标准摆在首位，牢固树立注重实干、注重实绩的选人用人导向。健全完善领导班子综合分析研判机制，加强执法一线科长队伍建设，培养选拔优秀年轻干部。深入推进公务员分类管理，加强专业技术类公务员培养使用，建好用好专家人才库。持续优化考核奖励机制。加强和改进事业单位领导人员管理，强化专业技术人才培养选用，健全事业单位人员平时考核机制。用心用情精准做好离退休干部管理服务工作。

加强对“一把手”和领导班子监督。加强纪律监督、巡察监督、干部监督、派驻监督、审计监督，健全政治生态分析研判机制。常态化加强监督提醒，派驻纪检组持续开展“画像式”报告，将“一把手”作为巡察、审计重点。严格落实述责述廉述党建机制，细化全面从严治党第一责任人考核指标，强化考核结果运用。严肃党内政治生活，健全领导班子权力运行制约监督机制。

强化准军事化纪律部队建设。坚持发扬“钉钉子”精神加强作风建设，持之以恒落实中央八项规定精神及海关各项具体措施，锲而不舍纠“四风”树新风。巩固深化拓展“三个突出问题”整治，加强内务督察，大力整肃关容风纪，常态化开展队列训练，促进日常作风养成。健全分级分类培训体系，依托实训基地广泛开展实操培训，着力打造高素质专业化海关队伍。

深化党风廉政建设和反腐败斗争。坚持“严”的主基调不动摇，强化系统施治、标本兼治，一体推进不敢腐、不能腐、不想腐。持续正风肃纪反腐，常态化整治“现场监管与外勤执法权力寻租”，强化打私反腐工作合力。深入推进“海关重点项目和财物管理以权谋私”专项整治。完善权力监督制度和执纪体系，探索深化各类监督贯通协同。深入推进“反围猎”“红包”综合治理，加强警示教育和廉洁文化建设，强化以案促改、以案促治，教育广大党员干部提高党性觉悟，增强拒腐防变能力，打造新时代清廉海关。

完成好各项任务，领导干部是关键。在此，我代表关党委对各级领导班子和领导干部提几点要求，与大家共勉。

一要提高政治站位。要带头强化政治机关意识，带头提升政治能力，时时处处向党中央看齐，深刻领悟党中央每一项决策部署蕴含的政治考量，准确把握海关每一项工作对标的政治要求，带动广大党员干部不断提升政治判断力、政治领悟力、政治执行力，确保政治和业务融为一体、高度统一。

二要压实政治责任。要坚决反对不担当、不作为，以铁的担当、实的作风、严的纪律压紧压实责任，一级抓一级、层层抓落实。要坚决防止简单化、乱作为，切实把准政治方向、注重政治效果、考虑政治影响，确保执行不偏向、不变通、不走样。要发扬“讲认真”的优良作风，精益求精做好工作，履行好党和人民赋予的职责使命。

三要加强调查研究。要切实增强责任感使命感紧迫感，深入一线、深入企业，常态化开展调查研究。要主动到情况复杂、矛盾突出的地方去，“解剖麻雀”“打破砂锅问到底”，真正把情况摸实摸透。要列出问题清单，以“钉钉子”精神推进解决，在问题清零中实现工作进步。

四要强化底线思维。要切实增强忧患意识，坚持以大概率思维应对小概率事件。要善于捕捉弱信号，知道风险在哪里、表现形式是什么、发展趋势会怎样。要拿出有针对性的实招硬招，切实维护国家安全和核心利益，有效防范化解各类重大风险，牢牢守住执法、管理、廉政风险基本盘，确保万无一失。

同志们，蓝图已绘就、奋进正当时。让我们坚持以习近平新时代中国特色社会主义思想为指导，在海关总署党委的正确领导下，踔厉奋发、笃行不怠，奋力在全面推进社会主义现代化海关建设新征程中走在前列，以优异成绩迎接党的二十大胜利召开。

在2022年黄埔海关全面从严治党工作会议上的讲话

黄埔海关党委书记、关长　郑汉龙

（2022年1月26日）

同志们：

这次会议的主要任务是：深入学习贯彻习近平新时代中国特色社会主义思想，党的十九大和十九届历次全会、十九届中央纪委六次全会精神，认真落实全国海关工作会议和全面从严治党工作会议部署，总结2021年黄埔海关全面从严治党工作，部署2022年任务。

一、认真学习领会习近平总书记在十九届中央纪委六次全会上的重要讲话精神

1月18日，中国共产党第十九届中央纪律检查委员会第六次全体会议在北京召开，习近平总书记发表重要讲话。

习近平总书记指出，2021年是中国共产党成立一百周年。党中央坚定不移推进全面从严治党，为全面建设社会主义现代化国家开好局、起好步提供了有力政治保障。今年是党的十八大以来第十个年头，十年磨一剑，党中央把全面从严治党纳入“四个全面”战略布局，以前所未有的勇气和定力推进党风廉政建设和反腐败斗争，刹住了一些多年未刹住的歪风邪气，解决了许多长期没有解决的顽瘴痼疾，清除了党、国家、军队内部存在的严重隐患，管党治党“宽松软”状况得到根本扭转，探索出依靠党的自我革命跳出历史周期率的成功路径。党的十八大以来，全面从严治党取得了历史性、开创性成就，产生了全方位、深层次影响，必须长期坚持、不断前进。

习近平总书记指出，一百年来，党外靠发展人民民主、接受人民监督，内靠全面从严治党、推进自我革命，勇于坚持真理、修正错误，勇于刀刃向内、刮骨疗毒，保证了党长盛不衰、不断发展壮大。全面从严治党是新时代党的自我革命的伟大实践，开辟了百年大党自我革命的新境界。必须坚持以党的政治建设为统领，坚守自我革命根本政治方向；必须坚持把思想建设作为党的基础性建设，淬炼自我革命锐利思想武器；必须坚决落实中央八项规定精神、以严明纪律整饬作风，丰富自我革命有效途径；必须坚持以雷霆之势反腐惩恶，打好自我革命攻坚战、持久战；必须坚持增强党组织政治功能和组织力凝聚力，锻造敢于善于斗

争、勇于自我革命的干部队伍；必须坚持构建自我净化、自我完善、自我革新、自我提高的制度规范体系，为推进伟大自我革命提供制度保障。

习近平总书记强调，党的十八大以来，我们继承和发展马克思主义建党学说，总结运用党的百年奋斗历史经验，深入推进管党治党实践创新、理论创新、制度创新，对建设什么样的长期执政的马克思主义政党、怎样建设长期执政的马克思主义政党的规律性认识达到新的高度。这就是坚持党中央集中统一领导，坚持党要管党、全面从严治党，坚持以党的政治建设为统领，坚持严的主基调不动摇，坚持发扬“钉钉子”精神加强作风建设，坚持以零容忍态度惩治腐败，坚持纠正一切损害群众利益的腐败和不正之风，坚持抓住“关键少数”以上率下，坚持完善党和国家监督制度，形成全面覆盖、常态长效的监督合力。

习近平总书记指出，要巩固拓展党史学习教育成果，更加坚定自觉地牢记初心使命、开创发展新局。要深入学习贯彻党的十九届六中全会精神，持之以恒推进党史学习、教育、宣传，引导全党坚定历史自信，让初心使命在内心深处真正扎根，把忠诚于党和人民落到行动上，继承弘扬党的光荣传统和优良作风，为党和人民事业赤诚奉献，在新的“赶考”之路上考出好成绩。

习近平总书记强调，要强化政治监督，确保完整、准确、全面贯彻新发展理念。要立足新发展阶段、贯彻新发展理念、构建新发展格局、推动高质量发展，引导督促党员、干部真正悟透党中央大政方针，时时处处向党中央看齐，扎扎实实贯彻党中央决策部署，不打折扣、不做表面文章，纠正自由主义、本位主义、保护主义，不因一时一地利益而打小算盘、耍小聪明，确保执行不偏向、不变通、不走样。

习近平总书记指出，要保持反腐败政治定力，不断实现不敢腐、不能腐、不想腐一体推进的战略目标。我们必须清醒认识到，腐败和反腐败较量还在激烈进行，并呈现出一些新的阶段性特征，防范形形色色的利益集团成伙作势、“围猎”腐蚀还任重道远，有效应对腐败手段隐形变异、翻新升级还任重道远，彻底铲除腐败滋生土壤、实现海晏河清还任重道远，清理系统性腐败、化解风险隐患还任重道远。我们要保持清醒头脑，永远吹冲锋号，牢记反腐败永远在路上。只要存在腐败问题产生的土壤和条件，腐败现象就不会根除，我们的反腐败斗争也就不可能停歇。领导干部特别是高级干部要带头落实关于加强新时代廉洁文化建设的意见，从思想上固本培元，提高党性觉悟，增强拒腐防变能力。领导干部要增强政治敏锐性和政治鉴别力。领导干部特别是高级干部一定要重视家教家风，以身作则管好配偶、子女，本分做人、干净做事。

习近平总书记强调，要加固中央八项规定的堤坝，锲而不舍纠“四风”树新风。形式主义、官僚主义是党和国家事业发展的大敌。要从领导干部特别是主要领导干部抓起，树立正确政绩观，尊重客观实际和群众需求，强化系统思维和科学谋划，多做为民造福的实事好事，杜绝装样子、搞花架子、盲目铺摊子。要落实干部考核、工作检查相关制度，科学评价干部政绩，促进干部更好担当作为。要加强对党中央惠民利民、安民富民各项政策落实情况的监督，集中纠治教育医疗、养老社保、生态环保、安全生产、食品药品安全等领域群众反映强烈的突出问题，巩固深化扫黑除恶专项斗争、政法队伍教育整顿成果，让群众从一个个具体问题的解决中切实感受到公平正义。

习近平总书记指出，要加强年轻干部教育管理监督，教育引导年轻干部成为党和人民忠诚可靠的干部。要从严从实加强教育管理监督，引导年轻干部对党忠诚老实，坚定理想信念，牢记初心使命，正确对待权力，时刻自重自省，严守纪法规矩，扣好廉洁从政的“第一粒扣子”。年轻干部一定要有清醒的认识，经常对照党的理论和路线方针政策、对照党章党规党纪、对照初心使命，看清一些事情该不该做、能不能干，守住拒腐防变的防线。

习近平总书记强调，要完善权力监督制度和执纪执法体系，使各项监督更加规范、更加有力、更加有效。各级党委（党组）要履行党内监督的主体责任，突出加强对“关键少数”特别是“一把手”和领导班子的监督。纪检监察机关要发挥监督专责机关作用，协助党委全面从严治党，推动党内监督和其他各类监督贯通协同，探索深化贯通协同的有效路径。要加强对换届纪律风气的监督，坚持党管干部原则，强化党组织领导和把关作用，特别是要严把政治关、廉洁关。

习近平总书记指出，纪检监察机关和纪检监察干部要始终忠诚于党、忠诚于人民、忠诚于纪检监察事业，准确把握在党的自我革命中的职责任务，弘扬党百年奋斗形成的宝贵经验和优良作风，紧紧围绕党和国家工作大局发挥监督保障执行作用，更加有力有效推动党和国家战略部署目标任务落实。纪检监察队伍必须以更高的标准、更严的纪律要求自己，锤炼过硬的思想作风、能力素质，以党性立身做事，刚正不阿、秉公执纪、谨慎用权，不断提高自身免疫力，主动接受党内和社会各方面的监督，始终做党和人民的忠诚卫士。

习近平总书记的重要讲话，从党和国家事业发展全局的高度，深刻总结新时代党的自我革命的成功实践，精辟概括对建设什么样的长期执政的马克思主义政党、怎样建设长期执政的马克思主义政党的规律性认识，对把全面从严治党向纵深推进、迎接党的二十大胜利召开作出战略部署。习近平总书记的重要讲话立意高远、视野宏大、思想深邃、内涵丰富，具有很强的政治性、理论性、指导性、针对性，是推进新时代党的建设新的伟大工程的基本遵循，是做好全面从严治党、党风廉政建设和反腐败工作的行动指南。

海关总署党委高度重视习近平总书记重要讲话和十九届中央纪委六次全会精神学习贯彻工作，1月24日，署长倪岳峰在2022年全国海关全面从严治党工作会议上专门进行了传达学习，对2022年海关全面从严治党、党风廉政建设和反腐败工作任务作出部署。倪署长强调，要深入学习贯彻党的十九届六中全会精神，坚定捍卫“两个确立”、坚决做到“两个维护”；压紧压实管党治党政治责任，充分发挥“一把手”和领导班子“头雁效应”；保持反对和惩治腐败的强大力量常在，坚定不移把海关反腐败斗争推向纵深；坚持党风党纪一起抓，坚决把纪律挺在前面；推动巡视巡察工作高质量发展，充分发挥“利剑”作用；持续深化“制度＋科技”运用，加强对权力运行制约和监督。

1月25日，关党委专题学习习近平总书记重要讲话和十九届中央纪委六次全会精神，研究贯彻落实措施。全关上下要深入学习领会，结合全国海关全面从严治党各项部署抓好贯彻落实，以永远在路上的坚定执着，坚持不懈把全面从严治党向纵深推进。

二、2021年全面从严治党工作回顾

过去一年，全关上下坚持以习近平新时代中国特色社会主义思想为指导，深入贯彻落实党中央决策部署以及海关总署党委工作要求，不断深化“五关”建设，持续推进“六个强化”，扎实推动全面从严治党取得新成效。

（一）政治机关建设进一步加强

始终把政治建设摆在首位，严格落实“第一议题”制度，构建传达学习、工作落实、督促检查、结果报告闭环链条，切实把“两个维护”体现在筑牢国门安全防线、抓好口岸疫情防控、服务共建“一带一路”高质量发展和粤港澳大湾区建设等工作实效上。坚持用习近平新时代中国特色社会主义思想武装头脑、指导实践、推动工作，建立健全关党委领学、机关党委督学、党支部研学、党小组促学、党员自学“五学”机制。常态长效一体推进中央巡视以及海关总署党委巡视、巡视“回头看”整改，成效持续巩固深化。圆满完成定点扶贫任务，乡村振兴驻镇帮镇扶村工作扎实推进。

（二）党史学习教育进一步深化

加强组织领导，关党委开展6次中心组学习、22次专题研学，示范带动全关高质量完成党史学习教育27项任务。抓好党史知识竞赛、微视频展播等庆祝中国共产党成立100周年“六个一”活动，用好红色资源、举办红色讲坛，评选“第三届爱岗敬业十佳关员”“第一届十佳执法一线科长”，引导党员干部与先烈对比、与先辈对话、与先进对照。扎实开展“我为群众办实事”实践活动，关党委59项、全关635项重点实事项目落地见效，助力“菜篮子”走出国门等3个项目被海关总署评为“百佳项目”，数量位居全国海关第二。抓好党的十九届六中全会精神学习宣传贯彻，认真开展基层宣讲，推动走深走心走实。中央电视台、学习强国等宣传黄埔海关做法110余篇次。

（三）队伍纪律作风进一步强化

认真落实深入治理违反中央八项规定精神突出问题、进一步推进清廉海关建设各项措施，一贯到底纠治“四风”，基层减负成效持续巩固，发隶属海关的正式文件同比下降32.12%。深化“三个突出问题”整治，制度执行更加有力、正规化管理进一步推进、队伍精气神进一步提振。班前会逐步推行，科室绩效管理扎实推进。强化海关政务服务“好差评”管理，好评率达100%。深化酒驾醉驾整治，坚持典型案例画像式通报，常态化推送廉政短信，做到警钟长鸣。加强先进典型培树，35个集体和个人获省部级以上表彰。

（四）风险防控机制进一步完善

深化“制度+科技”，组织制定覆盖执法领域和非执法领域工作规范230份，优化完善检查异常处置、稽（核）查业务管理、跨境寄递业务监管、检验检疫单证辅助等信息化应用项目，“标准化、进系统、留痕迹、可追溯”持续深化。稳步推进海运智能大通关改革、属地查检业务改革等15项重点改革项目，以内嵌作业流程等方式，强化改革创新和风险防控协同联动。推动两级风控与缉私、关税、监管等跨部门联合研判，有效促进执法风险与廉政风险一体防控。开展全领域自查自纠，推进海关总署专项审计整改，抓好屡审屡犯清单问题整治，拓展运用新海廉平台功能，内控管理水平不断提升。

（五）监督执纪实效进一步提升

坚持纪律监督、派驻监督、干部监督、巡

察监督、审计监督一体发力。聚焦优化口岸营商环境、筑牢国门安全防线、改革措施落地见效等开展督察监督项目53个，推动问题整改245个。深化打私反腐“一案双查”，健全“反围猎”工作机制。深入开展“现场监管与外勤执法权力寻租”专项整治，针对112个廉政风险点制定318项防控措施，自查发现问题和实地检查指出问题均已整改完毕。扎实做好领导干部个人有关事项报告工作，如实报告率达100%。对22个单位开展巡察，实现巡察全覆盖，巡视巡察上下联动成效初显。

（六）管党治党责任进一步夯实

严格落实全面从严治党主体责任清单，完善党委“三重一大”决策制度和议事清单，39项全面从严治党年度重点任务扎实完成。加强对“一把手”和领导班子监督，任务项目化、项目清单化、清单责任化工作机制逐步固化。召开机关党的建设暨模范机关创建工作推进会，推广一批党建工作创新案例，被省直工委评为优秀案例3个，数量位居全省前列。开展基层党建高质量发展年行动，抓好精品党课、特色主题党日等“七个一”重点任务，打造“新动力”党课获评海关总署3个“最佳微党课”之一。抓好署级党建试点，构建“2+N”党建实训体系，经验做法被中央和国家机关工委、中宣部党建门户网站刊发。抓好94个基层党建联系点工作，组织支部书记全员培训考核持证上岗，打造“六会”书记队伍，推动党建提质增效。

三、2022年全面从严治党主要任务

2022年，黄埔海关全面从严治党工作的总体要求是：坚持以习近平新时代中国特色社会主义思想为指导，全面贯彻党的十九大和十九届历次全会精神，认真落实十九届中央纪委六次全会精神以及全国海关工作会议、全面从严治党工作会议要求，坚决捍卫“两个确立”，做到“两个维护”，自觉把握和运用党的百年奋斗历史经验，以政治建设为统领，弘扬伟大建党精神，永葆自我革命精神，坚持严的主基调不动摇，坚持稳中求进工作总基调，坚持系统施治、标本兼治，坚持党风党纪一起抓、正风肃纪一体抓，紧扣深化“五关”建设、推进“六个强化”，持续深化不敢腐、不能腐、不想腐一体推进，惩治震慑、制度约束、提高觉悟一体发力，扎实推进清廉海关建设，坚定不移将党风廉政建设和反腐败斗争进行到底，锻造忠诚干净担当的准军事化纪律部队，为建设社会主义现代化海关提供坚强政治保证，以优异成绩迎接党的二十大胜利召开。重点做好以下6个方面工作。

（一）始终坚持政治建关，坚定不移捍卫“两个确立”、做到“两个维护”

一要坚决捍卫“两个确立”。坚持和加强党的全面领导，严格执行“第一议题”制度，坚决贯彻落实习近平总书记重要指示批示精神和党中央决策部署。扎实开展捍卫“两个确立”、做到“两个维护”、强化政治机关建设专项教育活动，引导全关党员干部深刻认识“两个确立”的决定性意义，立足“两个大局”、胸怀“国之大者”，不断提高政治判断力、政治领悟力、政治执行力。坚持从政治层面强化业务工作，深刻认识没有脱离政治的业务，也没有脱离业务的政治，任何工作都要从政治上看，深刻领悟党中央每一项决策部署的政治考量，始终把政治标准、政治要求贯穿到海关工作全过程各领域各方面。深刻吸取2020年违规

增设进口危险化学品通关要件问题惨痛教训，在增强政治敏感性、严格依法行政、严密安全监管、坚持为民服务、强化督查检查等方面持续加力，确保政治与业务融为一体、高度统一。强化全领域业务风险评估，推进问题整改，做到横向到边、纵向到底，切实防范单项风险上升为综合性风险、局部风险演化为系统风险，一般风险演化成政治风险。毫不放松抓好常态化口岸疫情防控，严厉打击“洋垃圾”走私、濒危物种及其制品走私、“水客”走私、粤港澳跨境海上走私，优化口岸营商环境，助力乡村振兴，切实把捍卫“两个确立”、做到“两个维护”落实到履行海关职责的实效中。

二要扎实开展对党忠诚教育。结合专项教育活动，加强忠诚党和人民、忠诚党的理想信念、忠诚党的初心使命、忠诚党的组织、忠诚党的理论和路线方针政策教育，抓好党性教育和海关职业操守教育。通过开展党建知识竞赛、重温入党誓词、上专题党课等方式，教育党员干部严守政治纪律和政治规矩，把对党绝对忠诚体现在为党尽责、为国把关、为民服务的实际行动上。

三要不断深化模范机关创建。牢牢把握海关政治机关属性，实施强化基层党组织政治功能、提升党员干部政治能力、提高党内政治生活质量“三项工程”，一体落实“讲政治、守纪律、负责任、有效率”要求。召开党的建设暨模范机关创建推进会，完善责任落实、督促检查、典型激励、考核问责、动态管理长效机制。

（二）始终坚持思想引领，坚定不移推动学习贯彻习近平新时代中国特色社会主义思想走深走心走实

一要强化党的创新理论武装。坚持把学习贯彻习近平新时代中国特色社会主义思想作为首要政治任务，将学习习近平总书记系列重要讲话、《习近平谈治国理政》、习近平《论中国共产党历史》贯通起来，准确把握“十个明确”核心内容，进一步深刻感悟思想伟力。深化学习研讨，完善“大学习、深调研、真落实”工作机制，强化中心组领学示范作用，突出抓好领导干部和青年干部理论学习，通过读书班、宣讲会、“三会一课”等多种形式，持续在真学真懂真信真用上下功夫求实效。

二要巩固拓展党史学习教育成果。深入学习领会习近平总书记对党史学习教育的重要指示精神，认真总结党史学习教育经验做法，推动党史学习教育常态化长效化。持续抓好党的十九届六中全会精神学习宣传贯彻，开展多层面全覆盖宣讲和培训。健全“我为群众办实事”机制，深化国门安全、便民利企、暖心聚力“三项工程”，坚持读红色书籍、看红色电影、听红色故事、办红色讲坛，推进学习教育成果转化为做好工作、开创新局的扎实成效。

三要认真学习宣传贯彻党的二十大精神。开展“喜迎二十大、奋进新征程”系列活动，按照党中央统一部署，有力有序抓好党的二十大精神学习宣传贯彻工作，推动全关各级党组织和广大党员干部深刻学习领会会议精神，全面贯彻落实会议各项部署要求。压紧压实意识形态工作责任制，坚决守好意识形态工作“南大门”。

四要深入践行伟大建党精神。传承红色基因、赓续红色血脉，开展“弘扬伟大建党精神、走好新时代赶考路”主题党建系列活动。抓好艰苦奋斗教育，组织开展老干部“口述历史”活动，推进关史室建设和关志编撰，做好文明单位创建工作，积极参评新时代海关榜样和全国海关先进集体、先进工作者，开展新一届“双十佳”评选表彰，教育引导党员干部弘扬“创业创新、奋斗奋进”优良传统，提振奋进新征程、建功新时代的精气神。

（三）始终坚持固本强基，坚定不移推进基层党组织标准化规范化建设

一要突出抓规范，着力解决党建基础不扎实问题。持续深化“强基提质工程”，开展基层党建规范年行动，针对黄埔海关巡察督察、党建检查发现问题，重点强化党组织设置、组织生活、党员发展、党建资料和党员教育管理“五个规范”，做到年初有计划、季度有指引、半年有检查、年底有通报，不断夯实党建基础。

二要突出抓考核，着力解决党建工作“两头尖”问题。完善合格支部、“四强”党支部、党建品牌考评复核机制，结合实际在基层单位探索开展党建平时考核、星级党支部评选。强化党支部分类指导、管理、考核，积极推行党建协作区和支部“结对子”，建立基层支部联建、组织生活联办、党员队伍联育、基础党务联查“四联”机制，推动基层党建质量整体提高。

三要突出抓融合，着力解决党建业务“两张皮”问题。完善党支部议业务、议队伍、议管理、议思想、议廉政制度，把基层党建工作融入中心工作、融入重大任务、融入日常活动。持续用力抓载体、抓平台、抓项目，开展第一届党建创新成果展示交流，及时总结推广“融合式”党建经验做法，推动党员先锋岗、战疫突击岗、青年示范岗、巾帼文明岗、志愿服务岗“五岗同创”，推动支部建设与科室建设两促进、党建质量与业务绩效双提升。

四要突出抓整改，着力解决党建“灯下黑”问题。聚焦党建不严格、不规范、不走心的短板弱项，结合巡察“回头看”开展“灯下黑”问题专项巡察，建立常态化检视整改机制，立足当下解决具体问题，举一反三解决同类问题，着眼长远解决根本问题，力争实现机关作风大转变、效能大提升。

（四）始终坚持从严管理，坚定不移打造全面过硬准军事化纪律部队

一要坚持纠“四风”树新风。持之以恒深入贯彻落实中央八项规定及其实施细则精神，严格落实海关总署制定的17条措施，持续强化“四风”纠治，抓好为基层减负常态化机制落实，持续深入整治形式主义、官僚主义。探索将业务问题“直通车”“直报点”机制拓展至作风建设领域，畅通问题收集、研究、反馈渠道，推动问题整治一贯到底。稳步推进海关政务服务“好差评”全事项、全渠道覆盖，开展“亮身份、亮承诺、亮服务”窗口作风提升行动，坚决纠治不担当不作为、推诿扯皮等问题，提高文明执法水平。

二要着力加强领导班子建设和干部队伍管理。坚持党管干部，突出政治标准，坚持正确选人用人导向，严格落实民主集中制，不断加强处科级领导班子建设。突出重点加强执法一线科长队伍建设和年轻干部教育管理监督，深入实施科长能力提升工程。优化专家队伍运作机制，分级分类建立专家人才库。坚持高标准、零差错做好领导干部个人有关事项报告工作，持续整治政商“旋转门”，深化“裸官”和违规兼任职清理。常态化纠治酒驾醉驾问题，开展经常性岗位练兵和技能比武，组建队列训练小教员队伍，持续抓好关容风纪、内务规范。坚持严管厚爱相结合，完善关爱激励机制，营造干事创业、担当作为良好氛围。

三要抓好“现场监管与外勤执法权力寻

租”常态化整治。坚持每月监督评估整治防控措施落实情况，抓好编制全关权责清单、完善“反围猎”机制、深化礼品礼金“红包”治理、完善“一案双查”工作机制等重点任务。持续转化并巩固专项整治成果，根据海关总署统一部署，深入开展“海关重点项目和财物管理以权谋私”专项整治，将专项整治向工程建设、信息化建设、装备购建等领域延伸拓展。巩固深化拓展“三个突出问题”整治，在增强科室绩效管理有效性、推进执法一线科室班前会规范化等方面加大力度，适时开展整治工作评估问效和经验交流，推动成效持续提升。

四要持续提升队伍能力素质。坚持把学习贯彻习近平新时代中国特色社会主义思想作为干部教育培训首要内容，强化分级分类培训，构建实战实用业务实训体系，加大一线岗位资质、业务应急梯队培训考核力度，发挥“教学练战”一体化作用，提高队伍履责能力和执法水平。深化“2+N”党建实训体系建设，完善支部书记考核上岗制度，实施推广一套标准化教学流程、打造一批精品课程、培养一批骨干教师、完善一批实训场所、搭建一个书记大讲堂“五个一”能力提升工程，持续打造“六会”书记队伍。

（五）始终坚持标本兼治，坚定不移深化清廉海关建设

一要强化监督执纪。紧盯党中央决策部署落实情况，不断提升政治监督实效，确保执行不偏向、不变通、不走样。始终保持反腐败政治定力，坚持重遏制、强高压、长震慑，紧盯重点领域、关键环节和群众身边“微”腐败，依规依纪依法查处腐败问题，加大问责力度。突出抓住“关键少数”，推动落实加强对“一把手”和领导班子监督各项措施。完善直属机关纪委工作规则，研究制定强化机关纪委建设具体措施，推动各级机关纪委监督实起来、作用发挥强起来。强化派驻纪检组有的放矢开展监督的能力，在精准发现问题、推动解决问题方面下真功夫、有真作为、见真效果。

二要强化巡视巡察上下联动。坚守政治巡察定位，落实构建“巡视带巡察、巡察促巡视”工作格局要求，配合海关总署开展一体巡、提级巡、延伸巡和交叉巡。用好常规巡察，用活专项巡察、机动巡察，年内对4个党组织开展巡察“回头看”，将巡视整改情况作为巡察监督重点，接力式开展监督，同步推进巡视巡察整改。充实巡察组长库、巡察干部队伍库，持续加强巡察干部队伍建设。

三要强化“制度＋科技”运用。坚持一手抓制度化、规范化、标准化，一手抓进系统、留痕迹、可追溯。深化依规治党，抓好党建制度“立改废释”。完善业务操作指引，强化规范性文件执行效果评估。推进全领域自查自纠，深化“双随机、一公开”运用，完善二、三级监控指挥体系建设，优化现场查验作业监控监督机制，推动风险信息化防控，不断提升风险防控能力。

四要强化廉政教育。认真贯彻落实关于加强新时代廉洁文化建设的意见，坚持正面引导与反面警示结合，加强法纪教育，开展一次案例警示教育、举办一次廉政家书活动、观看一堂廉政公开课、评选一批好家风最美家庭“四个一”活动。推进以案促改、以案促治制度化规范化，做到查处一案、警示一片、治理一域。

（六）始终坚持压紧压实，坚定不移扛起管党治党政治责任

一要持续强化“四责协同”。抓牢管党治

党责任落实这个“牛鼻子”，贯通党委主体责任、书记第一责任人责任、班子成员“一岗双责”、纪检机构监督专责，完善党委履行管党治党主责、机关党委聚焦机关党建主业、支部书记当好基层党建主角工作机制，构建横向协同联通、纵向压力传导、从严督责问责工作格局。

二要完善责任落实机制。突出常态长效、深化细化、到位到底，修订完善党建责任、问题、整改“三张清单”管理制度，制定基层党建工作季度检查通报实施办法，完善党组织书记述责述廉述党建工作机制。党员领导干部要自觉把责任记在心上、扛在肩上，做到重大任务必提党建、基层调研必看党建、谋划部署必讲党建、工作督查必问党建，扣紧知责、担责、履责、问责链条。

三要不断提升监督合力。深入贯彻《中国共产党纪律检查委员会工作条例》，强化纪检机构协助职责和监督责任。加强全领域全口径监督，完善监督联席会议制度，推进纪律监督、巡察监督、干部监督、派驻监督、审计监督、职能监督等信息互通、成果共享，推动形成贯通协同的大监督模式。

同志们，让我们坚持以习近平新时代中国特色社会主义思想为指导，深入学习贯彻十九届六中全会精神，认真落实海关总署党委部署要求，埋头苦干、勇毅前行，不断开创全面从严治党工作新局面，努力在社会主义现代化海关建设新征程中走在前列，以优异成绩迎接党的二十大胜利召开！

在2022年黄埔海关年中工作会议上的讲话

黄埔海关关长、党委书记　郑汉龙

（2022年7月8日）

今天会议的主要任务是：深入学习贯彻习近平总书记重要指示批示精神，认真落实全国海关年中工作会议部署，总结上半年工作，分析当前形势，推进下半年工作。上午，17个部门、单位进行了交流发言。刚才，党委各位同志就分管工作提出了具体要求，我都同意，请各部门各单位抓好贯彻落实。下面，我讲3点意见。

一、上半年主要工作情况

2022年上半年，黄埔海关坚持以习近平新时代中国特色社会主义思想为指导，深刻领悟“两个确立”的决定性意义，坚决做到“两个维护”，按照海关总署党委部署和年初工作会议安排，努力克服各种超预期因素影响，履职尽责、迎难而上，各项工作稳中有进、稳中向好。

（一）践行“两个维护”重行重效

深入学习贯彻习近平新时代中国特色社会主义思想，严格落实“第一议题”制度，不断健全“五学”机制，关党委以上率下，推动理论学习热在基层、热在一线。常态长效开展党史学习教育，“我为群众办实事”成果持续巩固拓展。认真履行牵头单位责任，多个驻镇帮镇扶村项目先后落地。扎实开展“学查改”专项工作和政治机关建设专项教育活动，全关上下从政治看业务的意识和能力不断增强。

始终坚持疫情防控总策略总方针不放松、不动摇，科学精准做好常态化疫情防控。坚持“人、物、环境同防”，严格口岸卫生检疫，规范进口冷链食品、进口高风险非冷链集装箱货物监测检测和预防性消毒监督工作。从严就高做好安全防护，严格实施封闭管理，加强监督检查和专项考核。关领导走进口岸封管区，带去关心关爱，解决困难问题，口岸一线疫情防控能力进一步提升。严格落实疫情内部防控措施，开展应急演练，疫情内部防控机制不断健全。回顾两年多的抗疫历程，所有疫情防控工作人员，不论寒暑、不分昼夜，以实际行动展现担当，用无私付出诠释忠诚，筑牢“外防输入、内防反弹”坚固防线。

始终保持打击“洋垃圾”、濒危野生动植物及其制品走私高压态势。严打“水客”、海南离岛免税“套代购”走私，切实封堵拦截粤港澳海上跨境走私通道。深入开展“国门利剑2022”联合行动，切实防范化解区域性、系统性走私风险。

（二）维护国门安全更加坚定有力

始终将防范化解重大风险摆在突出位置，健全安全生产工作领导小组机制，制定防范化解重大、系统性风险任务分工。深入推进一体化风险防控，构建大数据业务监控和报关单风险甄别模型。加强进出口食品商品检验监管。强化重大动植物疫情疫病防控，截获有害生物种类、批次居全国海关前列。

完善“三位一体”智能物流监控体系，进一步规范口岸检查作业，认真落实贸易管控措施，违禁品查缉、反恐、“扫黄打非”等监管职能有效发挥，“双奥”“两会”等重要时间节点口岸维稳保障任务圆满完成。扎实开展安全生产专项整治集中攻坚，建立危险品货物堆存时长预警机制，监管作业场所实现危险品货物“零滞留”。严厉打击涉危货物“伪瞒报、逃漏检”违法行为，危险化学品检验监管效能持续提升。知识产权海关保护专项行动取得成效。巩固跨境电商“断链刨根”专项行动成果，建立智慧协同监管长效机制。

坚持依法征管、科学征管。扎实开展加工贸易保税监管专项整治，着力完善监控项目。加大企业信用培育力度，开展失信企业信用修复。深入开展以查发为导向稽查作业改革，创新属地查检方式，口岸监管与属地监管互动联动、协作协同格局初步形成。

（三）促进外贸保稳提质成效初显

深入开展外贸和税收形势调研，聚焦提升综合效能，推动海关总署及黄埔海关促进外贸保稳提质措施落地落实。全力维护产业链供应链稳定畅通，保障能源、粮食、汽车等重点商品进口便利通关，进境粮食、进口汽车全面适用“两段准入”。优化“陆转水”出口监管模式，助力水运专线实现常态化运营。扎实开展跨境贸易便利化专项行动，努力克服运输方式结构性变化影响，进出口整体通关时间在业务大关中保持前列。

全面推广“企业集团”加工贸易监管模式，“以企业为单元”监管改革覆盖面持续扩大。支持跨境电商、市场采购等新业态健康有序发展。支持综合保税区业态多元化发展，一线进出区货值稳步增长。充分发挥虎门港综合保税区政策优势，支持东莞—香港国际空港中心常态化运营。积极帮扶市场主体，引导企业用好用足RCEP政策红利，推动解决企业急难愁盼问题。贸易分析和统计调查能力不断提升，外贸监测预警及时到位，辅助决策作用有效发挥。

服务共建“一带一路”高质量发展，国际货运班列稳步拓量增效。主动服务粤港澳大湾区建设，不断深化海运智能大通关改革，开通“一港通”“组合港”航线，扩大“直提”“直装”范围，助力口岸物流快运快转。

（四）全面从严治党纵深推进

坚持和加强党的全面领导，严格落实全面从严治党主体责任清单，深化“四责协同”，党委主体责任、书记第一责任人责任、班子成员“一岗双责”、纪检机构监督专责有效贯通。加强领导班子和干部队伍建设，健全完善领导干部和领导班子综合分析研判机制。用心用情做好离退休干部管理服务工作。树立正确选人用人导向，涵养风清气正政治生态。

深入实施基层党建“双提升”行动，构建“2+N”党建实训体系，“强基提质工程”取得阶段性成效，工青妇等群团组织桥梁纽带作用充分发挥。巩固拓展“三个问题”整治成果，强化内务规范和纪律作风养成，开展经常性岗位练兵和技能比武，准军事化纪律部队建设深入推进。突出实战实训，精准开展教育培训。加强先进典型培树，队伍精气神持续提振。

持之以恒贯彻落实中央八项规定及其实施细则精神，出台进一步强化纪律作风建设14项措施，持续纠“四风”树新风。扎实开展中央巡视整改自查评估，落实海关总署党委巡视整改集中清查，强化巡视巡察上下联动，巡视巡察整改成果不断巩固。深入开展全领域自查自纠，认真做好迎审自查工作，以“重点领域示范+示范科室”带动全关内控工作创新发展，常态化自我检视、立行立改、举一反三工作机制有效建立。

研究制定加强机关纪委建设措施。加强对“一把手”和领导班子监督，强化对“关键少数”权力运行制约监督。常态化开展“现场监管与外勤执法权力寻租”整治，扎实开展“海关重点项目和财物管理以权谋私”专项整治，依纪依规受理处置线索。持续正风肃纪反腐，全面从严治党、党风廉政建设和反腐败工作取得新进展新成效。

（五）综合保障能力进一步提升

法治海关建设扎实推进，权责清单编制试点阶段性工作顺利完成。政务信息、新闻宣传、政务公开、督查督办、值班应急、机要档案等办公综合工作有效保障机关高效运行。常态化落实“过紧日子”要求，财务保障精打细算、精准有力。新技术在海关监管服务场景中的应用加快推进，信息系统实现安全稳定运行。后勤服务质量稳步提升，数据分中心业务能力不断强化，技术中心执法保障基础有效夯实，保健中心检测效能进一步提高。

在肯定成绩的同时，我们要充分认识到当前工作还存在一些问题和不足：政治机关建设仍需加强，党员干部政治站位、大局观念有待进一步提升。防范化解重大风险机制、能力与当前复杂严峻的安全形势不相适应。业务互动联动、协作协同、有机衔接工作机制还不够顺畅，结合部仍存在堵点盲点。基层基础仍有短板弱项，执行力有待增强。党员干部教育管理存在薄弱环节，违纪违法问题仍有发生。这些问题必须引起重视，在下一步工作中认真解决。

二、当前形势和工作要求

下半年将召开党的二十大。习近平总书记多次强调，要“努力保持平稳健康的经济环境、国泰民安的社会环境、风清气正的政治环境，为党的二十大召开营造良好氛围”。这是习近平总书记统揽“两个大局”，深刻把握国际国内当前形势，为胜利召开党的二十大提出的政治要求，是习近平总书记反复强调的“国之大者”，是我们的重大政治责任和首要政治任务。我们必须一体学习领会习近平总书记重要指示精神，深刻领悟“两个确立”的决定性意义，坚决做到“两个维护”，牢牢把握“疫情要防住、经济要稳住、发展要安全”重要要求，按照海关总署党委“七个坚持”总体要求，立足职能职责，找准工作的切入点和着力点，持续推进“六个强化”，当好“三个环境”的建设者、营造者和责任方。

（一）深刻领悟保持平稳健康经济环境的重要指示精神，全力以赴促进外贸保稳提质

中央政治局会议指出，我国经济发展环境

的复杂性、严峻性、不确定性上升，稳增长、稳就业、稳物价面临新的挑战。要稳定宏观经济大盘，保持经济运行在合理区间。要坚持扩大高水平对外开放，稳住外贸外资基本盘。

上半年，黄埔海关关区外贸实现稳定增长，但增速大幅落后于全国。特别是关区制造业集中、外贸体量较大，当前和未来一段时期，受三重压力影响更为直接。在需求方面，世界经济复苏步伐不稳固不均衡，且有明显放缓迹象，电子信息等先进制造业受到美西方持续遏制打压，劳动密集型等传统产业面临替代效应、订单转移。在供给方面，全球地缘政治格局正处于高度动荡期，大宗货物价格高涨，国际物流通道仍然受阻，外贸企业缺芯、缺电、缺工、缺柜等问题交替出现。在预期方面，企业普遍反映成本上升、预期偏弱。近期调研显示，部分受访企业新增出口订单金额下降，下半年外贸形势依旧严峻复杂。

稳外贸事关经济全局、就业大局。对此，我们要坚定信心，既要看到我国外贸韧性强、潜力足的整体优势，又要对促进外贸保稳提质的现实紧迫性有更清醒的认识。要把困难估计得更加充分，坚持用全面、辩证、长远的眼光，精准分析研判外贸走势，从数看到形、从形看到态、从态看到势、从势看到局，聚焦关键产业链供应链等外贸重大问题深入研究，在危机中育新机，千方百计助力稳住总量、拓展增量、提升质量。要始终坚持海关为民，突出问题导向、畅通沟通渠道、深化调查研究，常态长效推动“问题清零”，实打实解决企业最关心、最直接、最现实的问题，保外贸市场主体。重点针对产业链供应链堵点难点问题，推动从水陆空铁各渠道疏通外贸“血管”，促进产业链全要素高效便捷流动。要把政策落地抓得更加扎实，加大宣传力度，送上政策“及时雨”，引导企业用足用好政策，稳定预期，提振发展信心。同时动态关注政策措施实施综合效果，因时因势调整优化，让政策措施真正转化为企业利好。

（二）深刻领悟保持国泰民安社会环境的重要指示精神，切实防范化解重大、系统性风险

习近平总书记强调，国泰民安是人民群众最基本、最普遍的愿望。实现中华民族伟大复兴的中国梦，保证人民安居乐业，国家安全是头等大事。强调必须坚持底线思维，做到居安思危、未雨绸缪。强调各级领导干部在工作中要有“时时放心不下”的责任感，担当作为，求真务实，防止各类“黑天鹅”“灰犀牛”事件发生。

今年以来，我们认真落实总体国家安全观，统筹发展和安全，统筹口岸疫情防控和促进外贸保稳提质，国门安全屏障持续筑牢。目前，全球疫情仍处于高位，病毒还在不断变异，疫情的最终走向还存在不确定性，外防输入压力持续增大。近期境外又出现猴痘等疫情疫病，这对我们外防输入、多病共防提出了更高要求。与此同时，黄埔海关毗邻港澳，口岸监管、属地监管任务繁重，执法环境复杂，危害国家政治安全货物物品输入风险长期存在，粤港澳海上跨境走私屡打不绝，“水客”走私漂移风险不容忽视，固体废物、濒危野生动植物及其制品、重点涉税商品等货运渠道走私风险依然高企。

新一届海关总署党委对防范化解重大风险高度重视，署长俞建华多次作出批示。黄埔海关地处祖国“南大门”，必须树立底线思维、增强忧患意识，以防得住作为硬道理，切实筑牢国门安全防线。坚持定期研判、抓早抓小。这是防范化解风险的基本前提。要坚持以大概率思维应对小概率事件，结合形势、任务的发展变化，滚动梳理政治、意识形态、外贸、科技、国门安全、安全生产、自身建设等方面潜在的风险隐患，动态开展风险排查、排序、排除，突出具体、务实、管用，拿出防范化解风险的实招硬招高招。坚持统筹兼顾、抓主抓重。这是防范化解风险的重要方法。要紧扣黄埔海关业务门类齐全、监管业务量大、国门安全风险交织特点，紧盯重点口岸、重点渠道、重点企业、重点商品，特别是可能影响国泰民安社会环境的各种风险隐患，及时捕捉业务异动，分类施策、精准拆弹，有效管控国门安全风险。坚持履职尽责、抓严抓实。这是防范化解风险的重要保证。要进一步强化严而又严、实而又实的工作作风，主要负责同志对本领域本单位的重大风险必须做到底数清、情况明，隐患排查要亲自上手、防范措施要亲自部署、处置工作要亲自推动，切实做到守土有责、守土负责、守土尽责。

（三）深刻领悟保持风清气正政治环境的重要指示精神，不断深化政治机关建设

习近平总书记指出，党的政治建设是党的根本性建设。强调要推动全党把坚持正确政治方向贯彻到谋划重大战略、制定重大政策、部署重大任务、推进重大工作的实践中去，经常对标对表，及时校准偏差，坚决纠正偏离和违背党的政治方向的行为，确保党和国家各项事业始终沿着正确政治方向发展。

我们紧扣政治机关定位，始终把“两个维护”作为最高政治原则和根本政治规矩，着力通过党的建设高质量发展引领保障全关工作高质量发展，进而更好服务高水平开放、高质量发展，风清气正政治环境根基不断巩固。2022 年上半年，通过扎实开展“学查改”专项工作和政治机关建设专项教育活动，政治建关持续走深走心走实。我们要清醒看到，政治机关建设是一项长期任务，必须时时对标对表、校准偏差。个别党员干部政治敏感性不强、自我要求不严，有的党员干部从政治高度分析形势、解决问题能力仍需进一步提升，有的工作落实效果对标政治标准、政治要求仍存在差距。

我们要始终把政治建设摆在首位，深刻领悟“两个确立”的决定性意义，切实增强“四个意识”、坚定“四个自信”、做到“两个维护”。观察分析形势要把握政治因素。不断提高政治判断力、政治领悟力、政治执行力，时时处处对标对表，站稳政治立场，找准工作重心，抓住主要矛盾，解决突出问题。下半年，保持“三个环境”是我们观察分析形势首先要把握的政治因素，要增强政治敏感性，自觉在大局下思考、在大局下行动。谋划推进工作要体现政治要求。海关“没有脱离政治的业务，也没有脱离业务的政治”，必须深刻领悟党中央每一项决策部署蕴含的政治考量，准确把握海关每一项工作对标的政治要求。“疫情要防住、经济要稳住、发展要安全”是政治要求，口岸疫情防控、促进外贸保稳提质、防范化解重大风险是海关落实政治要求的具体行动，必须不折不扣狠抓落实。研究解决问题要把握政治风险。想问题、做决策、定措施、抓落实，首先考虑每个环节、每个细节可能蕴含的政治风险，强化重大政治风险分析研判，加强风险关联性分析，切实防范单项风险发展为综合性风险、局部风险演化为系统性风险、一般风险上升为重大风险。落实工作任务要体现政治效果。把严之又严、实之又实、细之又细贯穿黄埔海关工作全过程，高标准、高质量、高效率推进各项重点工作，切实将“两个维护”体现在贯彻落实习近平总书记重要指示批示精神和党中央决策部署具体行动上，体现在履职尽责做好海关监管服务实效上，体现在日常言行上，确保执行不偏向、不变通、不走样。

三、扎实推进下半年重点工作

全关上下要深入学习贯彻习近平总书记重要指示批示精神和党中央决策部署，按照全国海关年中工作会议部署要求，以迎接、学习、宣传、贯彻党的二十大为主题主线，凝心聚力抓好各项工作落实。

（一）强化政治机关建设，坚决走好“两个维护”第一方阵

强化党的创新理论武装。深入学习贯彻习近平新时代中国特色社会主义思想，强化中心组领学示范作用，突出抓好领导干部和青年干部理论学习，在真学真懂真信真用上下功夫求实效。落实推动党史学习教育常态化长效化措施，巩固深化“我为群众办实事”成果。第一时间学习宣传贯彻党的二十大精神，迅速掀起全关学习热潮。

坚决贯彻落实习近平总书记重要指示批示精神。完善上下贯通、执行有力的抓落实工作机制，在践行“两个维护”上做到表达清楚、情感饱满、行动迅速、成效显著，切实将旗帜鲜明讲政治贯彻落实到全关工作全过程各领域各方面。

不断深化模范机关创建。巩固拓展“学查改”专项工作成果，深化政治机关建设专项教育活动，加强对党忠诚教育。严格落实意识形态工作责任制，加强思想动态调查和分析研判，做深做实思想政治工作。认真履行定点帮扶政治责任，助力乡村振兴。召开党的建设暨模范机关创建推进会，落实“讲政治、守纪律、负责任、有效率”要求，在政治机关建设中争当“排头兵”。

持续推动基层党建提质增效。深化“强基提质工程”，完善“2+N”党建实训体系，推进“双提升”行动。以基层党建“五个规范”为抓手，开展党建交叉检查，推进党支部动态管理，着力提升基层党建标准化规范化水平。深化“融合式”党建，健全党支部议业务、议队伍、议管理、议思想、议廉政制度，打造“六会”书记队伍，以抓党建促进业务，以强业务提升党建。

（二）严格实施口岸检疫，筑牢国门检疫防线

精准高效开展常态化疫情防控。坚持“人、物、环境同防”，严格实施口岸卫生检疫，规范开展入境人员采样检测，做好进口冷链食品、进口高风险非冷链集装箱货物口岸环节监测检测和预防性消毒监督工作，严格落实环境监测和终末消毒。坚持“多病共防”，严防埃博拉、猴痘等传染病输入。加强闭环场所管理，拧紧责任链条，杜绝麻痹大意、自以为是、自降标准。通过流程优化、科技赋能、人员配备、环境改善等措施，健全完善口岸疫情防控体系，提升口岸公共卫生核心能力。

加强口岸动植物检疫。严防非洲猪瘟、高致病性禽流感、红火蚁、松材线虫等疫情疫病传入，强化进口粮食、饲料、原木等风险分析和检疫监管，持续做好重大动植物疫情疫病防控。深入推进“国门绿盾 2022”专项行动，落实外来入侵物种普查监测，加强非贸渠道防控，推进口岸初筛实验室建设，提升有害生物

鉴定水平，有效防范外来物种入侵。

严格个人安全防护。开展全流程、全覆盖大检查，将各项安全防控措施落实情况融入日常监督和执法检查，确保严格规范操作。优化调整高风险岗位人员封闭管理措施，坚持“非必要不接触”，严格落实“四必须”“五件套”“六个不”等封闭管理要求。适时调整疫情内部防控措施，加强“哨点”人员监测，强化实战演练和复盘总结。

（三）坚持底线思维，防范化解重大风险

优化两级风险防控机制。完善跨区域、跨领域、跨渠道风险集中研判工作机制，强化工作专班运行，形成指令下达、执行、反馈、评估、优化闭环，提升风险协同防控能力。发挥现场见单见货见人优势，提高即决式布控比例。密切与国安等有关部门的合作，强化信息情报采集和应用，深化“模型预警＋专家研判”防控模式，提升风险防控覆盖面和精准性。

着力防范化解重点领域风险。在政治方面，要紧盯贯彻落实习近平总书记重要指示批示精神，严防领悟不准确、部署不全面不及时、落实不严不实，可能影响全局的风险。在业务方面，要紧盯安全生产、重大疫情疫病、生物安全、食品安全、商品安全、税收征管、保税监管、海关特殊区域监管、特大走私、新业态监管等领域，严防制度不健全、监管不到位、合成谬误等风险。在管理方面，要紧盯突发舆情、队伍思想动态、机要保密、信息系统运行、数据安全、党风廉政建设等领域，严防失常失控失效风险和党员干部被围猎、发生群体性腐败风险。

狠抓任务分工落实。近期，我们对照海关重大、系统性风险清单，结合实际细化梳理风险点，明确措施及任务分工。接下来，各部门各单位要一体推进系统性梳理、体制性预防和应急式处理，将每项措施落实到岗、落实到人，一级抓一级、层层抓落实，防患于未然、处置于未萌。

（四）优化口岸营商环境，全力以赴促进外贸保稳提质

保障产业链供应链畅通。做好促进跨境贸易便利化专项行动经验总结和复制推广，巩固整体通关时间压缩成效。深化海运智能大通关改革，扩大“组合港”“一港通”试点，拓展“直提”“直装”应用。优化多式联运监管，推广铁路跨境快速通关模式，促进国际班列拓量增效。支持“陆转水”驳船、包船航线和东莞—香港国际空港中心常态化运营，保障关键物料通关顺畅。发挥综合保税区开放平台作用，推动建设研发中心，支持企业入区开展研发设计、维修服务，促进进口汽车保税存储业务发展。

支持制造业高质量发展。认真落实助企纾困降成本若干措施，深入梳理与海关工作相关的企业负担事项，全面规范行政执法行为。紧扣关区生物医药、智能移动终端产业集群等产业特点，引导企业用足用好RCEP等税收优惠政策，支持原材料、生产设备、关键零部件进口。加大政策宣传力度，落实主动披露政策措施。加强知识产权海关保护，多维度开展执法合作。积极参与高技术商品国际规则和标准制修订，助力出口转型升级。

稳住加工贸易基本盘。持续深化加工贸易监管改革，全面推广“企业集团”监管模式，促进集团内生产要素高效流转，引导中小企业从手册管理升级为电子账册管理，形成“以企业为单元”常态化监管，引导企业守法经营，增强加工贸易吸引力。继续落实内销集中申报、暂免征收缓税利息等政策，探索一般贸易、加工贸易担保互认通用。

支持新业态持续健康规范发展。深化寄递渠道智慧监管改革，着力提升跨境电商监管有效性便利性；支持跨境电商综试区建设，促进B2B出口、出口海外仓、出口退货及进口退货中心仓业务发展。优化市场采购全链条监管体系，规范中小微企业申报行为，完善商品价格人机协同审核机制，推动联网信息平台建设，促进小额小批量政策落地见效。

加强外贸分析研判预警。建立外贸形势分析会制度，发挥各业务领域优势，加强进出口分析和政策研究。统筹用好贸易数据与业务数据，提升数据分析能力水平，密切关注数据异动变化，多维度、多视角分析研判外贸整体态势。

（五）保持高压态势，严厉打击走私

深入开展“国门利剑2022”联合行动，严厉打击枪支爆炸物品、“洋垃圾”、象牙等濒危野生动植物及其制品走私。严防“水客”走私漂移。加大重点水域、岸线巡防查缉力度，持续有效遏制粤港澳海上跨境走私活动。加大货运渠道伪瞒报、夹藏行为打击力度，严厉打击重点涉税商品走私。深入落实全员打私工作机制，深化“风险+职能+现场+缉私”一体化打私模式，切实提升查发效能。加强与打私办、市场监管等部门联系配合，推动地方政府切实履行主体责任，深化反走私综合治理。

（六）深化改革创新，强化“三应”运行机制建设

强化下对上响应。加强改革成效评估，优化“中心—现场”运行模式。加强职能部门对业务现场的专业指导，强化一线执法人员业务能力培训，提升基层执行力。动态完善业务操作指引，强化制度执行刚性，促进执法规范统一。

强化左和右呼应。加强涉检布控指令运行监测、评估、反馈。优化现场检查机制，推进新一代检查异常处置系统应用，完善取样送检全流程信息化管理系统。积极推进“由企及物”监管，强化口岸海关和属地海关监管协同，加大涉检稽查力度，推进属地查检与稽（核）查、企业管理、风险管理协同，实施指令统筹、作业叠加、执法联动，深化监管结果综合运用。加强“三定”规定执行情况评估，持续优化人力资源配置。

强化上对下反应。建立健全对隶属海关单位反映请示问题推诿扯皮情况记录报告制度，发挥“业务请示问答”平台作用，加强下对上的监督，倒逼问题解决、措施完善、改革深化。完善改革问题收集机制，用改革的思维和方法主动破解基层反映的困难问题。充分调动基层积极性，及时总结复制推广基层工作经验做法，推动基层首创上升为顶层设计。

（七）强化综合保障，全面提升工作效能

做好办公综合工作。加强和规范请示报告，持续巩固精文减会成果，拓展督查工作广度深度。提升政务信息和新闻宣传工作质量，做好政务公开、信访等工作，压紧压实保密责任。健全安全生产检查机制，常态化排查内部安全风险隐患，加强应急值守、开展应急演练，提升干部职工安全防范意识和能力。

夯实依法履职基础。深化制度建设，优化制度供给，围绕改革发展、执法实践中的突出问题，完善制度规程，开展“立改废释”。深入推进权责清单编制试点，规制自由裁量权。

严格规范公正文明执法，从源头上做好复议应诉工作。强化全员法治教育，持续提升依法履职能力，确保依法全面履行职责。

做好财务后勤保障。完善“过紧日子”长效机制。提升预算保障能力，压实预算执行主体责任，推进预算绩效一体化管理。完善财务管理制度体系，进一步夯实财务管理制度基础。规范资产管理流程和业务操作，提升资产使用效益，提高固定资产管理水平。继续做好后勤服务保障。

强化科技引领支撑。推动业务科技一体化，用科技代替人力、代替人脑，提升监管服务效能。加强网络和信息系统运维管理，开展网络安全运行风险评估，防止发生重大网络安全事件。提升技术中心法检项目自检率，推进保健中心生物安全二级实验室建设。

深入开展督察审计。高质量完成审计、督察和执法评估工作，聚焦重大决策部署落实的成效效果、执法管理的合法合规、内控机制的常态长效开展监督，着力解决共性和深层次问题，健全整改长效机制，把“不贰过”要求落到实处。

（八）坚持严管厚爱，全面加强队伍建设

加强领导班子和干部队伍建设。坚持党管干部原则和好干部标准，牢固树立重政治、重品行、重基层、重担当、重实绩的鲜明用人导向。坚持“一盘棋”“一张单”“一把尺”，让想干事、肯干事、能干事、干成事的干部脱颖而出、有用武之地。健全完善领导班子综合分析研判机制，加强执法一线科长队伍建设，选拔培养优秀年轻干部。加强专业技术类公务员培养使用。加强和改进事业单位领导人员管理。

强化纪律作风建设。持之以恒落实中央八项规定及其实施细则精神，防止“四风”反弹回潮，持续为基层减负。强化纪法和内务规范学习教育，组织开展网络行为排查，开展窗口作风提升行动，常态化纠治酒驾醉驾。发扬准军事化纪律部队优良作风，树正气、遏邪气、易俗气，营造“求实、扎实、朴实”海关文化。

关心关爱队伍。落实落细关心关爱系列措施，完善奖励办法，发挥正向激励作用。深入开展“关长走进封管区”，建立封闭管理人员“一对一”帮扶机制，加强心理疏导和健康管理，切实关心关爱一线人员。按照“过紧日子”要求，积极争取和拓展资金保障来源，集中财力优先保民生、重点保运转、精准保发展。积极发挥工青妇组织桥梁纽带作用，围绕群众关心关注的热点难点问题，办好工青妇“十件实事”。用心用情做好离退休干部管理服务工作。

（九）全面正风肃纪，一体推进“三不腐”

强化“不敢腐”震慑。坚持严的主基调不动摇，拓宽信访举报渠道，深化打私反腐“一案双查”，及时发现以权谋私、受贿放私等违纪违法线索。常态化开展“现场监管与外勤执法权力寻租”整治，深入开展“海关重点项目和财物管理以权谋私”专项整治，深化“红包”综合治理，构建“反围猎”长效机制。健全组地关协作机制，强化纪法衔接，切实做到有案必查、有腐必反。

扎紧“不能腐”笼子。抓好压力传导，压紧压实“两个责任”，突出强化对“关键少数”的监督，发挥好“一把手”和领导班子重点事项监督自查报告制度作用。聚焦重点领域、关键环节，强化“制度＋科技”应用，一体推进纪律监督、巡察监督、干部监督、派驻监督工作，切实强化对权力运行制约监督。

筑牢“不想腐”防线。加强党性教育，健全“五学”机制，教育引导党员干部坚定理想信念。强化警示教育，坚持违纪违法案件“画像式”通报制度，深化以案促改、以案促建、以案促治。大力推进廉洁文化建设，发挥典型示范和家庭助廉作用，建设清廉海关。

最后，我再重点强调一下安全生产和参与海关总署课题研究两项工作。

关于安全生产工作。近期，多个地方发生安全事故，提醒我们安全生产一刻都不能放松。全关上下要时刻绷紧安全生产这根弦，时刻瞪大眼睛，以“时时放心不下”的责任感抓好安全生产工作。要统筹兼顾、突出重点、内外同防，严格落实安全监管责任和安全生产主体责任，紧盯危险化学品监管、网络信息安全、信访事件处置、执法作业安全和海关监管作业场所、实验室、办公区管理等重点领域，深入开展安全生产大检查，将“一查到底”和“回头看”有机结合，注重标本兼治、常态长效，牢牢守住安全底线、监管红线。

关于课题研究工作。当前，海关工作面临的形势和任务发生了很大变化。俞署长提出的6个课题，既是海关总署党委部署的工作任务，也是破解黄埔海关发展难题的关键所在。全关上下要增强责任感紧迫感使命感，传承改革创新优秀基因，主动对接、认真思考、深入研究、积极作为。特别是课题涉及的对口职能部门，要迅速行动、深入调研，主动“破题”、用心“解题”、精准“答题”，形成高质量研究成果。

同志们，下半年任务已经明确，全关上下要深刻领悟“两个确立”的决定性意义，增强“四个意识”、坚定“四个自信”、做到“两个维护”，认真落实海关总署党委工作部署，发扬创业创新、奋斗奋进优良传统，朝着“走在前列”目标继续前进，以优异成绩迎接党的二十大胜利召开！

在黄埔海关党委理论学习中心组 2022 年第六次专题（扩大）学习会暨处级主要负责同志学习贯彻党的二十大精神专题培训班上的讲话

黄埔海关党委书记、关长　金海

（2022 年 11 月 24 日）

同志们：

党的二十大是一次高举旗帜、凝聚力量、团结奋进的大会，在党和国家发展进程中具有极其重大的历史意义。习近平同志继续当选中共中央总书记，充分体现了全党共同意志，充分反映了亿万人民共同心愿，是党心所向、民心所盼、众望所归。我们坚决维护习近平同志党中央的核心、全党的核心地位，坚决维护以习近平同志为核心的党中央权威和集中统一领导。

学习宣传贯彻党的二十大精神是当前和今后一个时期的首要政治任务。10 月 29 日，党中央印发的《中共中央关于认真学习宣传贯彻党的二十大精神的决定》，对学习宣传贯彻工作作出统一部署。11 月 2 日，海关总署党委下发工作方案，对全国海关学习宣传贯彻工作提出明确要求。我们新一届党委班子高度重视，召开两次党委会开展专题研讨，研究制发学习宣传贯彻工作方案，邀请省委宣讲团成员进行宣讲，关党委委员深入基层带头宣讲。各基层党组织不等不靠，采取丰富多彩的形式组织学习宣传贯彻党的二十大精神，全关迅速掀起学习宣传贯彻热潮。

这次，我们利用 3 天时间举办党委理论学习中心组专题（扩大）学习会暨处级主要负责同志学习贯彻党的二十大精神专题培训班，全面学习、全面把握、全面落实党的二十大精神。今天，按照学习安排，我为大家作宣讲，目的是以党的二十大精神统一思想、统一意志、统一行动。下面，我讲 4 点意见。

一、在全面学习上下功夫，深入领会党的二十大精神的核心要义

全面学习党的二十大精神，要原原本本、逐字逐句学习党的二十大报告和党章，学习习近平总书记在党的二十届一中全会上的重要讲话精神，切实把握精髓要义。如，党的二十

大报告的第四部分“稳步扩大规则、规制、管理、标准等制度型开放”这句话，我们可以从我国治理体系治理能力现代化、国际话语权、参与国际规则等方面结合海关职责逐字逐句领会落实，增强思想自觉、政治自觉、行动自觉。

（一）深入领会过去5年的工作和新时代10年的伟大变革的重大意义

过去5年和新时代以来的10年，在党和国家发展进程中极不寻常、极不平凡。新时代十年的伟大变革，在党史、新中国史、改革开放史、社会主义发展史、中华民族发展史上具有里程碑意义。回想海关这10年的变化，在座的各位都有切身的感受：2012年，实现区域通关一体化；2017年，实现全国通关一体化；2018年，围绕打造在国际上最具竞争力的海关监管体制机制，实施“五个统一”“五项创新”，推进关检融合。实践证明，党的十八大以来以习近平同志为核心的党中央的大政方针和工作部署是完全正确的，中国特色社会主义道路是符合中国实际、反映中国人民意愿、适应时代发展要求的，不仅走得对、走得通，而且走得稳、走得好。我们要深刻领悟“两个确立”的决定性意义，增强“四个意识”、坚定“四个自信”、做到“两个维护”，在新的“赶考”之路上交出新的优异答卷。

（二）深入领会习近平新时代中国特色社会主义思想的世界观和方法论

党的十八大以来，我们党把马克思主义基本原理同中国具体实际相结合、同中华优秀传统文化相结合，取得重大理论创新成果，集中体现为习近平新时代中国特色社会主义思想。党的二十大开辟了习近平新时代中国特色社会主义思想马克思主义中国化时代化新境界。我们要深刻把握蕴含其中的世界观和方法论，深刻领悟道理学理哲理，做到知其言更知其义、知其然更知其所以然，运用创新理论的方法论研究新情况新问题，拿出科学精准举措，结合工作实际坚持好运用好贯穿其中的立场观点方法。

（三）深入领会以中国式现代化推进中华民族伟大复兴的使命任务

从现在起，中国共产党的中心任务就是团结带领全国各族人民全面建成社会主义现代化强国、实现第二个百年奋斗目标，以中国式现代化全面推进中华民族伟大复兴。中国式现代化扎根中国大地，切合中国实际。我们要围绕这一中心任务，增强使命责任担当，在中国式现代化新征程上贡献海关力量。如海关“中心—现场式”通关作业模式中，直属海关业务职能部门发挥职能运行监控作用的成效是衡量我们管理水平的重要体现，职能部门要不断提升政治敏感性，及时掌握通关情况，防控区域性风险，切实守好国门、担当使命。

（四）深入领会以伟大自我革命引领伟大社会革命的重要要求

党的十八大以来，以习近平同志为核心的党中央，刹住了一些长期没有刹住的歪风，纠治了一些多年未除的顽瘴痼疾。经过不懈努力，党找到了自我革命这一跳出治乱兴衰历史周期率的第二个答案。海关一路走来，经历红绿通道改革、全通一体化改革、关检业务融合改革、全业务领域一体化改革，口岸管理体制、海关监督管理体系实现了系统性重塑、整体性重构。这都是海关勇于刀刃向内、主动连续改革的结果。海关系统的垂直管理体系、准军事化纪律部队建设，这些优势在改革当中非常鲜明，也是我们弘扬伟大建党精神的重要体现。我们要以永远在路上的清醒和坚定，坚持不懈把全面从严治党向纵深推进，打造堪当新时代重任的准军事化纪律部队。特别是在关检业务融合三年实践的基础上，我们还要在“化学反应”上发力，使优化协同高效改革成果进一步得到体现。

（五）深入领会团结奋斗的时代要求

党的十八大以来，我们党紧紧依靠人民，稳经济、促发展，战贫困、建小康，控疫情、抗大灾，应变局、化危机，攻克了一个个看似不可攻克的难关险阻，创造了一个个令人刮目相看的人间奇迹。团结奋斗是中国人民创造历史伟业的必由之路。团结才能胜利，奋斗才会成功。我们要始终牢记“三个务必”，敢于斗争、善于斗争，充分发挥基层群众的创造伟力，一步一个脚印把党的二十大作出的重大决策部署付诸行动、见之于成效。

二、在全面把握上见真章，增强用党的二十大精神引领全关工作高质量发展的自觉性和坚定性

全面把握党的二十大精神，要坚持历史和现实、理论和实践、国际和国内相结合的办法，从整体到局部、再从局部到整体进行反复揣摩，在分析形势中体现时代性、在厘清思路中把握规律性、在贯彻落实中富于创造性。

（一）深刻领悟“两个确立”的决定性意义，坚决做到“两个维护”，确保黄埔海关事业发展始终保持正确政治方向

党的十八大以来，以习近平同志为核心的党中央攻克许多长期没有解决的难题，办成许多事关长远的大事要事，根本在于习近平总书记作为党中央的核心、全党的核心掌舵领航，在于习近平新时代中国特色社会主义思想的科学指引。党确立习近平同志党中央的核心、全党的核心地位，确立习近平新时代中国特色社会主义思想的指导地位，对新时代党和国家事业发展、对推进中华民族伟大复兴历史进程具有决定性意义，是党应对一切不确定性的最大确定性、最大底气、最大保证。站在新的历史起点，面对更加复杂的国际环境、艰巨繁重的国内改革发展稳定任务，要确保党的事业接续发展、国家长治久安，必须保持党中央的核心、全党的核心长期稳定。

海关首先是政治机关，必须旗帜鲜明讲政治。奋进新征程，我们要走好“两个维护”第一方阵，坚决做到“两个维护”有感悟、有表达、有情感、有行动、有成效。有感悟，就是要深刻领悟“两个确立”的决定性意义，切实把“两个维护”融入血液、铸入灵魂。有表达，就是要把“两个维护”用发自内心、切合实际、生动鲜活的语言表达出来。有情感，就是要自觉爱戴核心、拥护核心、紧跟核心，主动为党尽责、为国把关、为民服务。有行动，就是要时时处处向习近平总书记看齐，始终把学习贯彻落实习近平总书记重要讲话和重要指示批示精神作为“第一议题”，言行一致、知行合一。有成效，就是要把践行“两个维护”的实效体现到优执法强监管、优环境强服务上，体现到忠诚履行职责、扎实做好工作上，体现到高质量完成当前任务、高标准谋划未来发展上。

（二）始终站稳人民立场，确保人民海关为人民

海关是党领导下的人民海关，一切权力来自于人民，一切工作服务于人民。当前，全球经济下行压力增大，外需持续萎缩，地缘冲突

加剧，单边主义、保护主义上升，全球产业链供应链受到冲击，企业面临着物流、成本、订单等诸多压力。但更要看到，我国经济韧性强、潜力足、回旋余地广，长期向好的基本面不会改变。黄埔海关关区注册企业数量稳中有升，既有新一代信息技术、生物医药等战略性新兴产业集群，也是玩具、家具、服装等传统行业聚集地。前10个月黄埔综合保税区、虎门港综合保税区、清溪保税物流中心进出口增速远高于全国平均水平。相关职能部门、隶属海关要进一步增强政治敏感性，善于分析研究，提出有效措施，降低综合成本，营造稳定、可预期的企业生存发展环境。同时，黄埔海关毗邻港澳，业务体量较大，执法环境复杂，危害国家政治安全货物物品输入、疫情疫病传入、逃避税收和贸易管制政策、危险化学品等安全监管、重大走私等各类风险交织。我们在复杂环境当中要注重推进监管前推后移，风控部门、职能部门、现场部门要形成合力，营造良好的营商环境。

奋进新征程，我们要始终坚持人民至上，把以人民为中心的发展思想贯彻到海关工作的全过程、各领域、各环节。坚持以人民满意为标准。找准企业需求和海关监管服务的对接点，不断提升政策制定的实效性、对企宣传的针对性。我们要认真领会国务院以及海关总署出台的一系列促进外贸保稳提质措施，以及措施背后的深刻背景和含义，结合实际有针对性落实到位。坚持以人民期盼为导向。实行顺势监管、高效监管，严格规范公正文明执法，减少对企业生产经营的干扰，增强关区对优质企业的吸引力，树立海关可亲可敬可靠良好形象。要处理好精准性和随机性的关系，以精准布控靶向锁定风险目标，以随机抽查掌控风险防控覆盖面，构建随机抽查与精准布控协同分工、优势互补的风险统一防控机制，把评估监测结果作为质量管理和风险防控的重要依据。坚持以人民安全为根本。瞪大眼睛、保持战斗状态，用大概率思维应对小概率事件，宁可向前一步形成重叠，不可后退一步造成缝隙，牢牢守住安全底线、监管红线。职责划分是对各个职能部门提出的要求，“三定”以后，职能部门是不是敢于担当，是不是存在缝隙，大家是不是向前一步宁愿重叠，这种作风在我们关职能部门是否形成、怎么保持下去，这是体现我们职能管理很重要的一点。

（三）自觉服从服务于中国式现代化大局，确保在新时代新征程中找准工作方位

广东是改革开放排头兵、先行地、实验区，黄埔海关地处“一带一路”和粤港澳大湾区关键节点，把守着辐射华南乃至全国的重要口岸。关区外贸和制造业基础雄厚，长期作为全国海关改革的“试验田”，很多工作走在前列。我们的关区小、人力资源素质高，只要理念、认识到位了，各项工作就可以走在全国海关前列，这为我们更好服务中国式现代化大局创造了条件、积累了经验。同时也要看到，黄埔海关业务发展受地域影响较大，必须加大力度推动高质量发展，不能停留在“人无我有”的阶段，而要在“人有我精”的阶段来发展。关区一般贸易商品类型较为集中，手机等电子产品、汽车、粮食等大宗商品占比较高，对国际形势变化较为敏感。下午的外贸形势分析会就是分析这些重大的、异常的、突发的情况，对下个月可能出现问题进行预判，制定解决问题的措施。我们要尽快研究提出加工贸易提档升级具体举措，及时解决企业遇到的困难，为海关总署和地方政府提供有效决策参考信息；

要进一步支持跨境电商、市场采购、外贸综服等新业态发展，推动完善港口码头基础设施，拓展远洋航线，提升关区物流竞争力，促进外贸高质量发展。

黄埔海关因改革而生、应改革开放而兴。奋进新征程，我们要继续做以中国式现代化全面推进中华民族伟大复兴的建设者、创造者、先行者。要树立大局观念。立足“两个大局”，胸怀“国之大者”，“跳出海关看海关”“跳出黄埔看黄埔”，从党和国家事业发展的战略全局思考谋划海关工作，从广东经济社会发展大局找准黄埔海关定位，全力服务贸易强国建设。同时，我们要服务好“世界制造之都”，既要有责任感、自豪感，更要切切实实拿出具体的举措，确保在复杂国际形势下市场主体能够生存下去，能够发展起来，能够转型升级。要树立创新意识。永葆闯的精神、创的劲头、干的作风，继续发挥全国海关改革“试验田”作用，用改革的思维谋划工作，用改革的方式推动工作，用改革的成效焕发活力，持续推进海关制度创新和治理能力现代化建设，着力打造先进的、在国际上最具竞争力的海关监管体制机制。海关总署正在推进的属地查检等业务改革，黄埔海关要争取先行先试，通过报关报检真正合一推动属地和口岸之间的精度高效监管，让我们个性的区域性特点成为全国海关业务改革的组成部分。要树立进取精神。着力固根基、扬优势、补短板、强弱项，针对制约高水平开放高质量发展的困难挑战，找准工作着力点，既抓增量、更重质量，既全面推进、又突出重点，既狠抓当前、又着眼长远，通过前瞻性思考、全局性谋划、整体性推进，全面强化监管优化服务，奋力在社会主义现代化海关建设中走在前列。

（四）切实强化系统观念，确保“响应、呼应、反应”机制运行高效顺畅

关检融合以后，海关职责任务更多、监管范围更广、监管链条更长、干部队伍进一步壮大。从全面履职看，海关是国家治理体系的重要组成部分，承担的税收、检疫、检验、监管、统计、打私等每一项职责都事关国家经济社会发展大局。从垂直管理体系看，雷厉风行、令行禁止是准军事化海关纪律部队的鲜明特点。从内部运行看，各部门单位、各项业务、各方面工作紧密联系，“中心—现场式”、口岸与属地、业务与保障互为依托、互为补充，构成一个有机整体。从机构改革看，关检业务实现了“物理整合”，但“卫动食商”作业要求的精准性可操作性仍存在一定差距，离“化学反应”还有一定距离。这些都要求我们必须完善横向协同、纵向联动、集约高效的运行体系，推动海关各项工作实现高质量发展。

奋进新征程，我们要坚持系统观念，紧紧扭住“三应”这个核心环节和关键抓手，强化上下同心、协同配合、同向发力，形成灵敏迅速的响应、呼应和反应运行机制。强化下对上的响应，做到闻令而动、遵令而行。坚决响应关键在于快部署，对于上级有明确要求的事项，要以最坚决的态度、最迅速的行动，做到“此动彼应、顷刻而成”。坚决响应关键在于真落实，做到既结合实际，又不跑偏、不走样、不打折扣、不搞变通，坚决反对表态多、调门高、行动少、落实差等不作为行为。坚决响应关键在于见成效，做到抓铁有痕、踏石留印，抓一项成一项，干一件成一件，用数据说话、靠成果检验，用实实在在的成效给出掷地有声的响应。强化左和右的呼应，做到沟通协调、相互配合。要在“中心—现场式”业务架

构中，构建职能管理分工明确、配合有序、操作规范、监督到位的业务运行监控机制。要力戒本位主义，不断完善口岸监管、属地查检、稽（核）查等工作协同联动机制，推进执法资源有效整合。要加强与兄弟单位呼应，深化跨关区联动，系统内加强与兄弟海关的协同，更高水平落实海关全业务领域一体化改革；系统外加强与地方政府、口岸单位等部门的协同，畅通沟通渠道，建立协调机制。强化上对下的反应，做到担当作为、解决问题。反应的前提是全面掌握情况，职能部门要深入基层、深入一线，加强职能管理，发挥监控作用，真正做到对所在业务领域“数据准、情况明、风险清”。我们每个部门单位的主要负责同志对自己负责领域的基本情况、基本数据、基本风险、基本状况，脑子里要有一本账，随口可以说出来，问到问题时要清楚这是一个什么情况，这是对我们主要负责同志的基本要求。反应的核心是发挥职能作用，一方面出台制度规定、业务指引要结合实际，充分考虑基层工作实际，充分听取基层意见建议，切实增强可操作性；另一方面，一旦制度规定、业务指引下发，要强化制度执行刚性，加强对基层执行情况的过程管理，这样才能实现出台制度可操作性和执行制度严肃性的有机统一。反应的关键是推动解决问题，对于基层反映突出的重点难点问题，要善于用改革的思维和方法来破解，提供有力有效能够落地的解决措施，真正做到为基层一线办实事、解难题。

（五）时刻保持“赶考”的清醒和坚定，确保“三不腐”一体推进

奋进新征程，我们要坚持严的基调，一体推进不敢腐、不能腐、不想腐。不敢腐，就是加强惩治和威慑，坚持什么问题突出就重点解决什么问题，靠严格的执纪执法增强制度刚性，保持惩治腐败高压态势不放松，让意欲腐败者不敢越雷池半步。不能腐，就是加强制约和监督，扎紧制度笼子，规范权力运行，把发现问题、推动整改、促进改革、完善制度贯通起来，加强重点领域监督机制改革和制度建设，让胆敢腐败者在严格监督中无机可乘。不想腐，就是加强教育和引导，涵养廉洁文化，以“组织推动”促党员干部“个人主动”，让党员干部提高党性觉悟，从源头上消除贪腐之念。

三、在全面落实上求实效，切实把党的二十大精神学习成果转化为干在实处、走在前列的实际成效

全面落实党的二十大精神，要围绕“铸忠诚、担使命、守国门、促发展、齐奋斗”海关工作要求，以更高的站位、更严的标准、更实的举措，扎实推进党的二十大作出的重大决策部署在黄埔海关落地见效。

（一）把铸忠诚作为强关之魂，坚定自觉在思想上政治上行动上同以习近平同志为核心的党中央保持高度一致

铸忠诚是海关始终保持正确政治方向的根本保证。海关阵地，必须由忠于党、忠于人民、忠于党的领袖的人来坚守；海关事业，必须由忠于党、忠于人民、忠于党的领袖的人来推动。

要忠诚党的核心。坚决贯彻落实习近平总书记重要讲话、重要指示批示精神和党中央决策部署，时刻同以习近平同志为核心的党中央对标对表，不断提高政治判断力、政治领悟力、政治执行力。严格执行“第一议题”制度，扣紧传达学习、工作落实、督促检查、结果报告闭环链条，关党委发挥示范引领作用，

带头先学一步、学深一层、狠抓落实。

要忠诚党的信仰。坚持用中国化时代化马克思主义凝心铸魂，用好“五学联动”机制，抓好处级干部集中轮训和全员培训，深入学习党的二十大提出的新理念新论断、确定的新任务新举措，以理论上的清醒保证政治上的坚定。深刻领会“两个结合”“六个必须坚持”重要内容，跟进学习习近平总书记最新重要讲话和重要指示批示精神，坚持好运用好贯穿其中的立场观点方法。开展“大学习、深调研、真落实”，深入基层、企业、群众开展调研，既吃透上情又吃透下情，真正干实事、谋实招、求实效。

要忠诚党的章程。牢固树立党章意识，学习党章、遵守党章、贯彻党章、维护党章，把党章作为党员干部的必修课，把各项规定要求落实到行动上、体现在工作中。把检查学习和遵守党章情况作为民主生活会、组织生活会的重要内容，加强监督检查，切实维护好党章的严肃性和权威性。

要忠诚党的事业。常态化长效化开展党史学习教育，弘扬伟大建党精神，传承红色基因、赓续红色血脉。创建模范机关，扎实推进“奋进新征程、建功新时代”主题活动，创建文明单位，引导党员干部在口岸疫情防控、落实重大改革、维护国门安全、优化营商环境等重大工作任务中走在前、干在先。

（二）把担使命作为强关之本，坚定自觉为中国式现代化贡献海关力量

海关作为党和国家事业发展的重要组成部分，在推进中国式现代化进程中责任重大、不可替代。在国家的重大决策中，促外贸保稳提质要有海关的声音，要有我们作出的贡献，切实担负起新时代新征程的使命任务。

服务共建“一带一路”和粤港澳大湾区建设。推动国际班列集结中心建设，持续推广铁路快速通关模式，促进国际班列业务拓量增效。推动东莞—香港国际空港中心建设，稳步拓展“大湾区组合港”“湾区一港通”试点，我们一定要把这些上升到海关总署层面，成为海关总署重大改革的组成部分，才会有持久性、长效性。积极支持穗港智造合作区等关区重点项目建设。深化AEO互认合作，引导更多企业享受AEO认证通关便利。大力提升RCEP政策宣传推广力度，对符合条件的企业开展政策指导，最大程度惠及关区企业。

保障产业链供应链循环畅通。落实集成电路、生物医药等新兴产业优惠政策，扩大真空包装等高新技术货物布控查验模式试点，支持先进技术、重要设备、关键零部件、优质种质资源等进口，助力制造业高质量发展。推进实施进口矿产品、煤炭、粮食等大宗商品检验检疫监管模式改革，推广取样送检全流程管理应用，服务保供稳价。优化海关特殊监管区域“分送集报”模式，实现入境集中报检、集中检验、出区分批核销，满足企业零库存需求。

全面深化改革创新。紧密结合黄埔海关承接的海关总署改革任务，积极探索、先行先试。积极参与构建更高水平的全国通关一体化，推动各类业务由结合、整合向深度融合转变。加快形成“三应”运行机制研究成果，实现关区业务运行效能提升。强化科技赋能，发挥科技业务引领作用，深入推进新一代检查异常处置系统优化，进一步加强全关应用系统整合，持续提升实验室创新能力，大力推进大数据应用和智能化监管。协同推进改革与制度建设，及时以制度形式固化改革成果。

（三）把守国门作为强关之基，坚定自觉守好祖国“南大门”

守国门是海关最基本、最重要的职责。我们要全面推进国门安全体系和能力现代化，有效应对各类安全挑战，为高水平开放高质量发展保驾护航。

切实筑牢检疫防线。坚持疫情防控总策略总方针，认真落实优化疫情防控二十条措施，积极稳妥优化调整检疫措施，更加科学精准规范快速做好“人、物、环境同防”“多病共防”，严格疫情内部防控，做到工作要严格、流程要严密、作风要严谨、关员要严管，确保疫情零输入、关员零感染、操作零失误、通关零延误。完善关区国门生物安全监管预警防控体系，有效防止重大动植物疫情疫病、外来物种通过口岸输入。

要防范化解重大系统性风险。以“时时放心不下”的责任感，把防风险各项工作落细落实，以国门安全保障开放安全，以开放安全保障新发展格局安全。完善风险预判、预警、预案、预演机制，做好系统性梳理、体制性预防、应急性处置，以精准的研判、快速的预警、翔实的预案、实战化的预演，打好防范化解重大风险主动仗。构建有效管用的国门安全风险防控系统，围绕防范化解税收、口岸公共卫生、危险品监管、国门生物、进出口食品、商品质量等安全风险，运用“制度+情报+科技”提升监管效能，打造进出口源头管控、口岸监管、后续稽（核）查和打击走私的全链条防线。推进重大系统性风险防范措施落地落实，紧扣海关总署及黄埔海关防范化解重大系统性风险任务分工，强化动态排查、科学排序、精准排除。当前临近岁末，各部门各单位要统筹安全各项工作，压实安全生产责任，全面整治排查各类隐患，坚决防止各种安全事故。

强化口岸监管。完善监管场所、运输工具、货物“三位一体”智能监控体系，实施监管场所划线布防，物流信息自动采集，敏感商品机检识别，严厉打击伪瞒报、夹藏、调换等违法犯罪行为。落实“四个最严”要求，强化进出口食品安全监管，守护人民群众“舌尖上的安全”。严把进出口商品质量安全关，加强进出口汽车、医疗器械、消费品、旧机电产品、大型成套设备等重点敏感商品检验监管工作，切实维护人民群众生命健康安全和消费者权益。常态化做好口岸危险品综合治理工作，持续打击危险品伪瞒报，落实“以快防患”措施，保持零滞留良好态势。

强化属地监管。聚焦关区重大税收风险和检验检疫安全准入风险，大力组织开展行业性稽（核）查行动，进一步提升查发效能。深化“由企及物”理念，创新“多查合一”方式，全面推广属地查检与稽（核）查、企业管理和风险管理联动执法改革，不断优化工作机制，统筹运用联合执法、作业叠加、结果互认等方式，提高属地实际监管效能。

始终保持走私打击力度。深入落实“缉私指导、风险抓总、职能牵头、现场承接”全员打私工作机制，深化“风险+职能+现场+缉私”一体化打私模式，切实提升查发效能。深入开展“国门利剑2022”联合行动，重拳打击涉枪、涉毒、涉检违法犯罪。加大重点水域、岸线巡防查缉力度，持续有效遏制粤港澳海上跨境走私活动。加大货运渠道伪瞒报、夹藏行为打击力度，严厉打击重点涉税商品走私。加强与打私办、市场监管等部门联系配合，推动地方政府切实履行主体责任，深化反走私综合治理。

（四）把促发展作为强关之要，坚定自觉以高水平开放促进高质量发展

促发展是海关服务构建新发展格局、推动高质量发展的必然要求。我们必须积极主动作为，充分发挥国内国际双循环交汇枢纽作用。

服务贸易强国建设。高质量开展外贸形势分析研究，有力服务宏观决策。持续推进海关总署及黄埔海关促进外贸保稳提质一系列措施落地见效，深化调查评估，加强政策研究储备，全力稳外贸主体、稳市场预期、稳外贸总量。发挥企业协调员作用，一企一策、精准帮扶，切实为企业纾难解困。加强技术性贸易措施研究应对，做好国际标准跟踪、评估和解读，帮助企业抓订单、拓市场、增活力，千方百计拓展外贸增量。着力构建以合同、企业、企业集团为单元的多层次加工贸易监管体系，推动加工贸易提档升级。

促进高水平开放。落实落细促进跨境贸易便利化系列措施，将风险防控、口岸监管、属地监管的业务形成合力，持续降低口岸物流成本。积极打造对外开放高地，持续拓展保税研发、保税维修等新业务，支持综合保税区高水平开放高质量发展。支持跨境电商、市场采购包括新能源车、二手车等贸易新业态健康规范持续发展，进一步提升中小企业参与国际贸易的竞争力，壮大外贸发展新动能。

深化“三智”建设。深化“三智”理念与改革创新融合，深入推进海运智能大通关改革，不断拓展“直装”“直提”业务，实现海关顺势监管、货物智能验放、企业无感通关。深化多双边合作，推动构建粤港澳海关风险联合防控机制，牵头开展联合行动，提升区域一体化风险防控水平。

（五）把齐奋斗作为强关之志，坚定自觉在党的旗帜下团结成“一块坚硬的钢铁”

齐奋斗是海关奋进新征程、建功新时代的集结号、动员令。中华文化是大一统文化，中华民族是团结的民族，中华文明是没有中断、发展至今的文明，形成的是向心力政治。在全面推进中华民族伟大复兴的伟大进程中，我们要在党的旗帜下团结成“一块坚硬的钢铁”。

提振队伍精气神。持续激发创新动能，不断锤炼奋斗品格，始终保持奋进姿态。做好文明单位创建工作，开展“五岗”同创，进一步推进关史室建设和关志编撰，发挥身边典型示范引领作用和离退休干部银发力量。完善激励干部担当作为制度机制，在全面推进社会主义现代化海关建设新征程中彰显新担当、创造新业绩。

坚持敢于斗争、善于斗争。把握新的伟大斗争的历史特点，强化准军事化纪律部队作风养成，树正气、遏邪气、易俗气，坚决与矛盾困难斗，坚决与疫病疫情斗，坚决与不法分子斗，坚决与霸权主义斗，坚决与腐败行为斗，精准拆弹，排除险阻，全力战胜前进道路上各种困难和挑战，依靠顽强斗争开创事业发展新局面。

深入践行“三实”海关文化。求实、扎实、朴实的新时代海关文化，是我们的立身之本、干事之要、做人之基。我们要在思想上求实、工作上扎实、生活上朴实，让求真务实、真抓实干、忠诚老实在黄埔海关蔚然成风。坚持“求实”态度。各部门各单位在想问题、做决策、抓落实的各个环节都要认真研究面临的实际情况，确保各项政策措施都能符合实际要求、解决实际问题、取得实际效果。我们要通过上对下敏锐的“反应”和下对上积极的“响应”，真正畅通上下级之间的联系，使黄埔海关成为实事求是、高效灵敏的有机整体。坚持“扎实”作风。各部门各单位要持续强化责任担当，推动形成严谨扎实的良好作风，坚决杜绝不担当、不作为、表态多、落实差的不实现象。要大力选拔使用真干事、能干事、干成事的干部，让实干者得实惠、让奋斗者有奔头、让善为者有预期，推动全关形成干事创业的良好氛围。坚持“朴实”品质。要以忠诚质朴之心，坚守工作岗位，追求卓越突破。要增强海关职业荣誉感和使命感，在平凡岗位上忘我工作、无私奉献，正确对待进退流转，立足各自岗位建功立业。要始终保持谦虚谨慎、戒骄戒躁、艰苦奋斗，做老实人、说老实话、做老实事，忠于党、忠于国家、忠于海关事业，做新时代朴实的国门卫士。

四、推进党的建设高质量发展，为党的二十大战略部署在关区落地见效提供坚强政治保证和组织保证

我们要认真贯彻新时代党的建设总要求，健全全面从严治党体系，坚持自我净化、自我完善、自我革新、自我提高，为全关事业发展提供坚强政治和组织保证。

（一）坚定不移加强党的全面领导

坚持党的全面领导是坚持和发展中国特色社会主义的必由之路，党的领导是全面的、系统的、整体的，必须全面、系统、整体加以落实。

强化党委班子建设。始终把坚定拥护“两个确立”、坚决做到“两个维护”作为最高政治原则和根本政治责任，坚持旗帜鲜明讲政治，步调一致共团结，真抓实干敢担当，深化改革焕活力，正风肃纪守初心，打造绝对忠诚、精诚合作、担当作为、守正创新、清正廉洁的党委班子。

持续深化政治机关意识教育。深刻把握海关政治属性，牢记“没有离开政治的业务、也没有离开业务的政治”，巩固拓展“学查改”专项工作和政治机关建设专项教育活动成果，深刻认识我们每一项具体业务的背后是企业，企业的背后是产业，产业的背后是就业岗位和社会稳定，确保政治和业务融为一体、高度统一。

加强思想政治引领。大力开展党的二十大形势宣传、成就宣传、典型宣传，引导党员干部深刻感受新时代党和国家事业取得的历史性成就、发生的历史性变革。积极培树身边典型，组织开展黄埔海关“两优一先”“双十佳”“青年岗位能手”等评选表彰，弘扬正气、激发活力。严格落实意识形态工作责任制，做深做细思想政治工作，加强阵地管理，守好意识形态安全“南大门”。

（二）锻造坚强有力基层党组织

党的基层党组织是党的全部工作和战斗力的基础。我们必须以增强政治功能和组织功能为重点，推进基层党组织全面进步全面过硬。

加强标准化规范化建设。持续深化“强基提质工程”，突出抓好“五个规范”，严格落实组织生活制度，推进党建问题清零见底，在抓基础、强功能、攻短板、补弱项上下功夫、求实效，不断夯实党建基础。

巩固拓展基层党建“双提升”行动成果。深化党务干部岗位练兵，做好党建特色实训点试点工作，完善“2+N”党建实训体系，健全支部书记考核上岗制度，打造高素质专业化党

务干部队伍。

健全支部动态管理机制。积极推行党建半年交叉检查，着力推进“四强”党支部建设，深化党建品牌创建，持续培育合格支部—“四强”党支部—党建示范（培育）品牌梯次格局。

强化平台载体项目创新。印制首届党建创新成果展示汇编，用好支部书记“六会”百问百答，在提高支部书记“六会”能力、加强“融合式”党建、模范机关创建等工作上见行见效。

（三）建设忠诚干净担当高素质干部队伍

全面建设社会主义现代化国家，必须有一支政治过硬、适应新时代要求、具备领导现代化建设能力的干部队伍。我们必须突出忠诚干净担当要求，坚持德才兼备、以德为先、五湖四海、任人唯贤，打造堪当新时代重任的准军事化纪律部队。

加强处科级领导班子建设。坚持好干部标准，持续健全完善领导班子综合分析研判机制，加强执法一线科长队伍建设，做到“一把尺”“一张单”“一盘棋”，树立重政治、重品行、重基层、重担当、重实绩的鲜明用人导向。

建立健全人才强关制度机制。深入推进公务员分类管理，加强专业技术类公务员培养使用，建好用好专家人才库，持续优化考核奖励机制，加强和改进事业单位领导人员管理，强化专业技术人才培养选用，健全事业单位人员平时考核机制。

强化青年人才培养。加大年轻干部培养选拔使用力度，让年轻干部到艰苦复杂环境和急难险重任务中经受锻炼，提拔使用政治过硬、历练扎实、实绩突出、廉洁自律的干部，培养一支有理想、敢担当、能吃苦、肯奋斗的新时代青年队伍，确保黄埔海关事业后继有人。

坚持严管和厚爱相结合。严格选人用人监督检查、个人事项报告核查，织密从严管理干部的制度体系，关心关爱基层干部，特别是抗疫一线干部。

（四）以严的基调强化正风肃纪

坚持从严治关，做到纪律从严、管理从严、监督从严、抗疫从严、保密从严、反腐从严。

强化政治监督。对习近平总书记重要指示批示精神和党中央重大决策部署贯彻落实情况开展监督检查，对学习宣传贯彻党的二十大精神开展专项监督。紧盯“关键少数”，加强对“一把手”和领导班子监督。组织开展“三应”运行机制落实情况专项监督。深化巡视巡察上下联动，推进问题整改，加强成果运用。

推进作风建设常态化。持之以恒贯彻落实中央八项规定及其实施细则精神，不断强化“四风”纠治。紧盯“线下转线上”“指尖上的形式主义”等新动向新表现开展专项检查，切实为基层减负。

深化运用监督执纪“四种形态”。坚持有案必查、有腐必反，以零容忍态度惩治权力寻租、以权谋私、利益输送等腐败问题。严格落实防范化解腐败风险重点任务分工，深化收受“红包”“礼金”治理。从日常抓起，从点滴严起，严防酒驾醉驾，养成与国家工作人员身份相符合的行为规范。运用“制度＋科技”，强化内控机制建设，严密防范执法、管理和廉政风险。

加强廉洁文化建设。强化党纪国法教育、廉政警示教育，推动构建关企亲清关系，加强家庭家教家风建设，选树勤廉典型。坚持“画像式”通报典型案例，深化以案促改、以案促治。

同志们，伟大征程需要伟大思想领航，伟大事业需要万众一心拼搏。让我们以习近平新时代中国特色社会主义思想为指引，铸忠诚、担使命、守国门、促发展、齐奋斗，坚定不移地把党的二十大精神落到实处，努力在新时代新征程上开创黄埔海关事业发展新局面，为全面建设社会主义现代化国家作出新的更大贡献。

第二篇

专记

强化改革创新

2022 年，黄埔海关落实“铸忠诚、担使命、守国门、促发展、齐奋斗”工作要求，聚焦发展安全稳定，直面堵点难点问题，推进一揽子改革措施落地见效，全力打造创新黄埔海关。

一、改革增效，提升监管能力

（一）强化风险防控

全面梳理重大风险、政治管理风险和业务风险，制定防范化解措施，建立“1+N”应急处置预案，组织实训演练，动态开展风险排查、排序、排除。依托数据分析人才队伍，“云擎”建模数量居全国海关首位，顺利获批大数据海关应用创新首批示范点。两级风控部门加强联动，强化情报信息收集、研判、处置，一体化风险防控优势进一步显现，关区人工分析布控查获率提高 1.4%，风险防控覆盖面和精准性有效提升。

（二）严密监管链条

海运口岸“三位一体”智能物流监控体系

▲2022 年 8 月 31 日，凤岗海关关员对出口新造集装箱实施监管（凤岗海关　供图）

更趋完善，二、三级监控指挥中心实体化运作，检查作业规范性稳步提升。深化跨境电商协同监管，加强身份信息核实、物流派送分析、“集零为整”监控，跨境电商发展更加规范。推进稽查改革，移交违法案件线索396宗，数量列全国海关第一。承接新一代检查异常处置系统优化任务，促进“选查处”闭合管理，系统已在全国42个直属海关、418个业务现场试点应用。

（三）强化科技支撑

成立科学技术委员会，主动开展科研攻关，取得授权专利13件。加快提升实验室检测能力，技术中心、保健中心新增检测项目632项，全国首家聚焦口岸安全智能化检测的省重点实验室顺利通过立项。电子口岸信息化服务保障能力进一步增强。网络攻防实战演习“零扣分”，信息系统运行全年“无故障”。

二、创新赋能，提升服务质量

（一）促进物流畅通

开展陆运物流专题分析研究，主动对接粤港跨境货车“点对点”运输模式调整，推进与口岸海关风险防控和协同监管合作，助力粤港跨关区跨境运输畅通高效。优化“陆转水”监管模式，应对香港疫情对关区陆运的影响，制定实施支持东莞市全面提升莞港水运专线运作水平措施9条，全年“莞港水运专线”运行班次5083个，进出口货值突破千亿元。提升锚地监管集约化水平，核准减载船178艘次、大宗散货1347万吨。支持东莞—香港国际空港中心落地试运行，开拓海空联运新通道。监管国际货运班列382班次，占广东省货运班列的39.6%，发行“多点开花”、线路“四向齐发”，助力“广货广出”。拓展“直提”“直装”业务试点范围，为有参与意愿的企业提供车船直提、过驳直提，进口货物917票542万吨，“直装”出口货物696票53.99万吨。推动“组合港”“一港通”试点全面落地，全年开通线路至14条。深化海运智能大通关改革，实现进口货物“船边直提”、出口货物“抵港直装”，全年试点智能分流集装箱18万个。

（二）深化业务融合

完成海关总署改革融合课题陆运货物专班课题工作，聚焦“三应”运行机制和细分业务领域存在问题，形成“1+3”课题成果（陆运货物业务运行专班课题主报告1篇、分报告3篇）。健全布控指令“一口对下”协调处置机制，平均办理时间由“天”压缩至“小时”。探索按照“检验批”对出口危险货物包装实施使用鉴定，压缩外勤检验批次约70%。优化竹木草企业分类评定和抽批规则，有效降低企业通关成本。推广属地查检与稽（核）查、企业管理等协同联动，综合运用分级分类管理、视频检查等方式，压缩外勤作业超2万批次。探索将取样送检全流程纳入信息化管理，取样送检平均时长压缩近50%。持续推进广州片区进口检验检疫单证签发集约改革，全年广州片区集约签证部门共签发入境货物检验检疫证明电子单证24777份，签发单证电子化率达100%，占关区签发总量的88.4%，初步实现量、质、效同步提升。

（三）支持市场主体发展

建立“重点企业直通车”制度，为591家企业量身定制“一企一策”帮扶方案，支持新型显示、生物医药等产业集群发展。全面推广“企业集团”加工贸易监管改革，为试点企业减免保证金4.3亿元。促进加工贸易内销便利化，内销征税 51.16 亿元。深化税收征管改革。全面落实海关总署税款担保改革，稳步推进汇总征税、关税保证保险改革，实现一份担保可在全国海关用于汇总征税、纳税期限、征税要素 3 项担保业务。2022 年，关区共有 1292 家企业备案 2003 份担保，备案金额 878.8 亿元。

（四）助企享惠受惠

推广 RCEP 落地生效，企业享惠进出口 73 亿元。落实优惠贸易安排、减免税、对美加征市场化采购排除等政策。全面推广企业集团加工贸易监管改革，为试点企业减免保证金 4.3 亿元。促进加工贸易内销便利化，内销征税 51.1 亿元、列全国海关第二。依法对 98 家主动披露企业减轻或不予处罚，减免滞纳金 1415 万元。

▲2022 年 1 月 19 日，萝岗海关关员加急完成某企业进口玩具抽样查验工作，保障其促销活动如期开展（萝岗海关　供图）

（五）支持综合保税区平台建设

支持手机等保税维修扩大规模，保税研发首个项目顺利落地，助力形成特色产业群，带动保税物流快速发展，一线进出区货值 1228 亿元、同比增长 52.1%。巩固整车口岸优势和顺势监管成效，助力企业应对疫情、芯片和零部件短缺等影响，监管进口汽车 30.2 万辆，跃居全国口岸第一，出口汽车 9.4 万辆、同比增长 23.7%。优化监管流程支持网购保税进口扩大规模、推动 B2B 出口大幅增长，开展零售出口跨关区退货试点，监管跨境电商进出口 558.7 亿元、同比增长 3.6%。

撰稿人

吴耀达

创设“三专”研究机制　引领研究型海关建设

2022年，黄埔海关深入贯彻落实党的十九大和十九届历次全会，以及党的二十大精神，全面落实全国海关工作会议要求，大力推动研究型海关建设，创设“三专”机制，以高质量的政策研究成果，助力外贸促稳提质，推动高质量发展，取得明显效果，有力服务经济社会发展大局。

黄埔海关党委历来重视政策研究工作。在2022年工作会议上，关党委明确提出，多措并举稳定外贸、助力提升制造业核心竞争力，在总结2021年认真开展13项重点产品专项调研经验基础上，进一步加强调查研究，切实增强责任感、使命感、紧迫感，深入一线、深入企业，常态化开展调查研究。在2022年年中工作会议上，关党委再次明确指出，坚持用全面、辩证、长远的眼光，精准分析研判外贸走势，从数看到形、从形看到态、从态看到势、从势看到局，聚焦关键产业链供应链等外贸重大问题深入研究，千方百计助力稳住总量、拓展增量、提升质量。会议对具体课题研究工作作出了布置，要求迅速行动、深入调研，主动“破题”、用心“解题”、精准“答题”，形成高质量研究成果。新一任党委到任后，在深入调查、摸清黄埔海关实际、总结以往工作经验和成绩的基础上，进一步提出了破解黄埔海关发展难题的一系列新举措，创新性提出创设“三专”研究机制，发挥“三专”作用，围绕热点、难点、堵点，开展专题研究，组建工作专班，培养一批攻坚克难、敢打硬仗的专家队伍，发挥专家人才创造力、专班机制战斗力、专题研究前瞻力，促进研究成果尽快转化，深化改革创新。关党委提出，“三专”研究要实现服务宏观决策，为党中央、国务院、海关总署决策提供有价值的参考信息，转化为促进地方经济发展的有效举措，完善监管漏洞补齐短板，为后续研究提供基础性信息等建设目标。

一、推动研究型海关建设

制定黄埔海关加强研究型海关建设若干措施，从总结重点产品专项调研成功经验，持续不断推动研究型海关建设，到最终创新性创设“三专”研究机制，既是黄埔海关党委高度重视政策研究工作，不断持续深入推动研究型海关建设的成果，也是黄埔海关“敢于先行先试”改革创新基因的一脉传承。

二、抓好政研成果运用

制定黄埔海关加强研究型海关建设若干措

施，为关区研究工作的开展提供指导。编发黄埔海关相关政策研究专刊 30 期，政策研究成果获海关总署相关刊物刊发 4 期，形成调研报告 4 期，获海关总署领导批示 4 篇；加强危险品海关安全监管的研究思考部分研究成果被海关总署吸收转化，将海关支持粤港澳大湾区物流高质量发展研究转化为上级领导提案；理论研究成果获中国海关学会广州分会等各类奖项 16 篇次。征集 2022 年署（关）级课题 76 项选题建议，择优向海关总署推荐 5 项署级课题选题建议，关级课题立项 54 个，同比增加 74.2%。

三、构建“三专”研究机制

研究制定建立健全“三专”研究机制，加强调查研究工作，聚焦热点难点堵点确定第一批 15 个“三专”重点研究课题和 11 个子课题，广泛发动全关各单位和广大干部职工勇于揭榜、同题共答，推动关区“三专”机制课题研究工作高质量发展，做到围绕专题，选派专家，组建专班，压实任务，形成课题研究合力。“三专”研究机制创设取得初步成果，钾肥保价稳供专题研究成果获海关总署领导批示，转化成海关工作专报上报并获上级领导批示，部分吸收转化为国务院 14 个部委（包括海关总署）联合制定的春耕化肥保供稳价相关政策措施，并被海关总署“智关强国”行动计划采纳为专项措施。

▲2022 年 11 月 23 日，黄埔海关加强三级监控指挥中心视频检查（沙田海关　供图）

四、加强外贸形势研判

制定黄埔海关外贸形势分析会议制度，召开外贸形势分析会议，发挥会议机制作用，聚焦国内国际形势、政策动向和关区产业动态，开展多部门联合分析研判，做到形势分析清、问题剖析透、对策建议准、任务责任明。2022 年 7 月以来，召开外贸形势分析会 6 次，研判外贸形势、服务外贸保稳提质大局和关领导把握态势的作用进一步凸显。

五、建立关级智库

制定黄埔海关政策研究智库管理办法，遴选智库人员 105 名，建立起一支涵盖所有业务职能条线、政研经验丰富的智库人才队伍。在政策研究及课题研究工作中优先使用和培养锻炼。加强政策研究梯级人才储备，选定各隶属海关年轻干部 50 余人，组建隶属海关特约分析员队伍，作为政研智库的后备军。经过加压培养、定向交流、文章点评等机制，形成一支关心宏观经济、了解属地业务特点、掌握数据分析方法的统计分析人才队伍。

六、组建“数映初心”青年理论学习小组

建立统研青年课题研究机制，组织“今天

我开讲”系列小课堂，打造“学习一角”和“学习一刻”，提升统计青年干部的履职能力。立足“学研用一体”，组织青年骨干积极参与宏观经济分析、产业链供应链运行监测、海关数据管理课题等分析研究工作。“数映初心”青年理论学习小组获评广东省直机关青年理论学习标兵集体。

新一任党委领导班子进一步提出时刻牢记“三个务必”，充分发挥“三专”研究机制效能，敢首创、齐奋斗，打造“创新埔关”，勇当“破题者”、奋力“走在前”、实现“新变革”，努力在推进高质量发展上干出实绩。

撰稿人

吴晓宇

稳主体　保通畅　促综合保税区高质量发展

2022年，黄埔海关全面贯彻党的二十大精神，围绕促进高水平开放高质量发展、增强产业链供应链韧性等工作，将海关总署促外贸保稳提质要求落到实处。面对新冠疫情和国际经贸环境变化的双重压力，黄埔海关发挥综合保税区扩外贸、稳外资高水平开放平台作用，采取多项措施稳定主导产业，为企业减负纾困，保持综合保税区企稳向好发展态势。推动业态多元化发展，支持保税维修、研发、租赁、展示交易、进口汽车保税存储、有色金属物流分拨等新业态做大做强，打造综合保税区“五大中心”。推进区域贸易便利化措施，做好自由贸易试验区（以下简称“自贸区”）创新监管制度复制推广，助力地方特色产业做大做强，助力区内企业融入国内国际双循环。2022年，关区综合保税区进出区贸易额超1000亿元，其中广州黄埔综合保税区（一线）进出区货值275.3亿元，同比增长64.5%；东莞虎门港综合保税区（一线）进出区货值953.21亿元，同比增长48.8%。

一、提供精细服务，稳住多元主体

（一）支持建设综合保税区高水平开放平台

配合地方政府推动广州保税区、广州出口加工区整合迁址升级为广州知识城综合保税区。提前介入综合保税区入区项目招商指导，开展多角度研判，对意向企业及项目入区适配度进行多维度考察论证，实施“一企一策”精准对接，促进保税维修、保税研发等新业态项目顺利落地、规范运营。落实“四自一简”模式，提升项目报备、账册设立效率，应用“互联网＋海关”平台，向企业公布业务办理进度，通过创新监管机制和监管模式，促进业态向多元化发展，推动产业链向高端延伸，拓展外贸产业空间，优化营商环境，助力企业项目“拎包入住”。

（二）培育新业态助力产业链前伸后延

利用综合保税区集中监管及保税维修政策优势，引导东莞市本地生产供出口的境外手机售后维修点回境、回区发展，减少企业在香港或海外设分拣仓的成本，应用金关二期系统优化保税维修账册管理，简化进出区申报手续，降低物流成本，2022年累计维修进出区货物共92945件、货值1.74亿元。拓展保税研发监管模式，满足企业根据实际研发耗料核销需求，将某品牌全球生产物料引入区内开展研发分析，2022年累计分析302个案例提高企业高新技术产品质量。

▲2022年8月12日，沙田海关关员在东莞港5、6号码头对进口镍矿进行现场监管（沙田海关 供图）

（三）服务企业在综合保税区建立全球物流分拨中心

深度融合“两步申报”“分送集报”“一单多车”等政策便利，叠加释放政策红利，企业只需概要申报后经海关许可即可将货物提离，待货物分批入区后在规定时间内完成完整申报，提升大宗货物流转效率。2022年，关区累计共有矿产品、有色金属、塑胶粒、木浆等大宗货物139.73万吨通过“一单多车”模式进出海关特殊监管区域，货值62.39亿美元、内销征税14.33亿元。黄埔海关依托综合保税区形成电子元器件分拨中心、有色金属分拨中心、进出口汽车分拨中心三大分拨业务产业集群，推动企业拓展保税研发、检测维修、交易以及展示、国际服务外包等创新业务模式，广泛延伸相关产业链条。2022年，关区综合保税区电子元器件、有色金属、进出口汽车进出货值（一线）同比分别增长56.99%、17%、495.6%。

二、释放政策红利，畅通国内国际双循环

（一）推广“仓储货物按状态分类监管”、区内企业保税货物与非保税货物库内直转等便利化举措

允许综合保税区内企业在仓库内对进口货物、中转货物、区内出口货物开展分拨、集拼、转运等业务，实现全球揽货、中转分拨、进出口集拼等一站式业务。利用科技创新手段推动业务改革，自主研发“库内直转”功能，

一键触发保税账册与非保账册分别记账，实现保税、非保货物同仓互转，企业可根据进出口需要对货物状态进行灵活转换，提升货物进区—区内流转—出区全物流链条流转效率，节省物流配送时间和装卸运输费用，提升企业对国际、国内两个市场的利用率，打通供应链，为产业链增量。除有效利用闲置库容外，允许进境保税货物转为非保税货物的和国内进入区内的非保税货物的在区内存储，同时非保税货物可以以一般贸易方式申报出口享受出口退税。2022 年，累计库内直转货物 9995.13 吨、货值 4.62 亿元、征税 6152.6 万元，同比分别增长为 5.65%、50.49%、54.24%。

（二）打通保税汽车进出口双通道

建立“新沙港—黄埔综保区”保税汽车协同监管合作机制，推动综合保税区与汽车口岸联动，助力进口整车从新沙口岸“落地征税”向“仓储保税”复合发展。探索保税汽车检验模式，前置进口整车检验作业环节，实现“抵港—入区—出区”一次性检验，畅通进口汽车保税全链条，助力企业享受综合保税区保税优惠便利。建立汽车要素检索跟踪机制，升级智能卡口，对接新沙整车进口口岸汽车监管系统，对汽车车架号、出口岸堆场时间等要素进行匹配管理，便利汽车物流检索跟踪及企业自行运输。2022 年，关区综合保税区进出口国内外品牌轿车 11370 辆，货值 58.1 亿元。

（三）推动复制推广自贸区海关监管创新制度

成立复制推广自贸区创新制度工作专班，完善关区自贸区海关监管创新制度复制推广工作机制，结合关区实际发展情况，对照国务院、海关总署发布的每一批次、每一项自贸区复制推广制度，坚持问题导向，抓紧抓实落地实施，解决了缺乏实施细则、信息化系统不完善等问题，促使制度与业务匹配发展。截至 2022 年底，共计复制推广 97 项自贸区海关监管创新制度。

（四）推动东莞—香港国际空港中心项目试点运行

首创跨关境安检前置，将香港机场货运站的出口集拼、安检、打板，以及进口入区理货、拆板等业务转移至虎门港综合保税区，实现直达空侧的海空联运模式，提升粤港澳大湾区港口联动性。内地出口货物可在东莞—香港国际空港中心“一站式”办理海关通关手续，海运直达香港机场装机发往全球。

三、强化精准监管，守住安全底线

黄埔海关加强供应链全链条监管和风险排查。通过优化综合保税区风险参数加载，结合不同时期综合保税区监管风险隐患研究重点敏感商品、高风险企业、关键业务节点，加载各类风险审核参数，强化实时风险控制。2022 年，累计加载运行保税作业参数规则 53 项，有效作业参数条目达 6000 余条。事中加大对实际进出区环节的抽样送检比例，加强卡口环节实货监管。对进出口涉及技术性贸易壁垒的商品进行全链条风险监测，开发设计数据监控模型 15 个，重点防范综合保税区等政策叠加影响国家个别政策执行效果风险、虚假贸易风险、固体废物处置风险等。

撰稿人

刘晓庆　蔡嘉铖

服务粤港澳大湾区建设

2022年，黄埔海关发挥粤港澳大湾区几何中心的区位优势，融入广州、东莞经济社会发展大局，落实《粤港澳大湾区发展规划纲要》以及中央湾区办印发的年度工作重点任务和广东省粤港澳大湾区办细化的粤港澳大湾区建设工作任务，在深化通关改革、畅通物流通道、服务民生发展、促进执法合作等方面持续用力，提升贸易便利化水平。

一、深化改革，推进粤港澳大湾区“港口群”建设

2022年，黄埔海关提升海运通关便利化水平，以“三智”合作理念为引领，围绕畅通外贸航运问题和港口发展需求，深化关港联动，推进海运智能大通关改革。运用智能卡口、智能装卸、智能监控等手段，推动货物申报、运抵、装卸、检查、堆存、运行、提离等环节并行作业，码头作业与海关监管无缝衔接，实现进口货物“船边直提”、出口货物“抵港直装”。全年有效分流外贸进出口集装箱18万个。支持广东省重点项目东莞—香港国际空港中心落地试运行，在全国首创跨关境安检前置，将香港机场货站的出口集拼、安检、打板，以及进口拆板、理货等核心功能前移至东莞，打造全球首个直达空侧的海空联运模式，实现香港机场相关功能和服务向东莞的延伸，增强香港国际机场作为粤港澳大湾区国际航空枢纽的地位，全年运行出口航次69次，出口货物438.57吨，货值1.36亿元。深化“组合港”“一港通”改革试点，开通“莞盐组合港”等14条线路，推动粤港澳大湾区港口资源互补和要素合理分配，促进水运联动发展，全年“组合港”“一港通”试点监管货物1.7万票、3.8万标箱。支持东莞港开通莞港水运专线，在陆运物流不畅的形势下，拓宽水运物流通道，保障产业链供应链稳定畅顺。制定实施支持东莞市全面提升莞港水运专线运作水平9条措施，优化“陆转水”监管模式，全年莞港水运专线运行班次

▲2022年8月19日，黄埔海关关员对远洋船舶开展登临检疫（东莞海关　供图）

5083个，进出口货值突破千亿元。在陆运物流不畅的形势下，拓宽水运物流通道，保障产业链供应链稳定畅顺。

二、物畅其流，助推粤港澳大湾区基础设施互联互通

2022年，黄埔海关多措并举保障粤港澳大湾区物畅其流。支持中欧班列“多点开花”，在增城西站和石龙铁路货站推广铁路进出境快速通关模式，石龙站点为广东省该模式首发，增城西站站点为广州市该模式首发。推动中欧班列在关区集结发展，关区内有广州港、广州增城、东莞常平、东莞石龙始发站点4个。支持中欧班列拓展线路，深化沿线通关合作，解决企业在中欧班列沿线遇到的通关问题。强化广州港海铁联运，做大“中亚—广州—东南亚”出海物流通道，开行广州增城至老挝、越南、德国杜伊斯堡、挪威奥斯陆等国际班列，打通“中国—欧洲”“中国—东盟”大通道，成功贯通“丝绸之路经济带”和“21世纪海上丝绸之路”。截至2022年，关区已开通中欧、中亚、中老、中越4大主线11条运行路线，通达10国21城。搭建海关、中铁集团、物流企业和运营企业四方联络平台，厘清问题主体，疏解疑难堵点。支持广州港、东莞港丰富航线、港区拓展建设，衔接广州增城、东莞石龙等铁路基地，以及黄埔综合保税区、虎门综合保税区等物流枢纽，打造物流大通道。全年关区发行382班次、货运量21.57万吨、货值94.26亿元，同比分别增长109.89%、107.29%、66.39%；监管班列数占广东省全年开行量的39%，居省内海关首位。推动东莞市场采购贸易与国际货运班列、东莞—香港国际空港中心联动发展，深化“口岸—属地”协同配合，全年监管东莞市场采购贸易出口报关单16.87万票，货值734.34亿元，同比增长31.2%。推动出境邮件“东莞互换局验放—陆路转运运输—东莞港码头出境—香港机场发全球”的海空快邮专线。全年验放出境邮件20.8万件，重量66.6吨，货值1305万元。

三、优化服务，共享民生发展成果

2022年，黄埔海关支持配合广州市出台《2022年广州市促进跨境贸易便利化工作方案》。会同广州市商务局、发改委等8部门联合出台《广州市促进外贸供应链畅通若干措施》，提出政策措施13条，明确三级联络员，参与广州市国际供应链畅通专班，“一对一”协调解决企业难题。建立“重点企业直通车”制度，为591家企业量身定制“一企一策”帮扶方案，支持新型显示、生物医药等重点产业发展。发挥生物医药优势助力抗击疫情，以全球疫情对生物制品需求大幅度增加为契机，发挥粤港澳大湾区生物孵化基地的产业优势，畅通生物制品出口验放机制，支持粤港澳大湾区生物企业扩大产能助力抗击疫情。支持生物医药产业发展，黄埔海关关区黄埔区、广州开发区聚集3000多家生物医药企业，产业规模突破1700亿元，位列全国生物医药产业发展第一梯队，药品生产企业总量63家，占全市总量的42.9%，吸引全球制药合同定制研发生产（CDMO）巨头龙沙生物公司落户。支持粤港澳大湾区“菜篮子”工程，开发黄埔海关供港蔬菜监管系统，优化电子化溯源管理，实现种植、加工、流通等环节紧密衔接。依托粤港澳大湾区“菜篮子”通关（增城）便利区、东

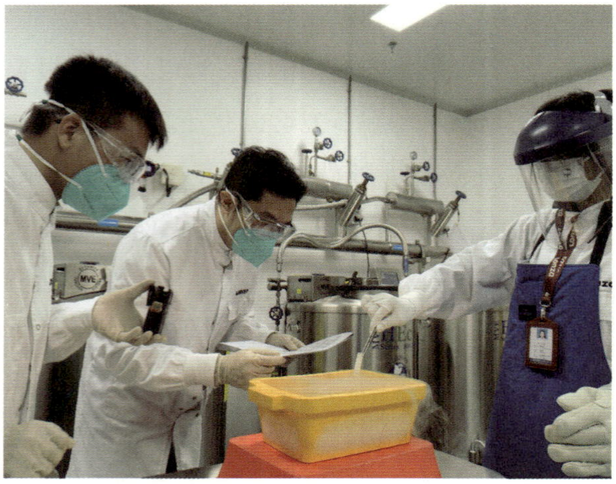

▲2022年7月21日，萝岗海关对全球制药CDMO巨头企业实施实地监管（萝岗海关　供图）

莞海关供港蔬菜监管中心，采用集约化监管、“互联网+人工”模式高效监管。落实供港澳食品监督抽检要求，全年完成供港农产品抽检样品366个，检测项目约4.6万项，保障供港澳农食产品安全畅顺供应。加强“专精特新”、头部企业信用培育，关区AEO企业数量242家，同比增长10%，进出口货值占比达41.3%。引导企业用好“互联网+海关”“单一窗口”“多证合一”等平台，推行网上业务为主、线下业务为辅的办理方式，压缩企业备案办理时限，将报关单位备案办理时限压缩至3个工作日。推动RCEP生效落地，企业享惠进出口73亿元。落实优惠贸易安排、减免税、对美加征关税商品市场化采购排除等政策。推广“企业集团”加工贸易监管改革，为试点企业减免保证金4.3亿元。服务重大平台建设。支持黄埔区培育国家进口贸易促进创新示范区。推动综合保税区高质量发展，支持手机等保税维修扩大规模，手机全球生产物料保税研发项目落户虎门港综合保税区；促进各类货物在综合保税区一站式完成分拨、集拼、转运、清关，电子元器件、有色金属等大宗商品储备中心、汽车保税存储中心等集聚发展。2022年，广州黄埔综合保税区一线进出区货值275.3亿元、同比增长64.5%，二线进出区货值1020.76亿元、同比增长2.47%；东莞虎门港综合保税区一线进出区货值953.21亿元、同比增长48.8%，二线进出区货值1157.06亿元、同比增长16.83%。

四、强化合作，共同维护“南大门”安全

2022年，黄埔海关强化合作，加强知识产权海关保护，参与粤港澳海关知识产权保护联合执法行动，开展“龙腾行动2022”、寄递渠道“蓝网行动2022”等知识产权保护专项行动。组织开展粤港澳海关保护知识产权联合执法行动3次，查扣货物222批次，10.6万件。强化粤港澳食品领域执法合作，落实《粤港澳卫生检疫、动植物检疫和食品安全控制合作备忘录》要求，关注香港食物环境卫生署食品安全信息通报，落实相关企业的风险核查和监督整改，通过强化信息沟通及处置响应，共同防范供港食品安全风险隐患。严厉打击治理粤港澳跨境走私，始终保持打击走私高压态势。全年查获案件38宗，案值21亿元。牵头推进“风刃”联合专项行动，与香港、澳门海关创新开展2期“风刃”联合专项行动，行动期间内港澳三地海关共查获反宣品、毒品、枪支及配件、涉港敏感物资、影响重大民生商品等136.22万件，查获冻品、医美产品、电子产品以及“水客”走私等涉及违法走私情事案值近3亿元。

撰稿人

夏玉灵　谢惠旋

筑牢国门安全防线

一、做好疫情防控，守住外防输入关口

2022年，黄埔海关贯彻落实习近平总书记“精准防控”“外防输入、内防反弹”等系列重要指示批示精神，执行党中央、国务院，以及海关总署与地方各项防控政策，做好口岸疫情防控工作，执行口岸疫情防控措施，守牢外防输入关口，做好内部安全防护。

（一）出入境人员卫生检疫

优化疫情防控机制。建立黄埔海关疫情防控指挥部综合组工作例会制度，形成由关领导牵头组织，多部门集中研讨，迅速解决疫情防控问题困难的体制机制。组建业务应急预备梯队，形成“模块式建组、成建制支援、矩阵式管理”的工作机制。建立全关统筹管理专业人员机制，建立广州、东莞封闭管理专班集约开展登临检疫，抽调全关护理专业人员组建采血工作专班，提升作业效率和传染病检出率。

严格做好口岸检疫。按照要求做好“三查三排一转运”，科学精准、提前研判，优化采样方式及检测项目，加强入境阳性病例处置，全年实施出入境人员卫生检疫18.7万人次，开展流行病学调查566人次，采样7215人次。

强化口岸联防联控。配合地方防控专班落实疫情防控各项措施，全年参加广东省、广州市及水路专班新冠疫情防控工作会议85次，参加广东分署省内海关通报工作例会50次。配合地方落实入境人员封闭管理，全年共通报、移交离船入境船员2604人次。指导东莞海关与东莞市商务局签署关于建立东莞市应对口岸公共卫生事件协作机制的合作备忘录，解决东莞片区7个隶属关与政府、海事、边检等单位口岸公共卫生联防联控工作机制建立的问题。

（二）进口非冷链物品口岸环节疫情防控工作

根据海关总署进口非冷链物品口岸环节新冠疫情防控措施优化方案，完善黄埔海关进口非冷链物品口岸环节新冠疫情防控措施实施方案。制发重点难点工作指引、疫情防控措施提醒、不规范做法纠正等邮件、文件共计31份，解答口岸一线提出的疑问，通过监控指挥中心监督指导口岸一线规范实施核酸检测。全年共命中进口非冷链物品264票，采样2172个，消毒37225件，检出阳性货物1票。

（三）入境人员卫生检疫岗位工作人员封闭管理工作

落实海关总署“关长走进口岸封管区”工作，2位黄埔海关关领导、4位隶属关领导参

加封闭管理工作，优化业务流程，制发涉及封闭管理的通知 18 份，修订优化工作流程指引 30 余条。及时掌握人员心理状态、困难建议，开展心理辅导，推动解决后顾之忧。全年共 28 批次 605 人次进入封闭管理。

优化管理措施，实行卫生检疫人员集约化管理，大幅压减闭环关员数量，广州片专班人员一个周期从 21 名降至 12～14 名，效率提高 50%。实行集约化管理后，黄埔海关广州片人力资源节约 42%，单人单日登临作业效率提高 50%。优化业务流程后，国际大型船舶和港澳小型船舶作业时间较之前分别压缩近 50% 和 30%，降低关员在炎热季节的作业强度，显著提高个人防护安全性。

（四）优化完善安全防护措施

通过优化作业流程、建立专家组和一线专班沟通反馈机制等，从制度机制堵住问题漏洞。积极建言献策，向海关总署反馈新冠疫情防控政策建议 50 余条，其中如护目镜佩戴在防护服外、使用酒精进行手卫生时揉搓至干燥等建议被海关总署采用。

开展货物和寄递物品监管岗位工作人员安全防护、出入境人员检疫岗位作业、出入境人员检疫岗位等疫情防控要点培训，并结合隶属海关情况，开展入境人员采样岗位技能和安全防护培训考核。全年开展个人安全防护、检疫消毒处理监督等培训 24 期、逾 5000 人次参加。

（五）开展疫情防控督导检查

开展常态化督导检查。通过多部门协同呼应，采取“1+N”（每季度 1 次全面检查和 N 次专项检查）模式对关区疫情防控工作开展全面督查，卫检、食安、监管、监察等部门组成“挑毛病”专家组开展实时视频监控，进一步查摆问题、堵塞漏洞，组织督查“回头看”，

▲2022 年 6 月 2 日，黄埔海关关员在中远海运重工黄埔厂区登临现场调研疫情防控措施落实情况（黄埔老港海关 供图）

逐一排查整改落实情况。全年共组织及配合开展 8 次全面督查，发现的问题主要集中在安全防护、防疫物资管理、医废处置等方面，相关问题均已整改落实。

配合海关总署实地督导检查。配合海关海关总署开展的“双百”督查和国庆前后督查两次实地检查工作，对接属地落实疫情防控要求，结合督查重点内容细化分解自查任务及职责，结合关区实际拟定督查跟班计划，全面提供疫情防控工作台账资料，配合督查组工作。疫情防控工作成效得到海关总署“双百”督查组高度评价，海关总署国庆前后实地督查过程中黄埔海关 4 项经验被督查组采纳作为可推广可复制经验。

（六）落实内部防控措施

按照海关总署和地方防疫要求，结合属地疫情发展情况，每日开展疫情内部防控形势研判，形成工作简报 27 期，调整内部防控措施，建立健全各类人员信息管理台账。落实全员健康监测“日报告、零报告”制度和风险接触信息报告制度，从严顶格督促做好个人防护，编制疫情个人安全防护提醒“小闹钟”365 期，

开展“四不两直”专项检查 26 次。制发工作人员感染新冠病毒应急处置工作预案指引、人力资源应急保障安排预案等，规范防疫要求和应急处置程序，组织开展相关应急演练 2 次，提升快速反应及处置能力。针对新型冠状病毒感染有关要求，迅速作出优化调整安排，实现平稳转段和稳定接续，保障队伍不乱、工作不断。常态化疫情防控期间，实现了工作人员“零感染”。

（七）科学指导疫情防控物资配备

紧盯疫情防控形势，科学调整关区应急物资装备储备库重点保障物资目录 4 次，及时调整物资储备和处置过期物资。落实国家发改委 2021 年口岸应对重大疫情检验检疫设施配备项目，为一线口岸购置疫情防控设备 29 类 199 台，参与验收疫情防控物资 43 项 65 类 204 批次近 244 万件。

二、加强智慧动植检建设，守牢国门安全关

2022 年，黄埔海关坚持总体国家安全观，统筹发展与安全，以海关监管全程数字化为依托，创新智慧动植物检疫监管和服务路径，落实进境粮食安全监管、非洲猪瘟口岸防控、严防外来物种入侵以及强化“跨境电商寄递‘异宠’综合治理”等工作要求，守牢国门生物安全关。全年，截获有害生物 857 种，3.55 万种次，其中检疫性有害生物 76 种，3355 种次；检出水生动物二类疫病 3 批，沙门氏菌 10 批，重金属超标 3 批；从非贸渠道截获外来入侵物种 17 种次。

（一）加强智慧动植检培训

组织关员参加动植物检疫业务知识和技能的学习，提升动植物检疫能力。开展形式多样的智慧海关培训，参与海关总署智慧动植检建设，提升关员对智慧动植检的理解水平，为黄埔海关开展智慧动植检工作打下坚实的基础。在准确理解智慧海关内涵的基础上，黄埔海关结合关区动植检业务实际，以信息融合为基础，注重系统协同化，开展智慧动植检建设，通过智慧赋能，高效筑牢国门生物安全防线。

（二）参与海关总署智慧动植检建设

组织业务骨干开展智慧动植检相关信息化系统模块的专题学习，掌握海关动植检全业务要素参数库和海关智慧动植检管理平台相关知识。组建动植检信息团队，按海关总署部署推进信息化建设。选派动植物检疫专家参与海关总署智慧动植检应用建设和海关主干业务系统涉及动植检业务建设的相关工作。2022 年黄埔海关共有 15 名专家参加了海关总署智慧动植检建设各项工作。

（三）智慧赋能守牢国门生物安全关

2022 年，黄埔海关关区共监管验放进口粮食 1564.1 万吨，货值 515.6 亿元，进口量稳居全国直属海关第三位。进境粮食动植物检疫监管是黄埔海关动植物检疫工作的重要工作内容，粮食监管既有检疫特点也有检验特点，通关监管视角既有前伸也有后延。因此，以进境粮食检疫监管智慧化改革为切入口，实施黄埔海关智慧动植检建设，可以解决当前动植检业务面临的难题，进而深入推动“智慧海关”建设，更有利于以点带面推动实现关检深度融合，也是落实“确保粮食供应链产业链安全海关必尽责”“国门生物安全关口海关必守牢”要求的重要举措。

创新进口散装船运粮谷自动取样方法。改变依靠关员人工取样情况，开发运用自动取样

系统对装卸粮谷进行自动取样，确保粮食取样更加规范、安全、高效。该项目已列入海关总署动植物检疫司制度创新试点项目，也被列为黄埔海关支持外贸保稳提质的重要措施。

启用检疫许可证智能审批系统。按照海关总署动植物检疫司的部署，黄埔海关是首批试行检疫许可证智能审批系统的直属海关。通过实施检疫许可证智能审批系统，实现许可证的自动核销、自动比对等功能，加快进境粮食等许可证的办理，特别是粮食检疫许可审批实现了优先办理、随到随办。全年共办理进境粮食审批 1692 份，累计压缩审批时限 60% 以上。

开发运用检疫处理信息化管理系统。黄埔海关在全国海关率先开发运用检疫处理信息化管理系统，实现了检疫处理源头可寻、过程可溯，风险可控，得到海关总署动植物检疫司的肯定。全年，通过检疫处理管理系统签发动植物检疫类检验检疫处理通知书 221 份，审核通过相关检疫处理方案 221 个，现场监管记录 138 批次。

引入高科技手段，进一步提升监管效能。在疫情期间，黄埔海关利用无人机、高清视频影像等高科技手段，运用“科技＋专家研判”，实施对进境船运散装粮谷表层检疫和船边抓斗取样，既强化了监管，又降低了关员职业暴露风险，全年减少查验关员登临 720 人次。

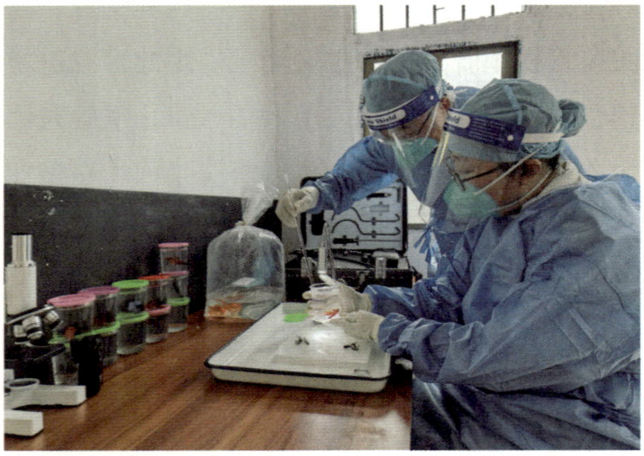

▲2022 年 5 月 25 日，萝岗海关关员到关区公司进境水生动物隔离检疫场开展隔离水生动物临床检疫工作（萝岗海关 供图）

提升检验检疫鉴定水平。完善“中心＋现场”的实验室配置架构，加强进境粮食检验检疫实验室建设，完成 400 多种口岸截获外来杂草种子图谱的拍摄制作，配备 260 多台（套）仪器设备，实现常规项目在一线口岸快速初筛检测，提升检验检疫鉴定水平，确保“检得出、检得快、检得准”。

以“智慧动植检”建设为抓手，黄埔海关进境粮食检出率保持全国领先的地位，口岸把关能力不断增强，国门生物安全防线更加牢固。关区首次从美国进口玉米中检出玉米褪绿斑驳病毒（*Maize chlorotic mottle virus*）、从阿根廷高粱上截获玉米矮花叶病毒（*Maize dwarf mosaic virus*）、从贝宁进口黄大豆中截获检疫性杂草双花蒺藜草（*Cenchrus biflorus*）、从澳大利亚燕麦夹带的黑麦草种子中检出危险性有害生物致死粒线虫（*Anguina funesta*）。全年黄埔海关从进境粮食中截获有害生物 558 种、32887 种次，同比分别增长 8.35%、22.94%，种次数约占关区全部植物疫情截获总数的 92.59%。

三、贯彻落实四个最严，保护“舌尖上的安全”

2022 年，黄埔海关贯彻落实习近平总书记关于食品安全“四个最严”的总要求，牢记“疫情要防住、经济要稳住、发展要安全”，坚持“求实、扎实、朴实”，履行守国门、促发展的工作职责。在海关总署进出口食品安全局公布的信息中，黄埔海关未准入境食品化妆品 67 批次。

（一）筑牢进出口食品安全防线

修订更新相关操作指引至第七版。加强准入审核，执行海关总署先后公布的 155 份紧急预防性措施公告。从严指令研判，监测检测进口“高非冷”食品化妆品样本 908 个，结果均为阴性，开展非冷链食品化妆品预防性消毒 2.9 万件。强化监督检查，实施视频督导 56 批次，重点专项检查 6 次，专题演练培训 11 次。支持东莞港拓展进境水果业务，12 月 5 日该港首批进口水果顺利通关放行，全年共进口 33 批次泰国椰青、智利樱桃等水果，货值 560 万元。强化地方联防联控机制，参加地方疫情防控工作专班会议 7 次，通过国务院联防联控机制督导检查和海关总署“双百”督查。强化进口食品准入把关，加强口岸验核，定期对进口植物源性食品、干坚果、乳制品、肉制品、水产品等敏感商品实施准入复审。落实海关总署要求，阻断含瘦肉精猪牛肉流入渠道。加强进口含金银箔粉食品监管。开展“国门守护”行动，实施进出口食品化妆品安全监督抽检和

▲2022 年 3 月 11 日，凤岗海关关员在企业生产车间对供港食品实施监管 （凤岗海关　供图）

风险监测。

（二）建立“三应”机制

建立“24 小时立办机制”，承办海关总署工作 30 余项。协助海关总署梳理我国出口食品安全监督管理体系；参与海关总署食品安全监管智慧化建设，推动食品安全“三智”建设；修订进出口加工食品、冷冻水果、干坚果监管手册；审校更新食品境外企业信息 30 万条。参与完成 49 个国家（地区）414 家境外生产企业注册评审任务、实施远程视频检查 12 家；牵头完成塞浦路斯等 3 国（地区）拟输华食品准入评估，整理完善进口植物源性食品准入评估要求；开展境外食品监管体系评估研究，形成以色列、伊朗、土耳其等西亚 7 国（地区）食品监管体系研究成果近 30 万字，填补国内行业研究空白。加强政策研究。加强国内外食品安全形势跟踪研判，加强复合食品等政策研究，政务信息获海关总署采用 12 篇次；派员参加世界贸易组织 WTO/SPS 例会。

发挥黄埔海关进出口食品安全工作领导小组机制，推动各隶属海关建立部门联动协调机制，做到沟通协调、相互配合。加强与香港食环署、澳门食安厅、地方食品安全监管部门、口岸单位等部门的沟通，与天津、青岛、上海、深圳等海关保持密切的业务交流互动。厘清责任分工，落实海关总署关于动植物检疫和食品安全工作的优化分工要求，确保业务平稳过渡；强化协同配合，领导小组成员单位增加到 21 个，召开食品业务专题会议 14 次，联合发文 17 份。

优化“跟班作业＋定期巡查”机制，通过现场调研、电话、邮件、培训演练、巡回指导等多种方式，开展跟班作业 52 人次，“专家巡回指导组”解决难点堵点 16 个，答复处置

一线综评、邮件、电话等各类咨询1000多项。评估制度文件进行31份，制修操作指引9份。

（三）优化营商环境建设重点

服务粤港澳大湾区建设，参与广州市食品药品安全与高质量发展委员会工作，助推2022年广州市获评“国家食品安全示范城市”。保障民生物资顺畅供港，开辟供港生鲜“水运绿色通道”，监管供港生鲜食品共1.86万批次、货值22.94亿元。策划全国“食品安全宣传周”活动，线上线下大力宣传海关监管政策成效，制作专题展板28块，学习强国、《中国国门时报》、《中国海关》、海关总署官网、12360海关热线等刊载80余篇次，同比增长89.7%。对重点食品企业，建立“一对一”帮扶机制，支持大型粮油企业便利化通关；加快检疫审批，审批时长较规定时限压缩89%。

建立企业“问题清零”台账，清单式交办、销号式管理，发挥进口粮油便利化工作专班作用，解决进口印度大米因随附植物检疫证书版本不同通关受阻问题，推动海关总署司局更新证书版本，保障1248吨印度输华大米顺利通关。支持企业扩大中欧班列进口，关区支持中欧班列进口乳制品同比重量增长306.52%、货值增长491.49%。

四、强化风险防控能力，守牢危险品检验监管安全底线

2022年，黄埔海关构建进出口危险化学品及其包装、出口危险货物包装容器全链条检验监管工作机制，强化进出口危险品检验监管领域风险防控能力，排查化解重大安全风险隐患，守住危险品检验监管领域安全底线。关区危险品检验监管领域未发生安全生产事件，总体安全生产形势持续稳定。全年检验进口危险化学品5597批次、重量376.8万吨、货值221.76亿元，检出不合格591批次、重量3.09万吨、货值5.31亿元，检出率为10.56%；检验出口危险化学品3917批次、重量159.26万吨、货值92.94亿元，检出不合格84批次、重量1.95万吨、货值1.25亿元，检出率为2.14%。

（一）持续高位推动，传导责任压力

主要领导靠前指挥部署，成立危险品检验监管专项工作领导小组，多次召开关长办公会，结合安全生产“一月一通报、一月一研判”工作机制，完善上下贯通、执行有力的组织体系，各部门主体责任。强化组织推动，将危险品检验监管、监管作业场所内危险品排查清理等工作履职情况纳入各级领导班子年度考核客观指标，通过关区重点工作任务，明确关键内容和时间节点，强化安全生产责任传导。

（二）完善监管机制，规范执法尺度

贯彻落实危险品监管政策，梳理危险品检验领域法律法规、规范性文件和标准158个，制发关级制度及操作指引7项。严格危险品全链条检验监管模式，落实海关总署相关要求，强化责任落实和制度刚性执行。完善危险品全链条检验监管，按照海关总署开展“口岸危险品综合治理”百日专项行动的部署，紧抓“滞”“瞒”两个关键节点，细化措施，明确出口危险化学品合格评定方法，修订业务操作指引，统一现场执法尺度。对关区常见危险品试点实施“一企业一商品一表单”管理，打造标准作业单，试行“指令＋作业指导书”模式。运用“大数据预警＋专家研判”机制，深化商检、监管、稽查、风控等部门联系配合，强

化属地查检与稽（核）查协同联动，根据查发风险信息，精准锁定风险企业。开展危险品巡检行动，成立巡检工作组通过“四不两直”方式深入业务现场跟班作业 17 次，发挥纠错排险、监督指导作用，解决现场疑难问题 16 个。通过“云擎”系统建立模型 2 个，制发处置单 23 份，及时发现风险隐患并动态清零。

（三）优化检验模式，加强监管联动

采取“一次下厂、一次检验、分批出证”模式对出口危险货物包装使用鉴定实施监管，减少下厂查验次数约 70%。加快口岸危险品流转，分级分类实施进口危险品监管，引导企业“提前申报”“即卸即提”。优化“口岸 + 属地”联动监管模式，指导现场综合运用合格评定方式快速实施检验。“口岸危险品综合治理”百日专项行动期间，进口危险品口岸停留平均时间下降 48.5%。推行“预约式检验”和“首次办理业务辅导”制度，助力企业“无阻滞”出口；加强对首次出口企业的业务辅导，首次办理业务通过率 95% 以上。

（四）强化监督检查，及时排查风险

结合全领域自查自纠、危险化学品安全

▲ 2022 年 3 月 30 日，沙田海关关员在立沙岛开展安全生产检查 （沙田海关 供图）

风险集中治理、危险品巡检等专项工作，建立“四不两直”检查工作机制，开展实地检查 40 余次，对隶属海关实现全覆盖。依托大数据平台开展云上监控。建立“云擎”监控模型 2 个，对进出口危险货物及其包装检验监管岗位资质人员持证上岗、现场工作记录开展监控，发现风险隐患并动态清零。加强职能监督指导，根据查发风险制发处置单 23 份。

（五）打造培训体系，提升检验能力

组织召开危险品监管专题培训，涉危单证审核、安全防护、业务实操等内容，累计培训各类人员超 1000 人次。全力扩充危险货物包装岗位资质人员数量，强化专业队伍建设，推动全关危险货物包装资质人员从 2019 年 91 人扩充至 682 人。打造危险货物包装业务实操培训点，突出“业务仿真 + 分级分类”的特点，结合现场关员岗位和自身专长，量身定制课程，综合运用课程讲解、现场模拟、抽签考核等形式开展培训，实现危险品检验全场景、全链条、沉浸式实操演练，开展实操培训 12 期，受训 360 人次。

（六）实施专项行动，保障口岸安全

成立“口岸危险品综合治理”百日专项行动工作领导小组，出台“清滞”“打瞒”“排患”“联防”“共治”5 方面 28 条措施，明确责任人，压紧压实安全生产责任。运用科技赋能优化流程处置。因类施策制定各类主要进口危险品快速监管流程和措施，压缩高风险危险品在口岸的停留时间。依托“科技 + 制度”，改造智慧监管系统无缝对接码头企业生产作业数据，叠加海关内部数据提炼形成危险品物流全过程数据链，为严密监控提供抓手。拓宽联防联控机制，与黄埔区政府建立安全生产合作备忘录，与广州海事局共同处置“伪瞒报”危险品2批，与地方相关主管部门开展联合检查9次，通报、移交伪瞒报口岸危险品等安全隐患16起。主动承接海关总署推进危险品综合治理长效机制研究课题。“口岸危险品综合治理”百日专项行动期间，进口、出口危险品在各场所内停留平均时间缩短至4.57天、3.64天，同比分别下降48.5%、31.1%，连续18个月未出现存储超30天情况。查发涉危货物“伪瞒报、逃漏检”21批，重461.9吨、货值0.12亿元。总计清理海关特殊监管区域、保税场所、涉案财务仓库危险品10批次、合计23吨，涉案红油6票、合计222.32吨。

（七）加强对企宣贯，落实主体责任

压实企业安全生产主体责任，分关区举办多场海关监管政策宣讲会，开展进出口危险品规范申报、实货查验、场地监管及不合格处置流程等关键环节政策宣讲，回应企业关切问题，惠及相关企业300多家。通过海关12360、海关发布等多种渠道解读危险品检验监管有关政策和标准，提升企业规范申报的意识和能力。关区进口危险化学品规范申报率为93.34%，提升18.11个百分点。

（八）强化部门联动，严打涉危伪瞒报

全年查发涉危伪瞒报逃漏检66例，同比增长6.45%。其中通关领域38例，后续稽查17例，非贸渠道9例，属地查检2例。合力保持涉危伪瞒报逃漏检的打击高压态势，运用“大数据预警＋专家研判”机制，完善预警模型，实施精准布控。强化属地查检与稽（核）查协同，运用查发风险信息，锁定风险企业。开展相关业务培训，举办一线关员涉危单证审核经验交流会，编制涉危典型案例44起，提升业务现场单证审核和现场查发能力。

撰稿人

王　超　何薇倩　陈嘉殷　赵海燕　夏俊杰

全力以赴促进外贸保稳提质

2022年，黄埔海关深入贯彻习近平总书记关于统筹做好新冠疫情防控和经济社会发展工作的重要指示精神，坚决落实党中央、国务院决策部署，对照海关总署促进外贸保稳提质和帮扶中小企业纾困解难等系列措施，细化形成黄埔海关20条、支持“两区一市”若干措施，稳住外贸基本盘。工作成效获中央电视台、新华社、广东卫视、《南方日报》等中央、省市级主要媒体集中报道超300篇次。

一、提升整体通关效率，保障产业链供应链循环畅通

发挥区位联动优势，升级粤港澳大湾区物流“大动脉”。应对香港疫情对关区陆运影响，参与制订规范东莞市粤港跨境出口转关全接驳监管作业疫情防控方案，优化陆运接驳模式。支持东莞提升莞港水运专线市场化运作水平，全年莞港水运专线运行班次5083个，进出口货值突破千亿元。推进“大湾区组合港”“湾区一港通”改革试点，共监管货物1.7万票、3.8万标箱。支持广东省重点项目东莞—香港国际空港中心落地试运行，首创跨关境安检前置，打造直达空侧的海空联运模式。截至2022年底，共运行出口航次69次，出口货物438.57吨，货值1.363亿元。深化业务改革，推进“直提直装”。拓展“直提”“直装”业务试点范围，为企业提供车船直提、过驳直提、进口粮食附条件直提、过驳直装等多种作业方式。2022年，“直提”进口货物917票542万吨，“直装”出口货物696票53.99万吨。助力“一带一路”共建，推动国际班列高质量发展。推动铁路跨境快速通关模式落地实施，制订个性化监管方案，设立“7×24小时”预约通关机制，确保专列货物即到、即查、即放。2022年，关区累计发行382班次、货运量21.57万吨、货值94.26亿元，同比分别增长109.89%、107.29%、66.39%。

▲2022年3月23日，沙田海关关员在东莞港7、8号码头快速验放跨境电商“陆转海”货物（沙田海关 供图）

二、推动 RCEP 生效落地，持续减税降费助企纾困

会同地方商务局、贸促会等单位联合开展多场“线上＋线下”政策宣讲会，共 1.42 万人次参会；指导企业运用“智能审核＋自助打印”办理 RCEP 原产地证书 16747 份，自助打印率为 96.6%。2022 年，黄埔海关 RCEP 项下享惠进出口总值 73.68 亿元。落实海关总署税款担保改革，稳步推进汇总征税、关税保证保险改革，实现一份担保可在全国海关用于汇总征税、纳税期限、征税要素 3 项担保业务。2022 年，关区共有 1292 家企业备案 2003 份担保，备案金额 878.8 亿元。

三、优化检验监管模式，保障大宗商品通关便利

加快粮食等大宗农产品、水果等鲜活易腐农食产品以及符合要求的进境动植物源性食品的检疫审批，采取随报随办、AB 角应急管理和时长台账登记跟踪等措施，确保检疫审批依法保质按时办结。制定支持粮食进口措施 9 项，进一步优化查验模式，支持企业拓展进口来源。协助关区企业探索中欧班列进口粮食新模式，打通由哈萨克斯坦经阿拉山口进口粮食的陆路新通道。设立供港蔬菜海关监管中心，提供查验、抽检、铅封、监督指导“一站式”服务；优化业务链条，设立“5+2”预约查检及“优先查检”绿色通道，做到“随报随检，即检即放”，确保供港蔬菜通关“零等待”。

四、支持新兴业态健康发展，深入挖掘外贸增长潜力

支持跨境电商和邮件出口“陆转水”业务，畅通出境运输通道，做好跨境电商货物“陆转水”出口监管新模式，缓解电商企业运

▲2022 年 2 月 21 日，黄埔老港海关关员快速验放供港物资一批（黄埔老港海关　供图）

输压力。围绕“跨境电商+海外仓”模式，支持传统外贸企业转型跨境电商，落实“优先查验”“属地查验”等便利措施。支持开展跨境电商进口退货中心仓业务，优化进出口退货监管流程，全链条管住退货业务风险。推动市场采购业务健康发展，在常平海关市场采购贸易一体化模式运行顺畅的基础上，增设东莞海关、凤岗海关、东莞长安海关作为市场采购贸易地申报地海关，依托东莞市 3 个车检场，拓展转关出口渠道，推出市场采购贸易组货拼箱、报关申报和查验放行等“一站式”服务模式，降低企业时间成本和经济成本。2022 年，关区市场采购贸易出口 16.87 万票，货值 734.24 亿元。

五、建立服务企业长效机制，提升助企纾困实效

建立广州市黄埔区、增城区及东莞市重点企业名单，首批确定 591 家生产型、贸易型、供应链及跨境电商企业列入名单，提供“一对一”企业服务、预约通关便捷通道、优先办理通关业务、优先检测送检样品、优先开展信用培育认证等一系列优惠措施。设立“12360 重点企业问题直通车”，积极发挥企业协调员作用，协调解决企业通关疑难问题。分类建立、动态管理“问题清零”台账，优化跨部门“会诊”措施，强化与地方商务、口岸以及行业协会的联系配合，做好问题解决跟踪问效。2022 年，落实“问题清零”机制解决问题 476 个。围绕促进外贸保稳提质系列措施，突出关区特色，通过新闻媒体和 12360 公众号开展立体化、多维度对外宣传，增强市场信心，营造良好舆论氛围。中央电视台、新华社、广东卫视、《南方日报》等中央、省市级主要媒体集中报道黄埔海关在保障产业链供应链安全畅通、助力汽车出口、推进“企业集团”改革、提升 RCEP 政策惠及面、提高新冠病毒检测试剂等特殊物品监管效能、创新监管推进“先放后检”“分送集报”便利化模式等方面工作成效。《中国海关》杂志以《外贸保稳提质“关键词”》为专题，大篇幅深入报道黄埔海关支持小微企业开展市场采购、推广“铁路快速通关”模式等多项惠企举措。

六、完善整体服务环境，增强企业国际竞争力

对重点企业按照“专精特新”、重点税源、已上市、拟上市、生物制药等地方重点项目或行业龙头以及跨境电商平台共 6 个维度，分别建立“黄埔区入选 2021 年‘专精特新’企业名库”“东莞已上市企业名库”等 9 个企业名库。开展“直通车项目”提升企业信用培育质效，召开大型政策宣讲会，提高培育服务的针对性和有效性，在确保认证企业质量的前提下，增加关区认证企业数量。2022 年，新增 AEO 企业 32 家，其中“直通车项目”企业 26 家，占比为 81%。加大知识产权海关保护，开展“龙腾行动 2022”“蓝网行动 2022”“净网行动 2022”，以及 3 次粤港澳海关保护知识产权联合执法行动，扣留涉嫌侵权商品 1594 批次、202.19 万件。发挥毛织研究评议基地技术优势，加强国际标准的跟踪、评估和解读，开展行业风险预警 65 次，对技术标准、法规和召回风险分析 12 次，帮扶企业顺利获取国外认证、引导企业合规出口。针对世界贸易组织（WTO）技术性贸易壁垒（TBT）委员会

及卫生与植物卫生措施（SPS）委员会会议窗口期，发挥TBT、SPS例会特别贸易关注定期报送机制作用，报送“特别贸易关注”3项，助力企业更好“走出去”。

七、强化外贸监测分析，发挥外贸数据服务功能

开展进出口监测预警和跟踪分析，持续跟踪调研关区重点行业企业，协助海关总署和广东分署开展重点企业调研17批次，掌握企业进出口异动情况、经营困难、政策诉求等第一手材料，对各类型企业开展调研800余次，形成33篇关区地方外贸进度分析。研究分析影响关区外贸发展的突出问题，优化出口先导指数调查工作机制，完善海关数据在线查询功能。定期向地方提供数据分析服务，积极回应各部门、社会各界对统计数据的需求，提供不同类型、不同维度的综合数据，为地方政府及时掌握外贸情况、实现对企业精准服务提供数据支持。

撰稿人

夏玉灵　谢惠旋

推动风险防控工作高质量发展

2022年，黄埔海关健全完善海关风险防控体系，开展“套代购”、固体废物、濒危、政治类有害信息载体、危险化学品等专项风险防控，风险防控整体效能优化提升；推进“三应”运行机制建设，着力协调解决指令执行遇到的实际问题，布控指令执行更加顺畅；充分发扬“敢首创”精神，大数据应用广度和深度均走在全国海关前列，成功获批大数据海关应用创新首批示范点，推动风险防控工作高质量发展，国门安全防线更加稳固。

一、打造大数据实战应用场景，织密风险防控“数字网”

黄埔海关创新人工智能（AI）、云计算、“云擎”建模等技术在风控领域应用，推进大数据应用场景化实战化。深化大数据智能布控模型应用，运用大数据智能布控模型实现对关区报关单全要素风险快速自动甄别排查，自动赋分排序，自动布控处置。2022年，黄埔海关承办的“报关单综合风险甄别模型”攻关项目模型查获率高于同期试点口岸人工布控查获率9.05个百分点。打造信息情报大数据筛查场景，运用大数据建模技术，对相关信息情报开展全渠道风险筛查，深挖走私团伙。首次通过移交稽（核）查线索在后续环节立案查发危险化学品、濒危物种走私案件各1宗。推广“云擎”建模技术，采取“面对面、一对一”培训、组织岗位练兵、开展线上考试等方式，推动“云擎”在关区的广泛应用。2022年，构建模型7487个，发布平台级和站点级应用1093个，位列全国第一。

二、推动“大风控”体系建设，构建风险防控“协作网”

推动各部门树立“大风控”意识，将风控部门的数据分析优势与各部门的业务优势相结合，构建齐抓共管的风险防控“协作网”。明确全员打私工作思路，将工作任务分解到各部门，推进任务落实，全年海关查获移交缉私刑事案占关区刑事立案数的71.1%，其中案值过千万元案件39宗。通过重大案件回溯分析深挖走私手法和风险特征，将缉私成果反哺正面监管巩固国门安全防线。优化联合研判、联合办案、联合行动等方式方法，将全员打私工作机制与关区一体化风险防控机制同步谋划设计，2022年将海关总署风险防控局提供的365个全国查发典型案例更新到模型风险特征库，向海关总署风险防控局移交全国性风险线索 19 条。深化口岸安全风险联合联控机制，与国安部门签订相关联系工作办法并联合开展研判经营 4 项，凝聚防控合力，推进全领域全过程一体化风险防控。推进粤港澳大湾区海关风险一体化防控，在海关总署风险管理司指导下，积极参与海关总署风险防控局（黄埔）牵头开展的“风刃 2022-916”专项行动，查获政治类有害信息载体 9.39 万件、管制刀具、危险品等敏感商品 39.17 万件、毒品 32.79 千克、枪支 21 支等。联系知识产权部门共同防控侵权风险，查扣侵权商品 202.2 万件。

三、提升风险防控效能，织密国门安全“防护网”

围绕海关总署确定的 8 个重点方面深入排查重大风险隐患，梳理问题 66 项，其中，上报海关总署 8 项，上报有关司局 12 项，由关层面重点关注的 4 项，由各职能部门研究解决的 42 项，排查重大风险隐患，夯实工作基础。

常态化风险防控与专项风险防控相结合，筑牢安全防护堤坝。以打击夹藏伪瞒报为重点开展常态化风险防控，依托“大数据口岸先期预警 + 专家研判”运作体系，锁定高风险企业和商品，推进即决式布控试点工作，提升布控精准度和覆盖面。2022 年，人工分析布控查获率较 2021 年提高 1.42 个百分点。坚决打击治理海南离岛免税“套代购”走私。克服关区内无海南离岛免税物品监管经验的困难，依托海关总署和广东分署所提供信息数据，开展网络市场巡查采集信息，创新分析方法，成功锁定关区内销售离岛免税品的嫌疑人和仓储地址，跟进缉私部门侦办情况及时扩展分析，增强打击效果。2022 年，共查发套代购走私案件 13 起，打掉走私团伙 8 个，合计涉案货值 1484 万元，获海关总署领导批示肯定并在海关总署风险管理司组织召开的“套代购”专题会议介绍经验。

将禁止“洋垃圾”入境作为生态文明建设标志性举措，开展固体废物专项风险防控，保持严禁固体废物入境打击高压态势。紧跟固体废物伪瞒报走私趋势变化，围绕异动实施精准防控，布控查获固体废物 28 起 295.9 吨。推进濒危专项一体化防控，密织濒危及野生动物风险防控网，聚焦市场需求，持续加大象牙、珍稀木材等重点物种防控力度，布控查获涉濒危货物 18 起 89.6 吨。查获政治类有害信息载体 6.8 万件。严格落实安全生产部署要求，加强风险特征归纳提炼，全链条突出打击危险品伪瞒报行为，查获危险化学品“伪瞒报、逃漏检”情事 36 起 380.08 吨。查发新冠检测试剂 3.05 万支，口罩 7.29 万个，药品 42 盒 / 支。

四、深化关检指令融合，打通指令执行“最后一公里”

聚焦指令协调统筹，定期汇总全关区稽（核）查建议并常态化开展研判工作，规范包含研判内容、研判结果、后续处置方式的清单、台账式管理流程，全年审核稽（核）查指令 1522 条，推动稽（核）查追补税。首创指令叠加小程序，实现进口目的地与核查指令涉及同一企业的情况自动推送至现场关员，提示合并执行，避免重复下厂。2022 年 9 月全面推广以来实现指令叠加作业 12 起。建立“一口对下”机制，强化协同处置时效管理，全年收集指令协调问题 551 个，89.1% 的问题在 1 个工作日内反馈，切实保障指令顺畅执行。组织固体废物联合研判，提升固体废物鉴定取样送检的针对性和有效性。

五、促进外贸保稳提质，助企纾困“出实招”

研发“属地指令叠加自动提示”小程序，实现进口目的地与核查指令涉及同一企业的自动推送至现场关员，提示合并执行，实现“只查一次”，避免重复下厂。2022 年 9 月在全关全面推广使用以来实现指令叠加作业 12 起。探索“以供应链为单元”风险防控机制，通过拓展供应链信息，选取 1 家关区 AEO 企业为核心企业的供应链为试点，开展单证流与实货流数据的相互对碰、相互印证。通过口岸联防联控，建立供应链口岸风险验证常态化工作制度，联系口岸海关调整其查验率，在“管得住”的前提下，提高监管效能，增强企业获得感。改革后，试点企业口岸查验率按报关单统计从 7.56% 下降至 2.06%。扩大“真空包装”布控查验模式的试点工作，完成对 12 家属地企业的风险评估并纳入试点。8 月 26 日试点工作开展以来，试点企业共申请真空包装类货物 222 票，查验 3 票。针对固体废物鉴定耗时长费用大的问题开展分析研究，组织成立固体废物风险专家组，结合现场检查货物理化特征开展联合研判，降低固体废物鉴定取样送检的盲目性。2022 年全关取样送检作固体废物鉴定 148 票，同比下降 44.36%，送检有效率达 18.92%，同比提高 9.01 个百分点，大幅节约监管行政成本，有效提高通关效率及企业获得感。

六、发挥理论研究“前瞻性”，拓宽风险防控视野

强化风险防控政务信息总结宣传，增强风险防控领域政务信息宣传的政治高度、理论深度、文字精度，全年获得海关总署相关信息载体采编约 9 篇，获上级部门采用 2 篇，获海关总署领导批示 2 次，重要载体信息实现质、量双提升。以理论研究带动理念宣传，营造“人人开展风险管理”的海关风控文化，拓宽国际视野，组织加强风险管理基础性、前瞻性课题研究，参与海关风险管理主题征文和全国海关主题活动，推动海关风险管理理论水平整体提升，全年撰写理论研究文章 17 篇，论文《新发展格局背景下海关风险防控全面实现数字化转型探析》在全国 7047 篇论文中评分名列第五，入选中国海关学会优秀论文。

撰稿人

黄铃珊

打击走私重点工作

2022年，黄埔海关缉私局坚持以习近平新时代中国特色社会主义思想为指导，坚决贯彻习近平总书记的重要指示批示精神，牢牢把握“高质量发展”的目标要求，坚持“精准细严”管理理念，紧扣“稳中求进，狠抓落实”工作着力点，强化政治建设，高压严打走私，狠抓队伍管理，工作成效突出。

一、忠诚履职尽责，重拳打击走私

强化重点物品动态管控，打击整治枪爆违法犯罪，严管枪支弹药、危爆物品等，立案侦办走私毒品案4宗、走私枪支配件案19宗，查扣疑似枪支配件2857个，完成党的二十大安保维稳工作任务，营造安全稳定的政治社会环境。加强与广州、东莞市政府及相关执法部门联系配合，建立24小时全天候联动响应机制，落实全时段、高频次、高见警率的对开式交叉封锁，封堵水上走私通道，出动缉私艇442航次，航程43119海里。挖掘精准走私线索，与广东省公安厅打私局（“双反”办）联合经营、共同研判，通过广东省打私办统筹协调各执法部门联合打击，查办相关案件38宗，案值约21亿元。打击粤港澳海上跨境走私，参与开展“双反”“清港清湾”等一系列专项行动，保持水上缉私高压严打态势，抓获犯罪嫌疑人44名，查扣涉案船舶16艘。

依托情报经营线索，发挥专业打击“水客”走私职能，坚持“露头就打”与“破大案、打团伙、摧网络”相结合，以“打头挖根断链”为重点，严厉打击“水客”走私，组织协调开展专项打击，发挥海关缉私部门专业优势和地方公安机关资源优势，采取联合经营、联合行动、联合收网模式，对“水客”走私源头、通关、运输、销售等环节以及关联犯罪实施全链条打击，立案侦办“水客”走私案48宗，案值1.6亿元。按照“强震慑、不手软”要求，通过大数据分析，加强部门联动，开展海南离岛免税“套代购”常态化打击行动，始终保持高压严打态势，立案侦办18宗，案值1326.08万元。深入分析研判离岛免税“套代购”走私态势，形成呈报信息。聚焦成品油、木材等重点涉税商品，深入开展市场调研，比对分析进口数据，立案侦办走私红柴油案7宗，查证走私红柴油8195.24吨，案值4957万元；立案侦办走私木材案12宗，案值2.74亿元，查证黑核桃木、红橡木等4925吨，菠萝格等木材14.13万立方米。加强与地方公安机关、海关风控部门联系配合，开展农产品走私专项打击，立案侦办走私进口农产品案10

宗、案值11.92亿元，查证走私进口木薯淀粉45.7万吨、椰浆3901.78吨、海参22.79吨。高度关注珠江口等重点地域，货运、寄递、跨境电商等重点渠道，以及重点商品走私，强化与地方政府部门联系配合，加强打击工作，开展两轮打击邮寄渠道雪茄走私专项行动，立案侦办31宗。

推进“护卫2022”专项行动，打击濒危动植物及其制品走私，推动地方政府加强一线封堵治理，实施联查联控，强化重点边境一线关键地段巡防查缉，严密封堵偷运走私通道，对走私“购、运、储、销”各环节实行全方位打击，立案侦办走私国家禁止进出口木材案3宗，案值161.32万元，查证涉案濒危植物奥氏黄檀122.92吨、交趾黄檀12.15吨；立案侦办走私珍贵动物及其制品案2宗，查获旧钢琴象牙制品的琴键贴片1422.33克。

推进“蓝天2022”专项行动，持续高压严打“洋垃圾”走私，密切关注货运渠道废矿渣、废电器、废金属、废塑料等伪瞒报、夹藏走私风险，强化风险分析，结合案件中发现的走私新特点适时开展风险核查，对价格异常商品开展风险分析，加强对重点敏感商品布控查验，立案侦办“洋垃圾”走私案件23宗，查证走私进口废塑料7563.79吨、废旧电子产品50.07吨；立案侦办废五金走私案件15宗，查证走私进口废金属9872.8吨。

▲2022年9月15日，黄埔海关缉私局开展第三期查缉实战模拟演练（黄埔海关缉私局 供图）

开展“国门利剑2022”专项行动，强化监管防控、深化全员打私、推进综合治理，集中开展5个“HP”系列专项行动，刑事立案322宗，案值121.2亿元；行政立案1251宗，案值34.5亿元。立案侦办案值千万元以上案件49宗、亿元以上案件12宗，海关总署一级挂牌管理案件4宗。

二、强化组织推动，增强全员打私成效

巩固深化“缉私指导、风险抓总、职能牵头、现场承接”的全员打私工作机制，研究制定贯彻落实海关总署关于“研究加强海关缉私工作专题会议”精神的12项意见措施，优化提前介入稽查机制，建立“110式出警”快速响应机制，推动关区全员打私整体合力持续增强。以“情报+风控”融合经营模式带动“缉私+风险”全员打私工作深入开展，围绕关区反走私重点，与风控部门联合分析重大走私动向，共同研判、集中处置。建立联合情报研判工作专班，开展线索挖掘和联合经营，成功开展“HP2022-05”打击农产品走私专项行动。优化海关案件线索的移交途径，落实案件通报反馈机制，修订行政案件时效考评办法等相关工作制度，加强行政案件考评主要指标管理，强化办案时效管控，“两简”案件9天办结率达100%，普通程序案件办理时效从2018年的316天压缩至103天。

三、推动多元共治，优化综合治理格局

加强与地方公安的协作配合，推进双向培训，落实嫌疑人羁押管理，优势互补联合打击走私关联犯罪。向地方公安移交线索17条，创新水上合成作战模式，指引地方公安、海警等部门查获走私货物约1亿元。加强与检法机关、银行、税务等部门的联系配合，立案侦办洗钱犯罪案件7宗，涉案金额52.79亿元。税务部门依据移交线索立案3宗，涉及金额20.74亿元，税额2.01亿元。与广州、东莞烟草部门建立协作机制，立案侦办走私烟草案件33宗，案值5501万元。与地方水上执法部门共同对55个沿江易上岸点开展重点摸查，查获“大飞”藏匿窝点1个。巩固查获无合法来源冻品移交地方快速处置机制，明确即查即处工作程序。完成339艘“三无”船舶移交东莞市打私办销毁工作。

四、聚焦专业强警，提升执法能力水平

推进制度“立改废释”，清理执法事项13条，实现101个常用法律法规电子化。创新运用“系统＋人工”“提审＋巡审＋会审”方式开展督导，提升执法绩效，办结案值千万元以上行政大要案25宗。保持“复议不改，诉讼不败”，促成5宗案件撤回复议或撤回上诉，“诉源治理”成效初显。推动建立涉案财

▲2022年8月31日，黄埔海关缉私局在广州黄埔综合保税区开展巡查，并联合穗东海关对进口敏感商品进行风险排查（黄埔海关缉私局 供图）

物动态清零机制，超两年涉案财物清理率达96.3%，行政执法质量显著提升。推进刑事案件“两统一＋”（刑事案件统一审核、统一出口）工作机制，办结刑事案件312宗，同比上升9.86%。加强法制审查，依法慎用强制措施，采取强制措施人次同比下降8.1%。开展取保候审专项监控，严格限期办结，防止保而不侦等问题发生。法制一处被公安部评为全国公安机关执法示范单位，“HP2022-05”走私木薯淀粉案被评为海关总署2022年缉私十大典型案例。“黄埔缉私云”大数据资源池完成各类结构化数据清洗入池，上线启用文本挖掘功能模块，提高数据治理效能。参加全国海关缉私部门“智慧公安我先行”基层技术革新比武荣获二等奖。统筹推进指挥中心、情报中心、办案中心、案管中心4个中心建设，集成10大系统打造“水上情报指挥中心”，初步实现情报、指挥、行动一体化的转型升级。电子取证和文件检验专业连续7年在公安部实验室能力验证测试中获得最高评价。

撰稿人

张宇航　谢　政

驻镇帮扶乡村振兴工作

2022年，黄埔海关坚持贯彻落实习近平总书记重要指示批示精神和党中央决策部署，按照海关总署和广东省委、省政府部署安排，把乡村振兴驻镇帮镇扶村工作作为重要政治任务，抓好定点帮扶和推动乡村振兴工作各项任务落实。

一、增强帮扶政治责任

黄埔海关党委先后2次学习贯彻习近平总书记关于乡村振兴战略重要讲话、重要指示批示精神，专题听取乡村振兴驻镇帮镇扶村工作汇报，研究部署帮扶工作。2022年7月28日至29日，黄埔海关主要负责同志和分管负责同志到坪石镇实地调研指导推动工作，实地调研三和磁材项目和“雷香猪”生态黑猪综合养殖项目，看望慰问驻镇帮扶工作队队员，与帮扶地有关领导座谈，商讨帮扶工作。2022年6月9日至10日，黄埔海关和广东技术师范大学相关领导到韶关乐昌市调研乡村振兴驻镇帮镇扶村工作，出席韶关乐昌市“三和磁材”项目及“雷香猪”养殖项目签约仪式，与帮扶地领导、部门和部分企业代表座谈，实地调研韶关乐昌市坪石镇三星坪村生态蛙养殖基地、灵石坝村无花果种植基地，看望驻镇帮扶工作队队员。结合外贸及税收形势专项调研，走访地方政府、外贸企业，积极为乐昌市、坪石镇承接产业转移项目推介对接。帮扶工作领导小组召开工作例会3次，听取工作汇报，研究解决重点、难点问题，推动帮扶工作落细落实。凝聚全关力量，细化各级帮扶任务，把落实乡村振兴驻镇帮镇扶村工作情况作为各单位基层党组织建设考核、党组织书记抓基层党建工作述职评议考核的重要内容，压实压紧帮扶责任，推进帮扶工作见行见效。发挥牵头单位作用，加强与结对帮扶成员单位、帮扶地党委政府之间的沟通联络，形成帮扶全力助推坪石乡村振兴。动员全关干部职工和社会力量多方筹措帮扶资金，其中，发动干部职工（含缉私局）在“广东扶贫济困日”进行爱心捐款。

二、推进党建结对共建

驻镇帮镇扶村工作队党支部坚持党建引领乡村振兴，推进党建与帮扶工作深度融合，通过落实“三会一课”、主题党日活动等组织生活制度，发挥支部战斗堡垒作用和党员先锋模范作用，示范带动镇村党组织规范化建设。驻镇帮镇扶村工作队参与镇村疫情防控，协助开展高速路口值守、核酸检测等工作。驻村第一书记吃住在村，联系走访群众，推动落实惠民政策，协助村两委改善农村民生、密切党群干群关系、建强村党组织。组建产业振兴突击攻坚党小组，以产业帮扶、就业帮扶、定向捐赠、消费帮扶为重点，挖掘坪石镇水源、电能、热能、物流等独特优势，用足用好用活组团单位、科技、金融等方面的政策、人才、资金、项目等，印制乡村振兴驻镇帮镇扶村宣传手册，走访调研广州、东莞相关食品、电商、物流、养殖等重点企业、协会52次，接访企业、协会18次，对接有产业转移意向的企业到坪石镇实地考察，协助地方招商引资、发展实体经济助产业兴旺。6月29日韶关先锋、乐昌党建的微信公众号刊发《坚持党建引领、狠抓产业发展、全面提升广东北大门乡村振兴新面貌》，专门介绍工作队支部抓党建促乡村振兴的措施和成效。

开展黄埔海关和广东技术师范大学两个组团单位党组织与定点帮扶镇村党组织党建结对共建活动，黄埔海关13个隶属海关投入资金，开展实地调研帮扶，走访慰问脱贫户、老党员、受灾转移群众和困难学生，举办镇村干部急救知识培训，捐助党建书籍、文体用品、电视空调，完善党员活动中心、党建宣传栏。海关发布、今日海关、学习强国、《南方日报》、《广州日报》等媒体报道了黄埔海关开展结对帮扶事迹成效。乐昌市委组织部印发乡村振兴驻镇帮扶党建共建工作方案，推广黄埔海关党建结对共建经验做法。协助坪石镇党委政府推进农村党群服务“1+N+X”体系建设，镇级党群服务中心完成党群服务中心、人才驿站的挂牌和人员配置，完善功能室和室内外场地建设，完成11个村级党群服务中心建设并投入使用，基本构建镇、村、组三级党群服务体系。

▲2022年7月28日至29日，黄埔海关在韶关乐昌市坪石镇调研乡村振兴驻镇帮镇扶村工作（黄埔海关机关党委 供图）

三、助力产业发展

驻镇帮镇扶村工作队深入25个行政村和乐昌市、坪石镇农业龙头公司、农庄、商会、企业、扶贫车间、重点企业调研问诊，熟悉市情、镇情、村情，摸清当地经济发展情况、产业发展现状以及返贫的不稳定因素，掌握制约镇村发展的薄弱环节，协助镇党委政府编制坪石镇镇域乡村振兴规划（2021—2025年），优化完善驻坪石镇帮镇扶村帮扶规划（2021—2025年），制订2022年度驻坪石镇帮镇扶村帮扶计划，厘清帮扶思路，细化帮扶措施。

协助坪石镇党委政府因地制宜大力发展镇域经济，对接珠三角产业转移，成功引进2.5亿港币的“三和磁材”和首期投资5200万元的“雷香猪”项目落户乐昌市坪石镇，实现坪石镇招商引资从“0”到“1”的突破。成立项目推进专班，联系对接企业需求，支持企业有效发挥市场主体作用，推动“三和磁材”项目早建设、早投产、早见效。项目投产后预计实现当地税收1700万元以上，提供就业岗位400个，可带动当地加工、仓储、电商、种植、畜牧、餐饮等产业快速发展。今日海关、南方+、《韶关日报》等媒体以《如虎添“亿”助产业腾飞》《乐昌市举行招商引资重大投资协议签约仪式》为题，宣传报道黄埔海关产业帮扶工作。

协助支持培育奈李、无花果、生姜、雪毛鸡等优势产业，为当地农产品进行41批次免费检验，指导2个农场4个水果种类取得出境水果果园注册登记证书，助推黄金奈李顺利出口中国香港、迪拜。促成中国农业银行乐昌市支行授信坪石镇乡村振兴提供整体意向授信额度3亿元，办理惠农贷款1500多万元，重点支持智慧果园建设、无花果标准种植、生态青蛙养殖、生态鱼养殖、杨梅种植等特色种植养殖项目。联合韶关学院争取“粤北地区林下药用植物种植助力乡村振兴”项目。为乐昌市36家农民合作社、农业龙头企业，讲解农产品种植出口备案相关知识，增强企业“走出去”的信心。

四、巩固脱贫攻坚成果

协助坪石镇党委政府做好268户脱贫户防返贫监测，开展“两节”（春节、元旦）走访慰问，全覆盖慰问13个村290户脱贫户，发放油米等慰问品。联系慈善组织为患重症脱贫群众办理大病补助，为90名困难学生申请教育补助，向乐昌市第二中学捐赠运动鞋、运动衣、运动包等物资。发动爱心企业捐助电商直播设备、医疗器材、救灾物资、婴幼儿用品等，捐建5人足球场1个、太阳能路灯200盏，改善群众生活生产条件。推动广州某公司与坪石镇政府签订乡村振兴结对帮扶协议，发挥企业技术、资本、市场、电商等优势，协力打造“直播+农产品运营”平台，帮助果农开拓销售渠道，促进当地特色优势水果高质量发展。通过爱心企业直播带货、党员群众“以购代捐”等形式，采购脐橙、血橙、冬稻米等当地农产品，带动农户增产增收，增加村集体收入。

五、加强驻镇干部管理

制定工作队日常管理暂行办法，落实周一队务会制度，严格日常教育管理，严守工作纪律，落细落实队伍外出、涉酒、涉疫制度要求，确保队伍安全稳定。关心关爱驻镇干部，定期与驻镇干部谈心谈话、听取工作汇报，办理人身意外伤害险，配齐工作生活设施用品，为驻镇干部干事创业提供良好条件。

撰稿人

张奎影

第三篇

大事记

2022 年黄埔海关大事记

1月

1 日　黄埔海关牵头开发的海关智能涉案财物管理系统和智能仓储管理系统正式在全国海关推广运行。

3 日　海关总署副署长张际文率国务院联防联控机制第九督查组在广东开展 2022 年元旦春节期间新冠疫情防控工作综合督查，黄埔海关关长郑汉龙陪同督查组前往广州保税区内某冷链仓储公司实地督查疫情防控工作落实情况。

启用黄埔海关首个录课室，该室位于黄埔海关主楼 1215 房，配置视频录播系统等专业设备，承接海关总署课程录制及关区线上直播、授课任务。全年共录制课程 40 余门，被海关总署采纳使用 22 门，为全关开展网络培训提供有力支持。

5 日　黄埔新港海关在一批自丹麦进境的菠菜种子中截获检疫性有害生物棉花黄萎病菌（*Verticillium dahliae*），为黄埔海关首次截获。

黄埔新港海关在一批自美国进境的豌豆种子中截获有害生物桃色欧文氏菌（*Erwinia persicinus*）和检疫性有害生物菜豆细菌性萎蔫病菌（*Curtobacterium flaccumfaciens pv. flaccumfacien*），为全关首次截获。

黄埔海关技术中心科研项目“智能设备变频装置温升在线监测装置研发与应用”获评 2021 年度中国商业联合会科学技术奖三等奖。

6 日　黄埔海关召开党史学习教育总结会议，关党委书记、关长、党史学习教育领导小组组长郑汉龙同志发表讲话，对党史学习教育进行总结，并对巩固拓展学习教育成果、推动学习教育常态化长效化提出要求。

东江口海关查发某化工商务有限公司存在特殊关系影响成交进口成交价格情事，涉及货值 2.82 亿元。

太平海关核实某企业主动披露进口集成电路价格不合理存在关联交易转移定价情事，涉及货值 3.13 亿元。

7 日　黄埔海关首家 RCEP 项下经核准出口商落户东莞。

黄埔海关缉私局与拱北海关缉私局联合地方打私部门开展打击治理粤港澳海上跨境走私“清湾 2022-1”统一行动取得首捷，在磨刀门水道查获涉嫌走私“红油”约 200 吨，抓获 3 名涉案船员。

太平海关核实某科技有限公司主动披露进口的产品存在特殊关系影响成交价格情事，涉及货值 197.42 亿元。

10 日　黄埔新港海关在从日本进口的肌

美精美白精华中查获无濒危证件进口美白精华96瓶。该货物含野大豆（*Glycine soja*）成分，共2.88千克、货值3708元，属于我国《国家重点保护野生植物名录》国家二级重点保护植物。

11日 增城海关保障首列“广州—赫尔辛基”中欧班列开行。

13日 黄埔海关缉私局太平分局联合地方公安部门查获一起海上偷运走私冻品案，查获冻牛肚5.26吨，案值28.42万元，抓获犯罪嫌疑人3名。

14日 东莞长安海关对某大型手机生产企业集成电路产生的特许权使用费和平台费进行审价补税，涉及货值6.26亿元。

17日 黄埔海关召开捍卫“两个确立”、做到“两个维护”、强化政治机关建设专项教育活动动员部署会暨基层党组织书记述责述廉述党建会议。

穗东海关在通关环节拦截涉禽流感疫区进口的跨境电商宠物食品一批。该批货物为罐头宠物食品，共22.28吨，涉及货值超900万元。

东莞长安海关查发某公司进口手机集成电路所涉特许权使用费审价补税情事，涉及货值7.11亿元。

18日 凤岗海关查获某企业从日本进口的无“花青素”使用许可文件的龙角散草本润喉糖一批，货重2.8吨，涉及货值11.75万元。黄埔海关对该批货物作出退运处理，这是黄埔海关首次查获违规添加“花青素”的日本进口食品。

19日 黄埔海关缉私局根据“HP2022-1”专案指挥部要求，出动警力15名、缉私艇2艘、车辆2辆，查扣3艘涉案来往港澳小型船舶。

20日 东莞长安海关查发某公司进口手机集成电路所涉特许权使用费审价补税情事，涉及货值1.42亿元。

沙田海关查获某企业申报出口柬埔寨的铜像2个，价值约570万元，这是黄埔海关首次查获无批文的美术品。

东莞市中级人民法院对深圳市迅裕泵车租赁有限责任公司不服太平海关行政处罚决定行政诉讼案作出判决，当庭宣判海关胜诉。

24日 东莞长安海关查发某公司进口手机集成电路所涉特许权使用费审价补税情事，涉及货值2.47亿元。

增城海关寄递渠道截获涉禽流感疫区进口的宠物食品138罐。

新沙海关检出1辆进口某品牌汽车正时链条断裂情事并作退运处置。

25日 黄埔海关缉私局首次安排外国领事官员通过视频探视走私犯罪嫌疑人。

东莞海关快速验放国内进口首台基于脉冲型散裂中子源的工程应力谱仪。

26日 黄埔海关2022年工作会议、全面从严治党工作会议召开。会议由缉私局局长王彬主持，关长郑汉龙对2021年黄埔海关全面从严治党工作情况进行总结，党委纪检组组长邝力作专题报告。

29日 黄埔海关缉私局与广州市烟草专卖局签订《联合查缉涉烟违法犯罪活动协作机制》。

2月

1日 广州黄埔综合保税区验收一周年。其间，黄埔综合保税区进出区货值（含一线进出境、二线进出区）1168.73亿元，同比增长

26.41%。

8 日　黄埔老港海关检出 1 批自智利进口的锌矿砷（As）含量超标，重 88 吨。

10 日　黄埔海关派员参加世界海关组织全球信息情报战略项目工作组会议，代表中国海关参加世界海关组织全球信息情报战略项目工作组（GIIS）第 17 次视频会议。

黄埔老港海关从原产国为缅甸的扁豆中检出检疫性有害生物灰豆象（*Callosobruchus phaseoli*），为黄埔海关首次截获。

11 日　黄埔海关 2022 年缉私工作会议召开。

14 日　黄埔海关被海关总署评为 2021 年度《金钥匙》十佳组织单位。

15 日　黄埔海关开展 2022 年知识产权保护专项行动，查获涉嫌侵权商品 1594 批次，数量约 202.2 万件。

东莞海关顺利完成缉私线索系统（全国集中版）全面启用后黄埔海关首宗案件线索移交。

16 日　黄埔老港海关肖航、萝岗海关胡进平获评海关总署 2021 年度“百名优秀执法一线科长”。

黄埔海关缉私局凤岗分局侦办的合伙藏匿走私出口水银系列案被东莞市人民检察院提起公诉。该系列案是国内首起被成功提起公诉的陆运渠道走私出口水银案件。

16 日—9 月 30 日　黄埔海关开展“海关重点项目和财物管理以权谋私”专项整治工作，创新问题和风险排查工作方法，被海关总署专项整治工作领导小组列为可复制推广经验。

17 日　沙田海关查发走私进口交趾黄檀、奥氏黄檀等濒危木材 38 立方米，属于《濒危野生动植物种国际贸易公约》（CITES）附录Ⅱ列名物种。

18 日　黄埔海关开展 H2018 验估子系统风险即决处置功能试点工作，实现事中验估风险即决处置与风控系统的互联互通。

22 日　《南方日报》报道黄埔海关开通“黄埔—香港”民生物资水路运输快速通道，实现 5 分钟放行，8 小时抵港。

23 日　在沙田海关监管下，莞港水运专线顺利完成首航，货物主要为食品原料、家具、橡胶制品等，货值约 518.5 万元。该航线为东莞至香港海运驳船点对点专线。

黄埔老港海关查获伪瞒报危险货物“发胶”480 瓶。

24 日　海关总署党委委员、广东分署主任张广志一行在沙田海关调研。

东莞海关团委、凤岗海关团委的系列主题团日活动被共青团广东省委员会评为广东省优秀主题团日活动。

24 日—3 月 5 日　萝岗海关保障新冠病毒检测试剂快速供港，获广东广播电台港澳办事处、香港社区机构协会等多个驻港中资机构和社会团体致信感谢。

25 日　东莞海关验放黄埔海关关区首批“陆转海”转关模式跨境电商零售出口商品。

27 日　增城海关保障首列“广州—圣彼得堡”中欧班列开行。

3 月

1 日—12 月 31 日　黄埔海关开展“内控示范科室”创设工作，评选出黄埔海关“内控示范科室”8 个，“内控培育科室”9 个。

2 日　风险防控分局王虎被评为“2021 年广州市扫黄打非先进个人”。

黄埔海关文章《构建海关基层党建实训体系的实践与思考》被《机关党建研究》杂志刊登。

3日 沙田海关查获未申报进口濒危木材交趾黄檀和奥氏黄檀共42.414立方米，属于《濒危野生动植物种国际贸易公约》（CITES）附录Ⅱ列名物种。

5日—6日 黄埔海关技术中心新增危险货物包装检测领域，通过CMA、CNAS二合一认定认可评审。

7日 黄埔海关后勤管理中心获评海关总署2021年度“互联网信息先进单位”。

黄埔海关缉私局黄埔老港分局辅警孟曼被评为全国公安机关“好警嫂”，获公安部、全国妇联通报表扬。

8日 海关总署党委委员、广东分署主任张广志视频连线调研沙田海关支持香港抗疫工作情况。

广东省公安厅打私局韩胜强局长带队到黄埔海关缉私局走访调研，双方就海关缉私部门与省打私办、省厅打私局在业务协调配合等方面进行了深入交流座谈。

黄埔老港海关查获出口危险货物“DM-80橡胶促进剂”3吨。

9日 东江口海关冼妙颜获评广东省“三八红旗手”，东莞海关罗钰获评东莞市“最美巾帼普法人”，常平海关钟静雯获评东莞市“最美爱岗敬业女性”。

10日 东江口海关在某企业经营场所内查获25台古董钢琴含象牙琴键贴片2343片。该案是黄埔海关首次通过后续监管查获象牙制品涉嫌走私情事。

11日 太平海关核实某企业主动披露进口货物存在特殊关系影响成交价格情事，涉及货值1.06亿元。

经黄埔海关风险防控分局布控，黄埔老港海关查获伪瞒报法国进口毕加索、塞尔瓦多·达利拍卖艺术作品及复刻品等艺术品66件，案值231万元。此次查发为黄埔海关首次在货运渠道查发艺术品伪瞒报情事。

14日 太平海关查发东莞某电子有限公司存在伪报价格涉嫌走私情事及存在短少保税料件涉嫌违规情事，涉及货值6500万元。

17日 沙田海关查发走私交趾黄檀、奥氏黄檀等濒危木材261.66吨，属于《濒危野生动植物种国际贸易公约》（CITES）附录Ⅱ列名物种。

18日 东莞海关签出黄埔海关关区首份马来西亚RCEP原产地证书。

黄埔新港海关查获濒危物种棱柱木48吨，货值17.88万欧元，属于《濒危野生动植物种国际贸易公约》（CITES）附录Ⅱ列名物种。

22日 党委纪检组组长邝力会见广东分署党委纪检组组长程开宇一行，就纪检机构更好地履行监督专责进行深入交流，并实地调研后勤管理中心。

25日 广东分署副主任刘红带队到黄埔海关督导检查疫情防控工作，肯定黄埔海关疫情防控工作成效，并要求继续做好疫情防控相关工作，副关长谢玉茹陪同检查。

沙田海关核实某公司主动披露进口商品存在特殊关系影响成交价格情事，涉及货值7895.38万元。

28日 黄埔海关发现部分进口汽车的车辆识别代号不符合国家强制性标准规则，相关信息报送海关总署，促成国家市场监督管理总局发布召回信息，对5个品牌2674辆问题车辆实施召回。

31日 黄埔老港海关自一批墨西哥进口的中美洲黄檀粗锯枋中检出非检疫性有害生物丽色树蜗牛（*Orthalicus pulchellus*），为黄埔海关首次检出。

黄埔海关数据分中心“综合保税区业务管理系统V1.0”研发项目取得计算机软件著作权登记证书。

4月

1日 黄埔海关与广州海关联合实施进出口货物收发货人注册登记业务跨关区“一窗通办”。

1日—7月10日 海关总署“百名科长百日督查”督查组进驻黄埔海关，对疫情防控工作开展督查。

6日 东莞长安海关查发某公司进口手机集成电路所涉特许权使用费审价补税情事，涉及货值1.35亿元。

7日 黄埔海关首票水运转关货物顺利应用“两步申报”模式申报进口。该批货物为线型低密度聚乙烯，由阿联酋启运，于南沙新港进境，货值405万元。

8日 “湾区一港通”黄埔老港大码头—南沙港线路正式开通。

11日 东莞长安海关查发某公司进口手机集成电路所涉特许权使用费审价补税情事，涉及货值4.65亿元。

12日 黄埔海关缉私局长安分局依法将“HP2021-06”专案中张家港某公司涉嫌低报价格走私进口木材案移送至张家港海关缉私分局，案值8256万元。

13日 黄埔海关直属机关党委书记抓基层党建工作述职被省直机关工委评定为“好”。

东莞长安海关对某企业进口手机集成电路所涉特许权使用费开展审价补税，涉及货值4.03亿元。

14日 东莞市人民检察院对黄埔海关缉私局侦办的林某鹏走私国家禁止进出口货物、洗钱罪案提起公诉。本案系检察机关首次以涉嫌洗钱罪名对黄埔海关缉私局移诉案件提起公诉，也是迄今为止全国海关缉私系统侦办并提起公诉的最高额洗钱案件。

15日 东莞长安海关查发某公司进口手机集成电路所涉特许权使用费审价补税情事，涉及货值1.91亿元。

太平海关查发东莞某公司通过快递公司走私进口危险化学品31批次，涉嫌偷逃两用物项和技术进口许可证，涉及重量0.86吨。

18日 东莞长安海关对某企业进口手机集成电路所涉特许权使用费开展审价补税，涉及货值4.03亿元。

19日 《经济参考报》报道RCEP实施首季度，黄埔海关关区企业3.94亿元进口货物享惠。

20日 黄埔海关缉私局海上缉私处民警陈伟勇获评交通运输部2021年“最美搜救人提名奖”，并受到海关总署缉私局通报表扬。

黄埔老港海关查办的出口假冒知名羽毛球拍注册商标案入选2021年度广州市知识产权保护十大典型案例。

东莞海关荣获2016—2020年东莞市普法工作优秀单位，该关陈乔明同志获评2016—2020年东莞市普法工作优秀个人。

21日 黄埔老港海关在“龙腾行动2022”行动中查获涉嫌侵权眼镜、衣服、手袋、运动鞋共3.32万件。

黄埔海关查获的保税仓国产品牌侵权香烟

案入选 2021 年广东省内海关保护知识产权十大案例。

22 日 东莞海关参与的粤港澳联合执法行动打击侵权货物系列案入选 2021 年中国海关知识产权保护典型案例。

24 日 黄埔老港海关查获进口危险化学品、危险货物“铝粉浆”3 吨。

25 日 东莞海关完成东莞市首批政府协议装运前检验。

黄埔老港海关查获出口侵犯国内自主知识产权照明灯具案入选 2021 年广东省内海关保护知识产权十大案例。

26 日 黄埔老港海关查获侵权轴承 1000 个、侵权运动鞋 1260 双。

28 日 黄埔海关杨鑫鑫、张硕两名同志获评海关总署政策法规司“2021 年度全国海关优秀公职律师”。

穗东海关获广东省五一劳动奖状。

海关总署缉私局授予黄埔海关缉私局常平分局法制科“全国缉私部门先进青年集体”荣誉称号。

海关总署缉私局授予黄埔海关缉私局东莞分局彭小东“全国缉私部门优秀青年”荣誉称号。

29 日 黄埔老港海关查获未获准入的土耳其产月桂香叶 64 吨。

黄埔海关参加广东省内海关“喜迎二十大、永远跟党走、奋进新征程”主题摄影比赛评比取得好成绩，共有 9 幅作品获奖，其中穗东海关何映红《升旗》获得一等奖。

5月

6 日 黄埔海关在黄埔海关统筹口岸疫情防控和促进外贸稳增长工作指挥部增设疫情内部防控工作领导小组。

黄埔海关缉私局东莞分局联合东莞市公安局查获 1 宗非法种植和吸食大麻案件。

8 日 黄埔海关先后发现 4 辆某品牌同一型号车辆出现冷却液泄漏的情况，报送海关总署后发布警示通报。

增城海关监管广州首票“铁路快速通关”货物成功发运，“铁路快速通关”模式在广州成功落地。

9 日 太平海关核实某企业主动披露以一般贸易方式申报进口的集成电路存在特许权使用费未计入完税价格情事，涉及货值 9470 万元。

10 日 东江口海关查发某公司特殊关系影响成交价格情事，对其补征税款，涉及货值 2.58 亿元。

黄埔海关缉私局凤岗分局开展“FG22.307”打私专项行动，抓获犯罪嫌疑人 7 名，现场查扣涉案雪茄 1288 支。

11 日 沙田海关查发一起涉嫌一般贸易伪报价格情事，低报应税货物完税价格 2308 万元。

12 日 黄埔老港海关在一批自澳大利亚进口的小麦中截获一般性杂草延吉塔纳栓果菊（*Reichardia tingitana*），为全国口岸首次截获。

黄埔老港海关处置自越南进口的辐射超标独居石 27 吨。

黄埔海关缉私局驻沙田缉私部门查获东莞某酒业有限公司低报价格走私进口洋酒案，案值约 6000 万元。

黄埔老港海关成功签发首份目的国为越南的 RCEP 原产地证书，出口货值 15.12 万元。

18 日 “东莞石龙—深圳蛇口”组合港首

航货物在东莞石龙码头成功发运。

黄埔老港海关在海运渠道查发伪报品名整柜逃检的啤酒3.12万罐。

增城海关保障首列增城西站始发经满洲里口岸出境中欧班列开行。

《南方日报》报道黄埔海关出台20条措施促外贸保稳提质，助力陆海空联运邮路助“广货卖全球”。

20日—10月7日　黄埔海关落实海关总署“关长走进口岸封管区”要求，2位直属海关关领导、4位隶属海关关领导进入“闭环”。

25日　黄埔海关缉私局常平分局郝静同志获评全国优秀人民警察，受到公安部表彰。

黄埔海关缉私局凤岗分局开展“FG22.307专案”第二轮打击行动，抓获犯罪嫌疑人5名，刑事立案5宗，案值1160万元，现场查扣涉嫌走私雪茄1072支。

26日　中央电视台财经频道《经济信息联播》栏目报道黄埔海关助力出口荔枝快速放行，新鲜广东荔枝从采摘到国外上架不超过24小时。

31日　萝岗海关完成黄埔海关关区首批出口9个国家2952人份猴痘病毒检测试剂盒样品实地查验监管工作。

6月

1日　黄埔老港海关在一批自贝宁进口的黄大豆中截获检疫性杂草双花蒺藜草（*Cenchrus biflorus*），为黄埔海关关区内首次检出。

公安部直属机关党委授予黄埔海关缉私局常平分局法制科“公安部直属机关先进青年集体”荣誉称号。

2日　新沙海关在一批自美国进口的玉米中检出玉米褪绿斑驳病毒（*Maize chlorotic mottle virus*），为黄埔海关关区内首次检出。

6日　黄埔海关收到广州铁路运输中级法院送达的行政判决书，对广州千海茂贸易有限公司不服黄埔海关处罚决定、海关总署复议决定的行政诉讼案作出判决，法院驳回当事人全部诉讼请求，依法判决黄埔海关、海关总署胜诉。

沙田海关查获一批未申报进口的奥氏黄檀0.227立方米，属于《濒危野生动植物种国际贸易公约》（CITES）附录Ⅱ列名物种。

8日　东莞海关验放黄埔海关关区首批通过“组合港”模式运输出境的跨境电商商品。

14日　东莞海关“星火计划”工作获评广东省基层思想政治工作优秀案例二等奖。

黄埔海关完成枪支部件专项制图工作，共采集不同枪支部件43件，制得H986机检图像681幅、CT图像495幅。

黄埔新港海关查获禁止进口固体废物铜矿（非黄金价值部分）185吨。

15日　黄埔新港海关在克罗地亚进口的鹅耳枥板材中检出有害生物凯斯侧蜉金龟（*Pleurophorus caesus*），为黄埔海关首次检出。

20日—24日　黄埔海关派员参加世界贸易组织WTO/SPS委员会第83次视频会议。

21日　黄埔海关与广州市生态环境局联合印发广州市“双无固废”移交处理工作方案。

东江口海关、沙田海关挂牌成立新时代“枫桥经验”基层工作站。

黄埔海关缉私局凤岗分局开展“FG22.307”缉私专项第三轮打击行动，现场查扣雪茄近500支，查扣电子数据一批，刑事立案5宗，涉案案值2393万元。

22日 增城海关保障粤港澳大湾区“广州新塘—深圳蛇口”组合港首航货物从新塘口岸码头成功发运，在深圳蛇口港搭载国际货轮出境，货物主要为出口至澳大利亚的电缆，共4个标准箱，重量66.5吨，货值308.5万元。

25日 公安部对全国公安政治工作成绩突出集体予以表彰，黄埔海关缉私局政治处宣传教育科获评“全国公安政治工作成绩突出集体”。全国缉私部门共有2个集体获此荣誉。

29日 黄埔老港海关查获濒危木制品交趾黄檀家具46件，奥氏黄檀家具10件，共计1.8吨，属于《濒危野生动植物种国际贸易公约》（CITES）附录Ⅱ列名物种。

东莞长安海关查发某公司进口手机集成电路所涉特许权使用费审价补税情事，涉及货值1.7亿元。

受全国海关教育培训中心委托，黄埔海关承办“2022年中荷海关实训工作线上交流活动”，作为中方代表介绍了实训点建设、教学和管理方面的做法。

30日 黄埔海关参与的“广东5G+智慧海关联合创新实验室”正式成立。

7月

1日 东莞长安海关查发某企业进口手机集成电路所涉特许权使用费审价补税情事，涉及货值4.15亿元。

东莞海关查发某公司集成电路等货物存在产品销售处置受限影响成交价格情事，涉及货值1.17亿元。

4日 黄埔海关广州片区入境人员卫生检疫专班为新沙中粮码头开港首轮进行登临检疫。

7日 黄埔海关8个党支部新获评或复核认定为“全国海关党建示范（培育）品牌”，凤岗海关综合业务二科党支部“四微”集结号新获评全国海关党建示范品牌，黄埔海关口岸监管处党支部“四比拼”工作法新获评全国海关党建培育品牌；黄埔海关卫生检疫处、黄埔新港海关集中审像科、穗东海关综合业务二科、东莞海关保税监管三科4个党支部品牌复核认定为全国海关党建示范品牌；黄埔老港海关船舶清关科、东莞长安海关综合业务二科2个党支部品牌复核认定为全国海关党建培育品牌。

黄埔海关机关党委（政工办）陈腾辉、穗东海关吴洁同志被海关总署政治部评为海关系统“党务之星”。

8日 黄埔海关召开2022年年中工作会议，关长、党委书记郑汉龙作讲话。

海关总署总工程师李文健在黄埔海关听取新一代检查异常处置系统建设和应用情况专题汇报。

12日 东莞长安海关查发某企业进口手机集成电路所涉特许权使用费审价补税情事，涉及货值2.98亿元。

黄埔海关缉私局联合东莞市公安局、中国人民银行东莞中心支行开展“HP2022-04”打击走私冻品、非法经营、跨境洗钱专项行动，共出动警力212人，分成49个行动组，成功打掉7个冻品走私团伙及1个地下钱庄，抓获犯罪嫌疑人36名。

14日 东莞海关保税监管三科党支部党建品牌案例入选海关总署首批“四强”党支部和党建品牌支部案例。

黄埔海关风险防控分局在黄埔老港口岸布

控查获侵犯中小企业发明专利权的采矿设备两槽螺旋溜槽设备15台、三槽螺旋溜槽设备41台。相关成功经验入选海关总署2022年中国海关知识产权保护典型案例。

15日　黄埔新港海关在一批自美国进境的高粱中检出杂草24种、真菌6种，其中多枝尾稃草（*Urochloa ramosa*）、德克萨斯黍（*Urochloa texana*），为黄埔海关关区首次截获。

东莞长安海关查发某企业进口手机集成电路所涉特许权使用费审价补税情事，涉及货值3.23亿元。

19日　东莞海关查发某企业进口手机集成电路所涉特许权使用费后续补税情事，涉及货值1.25亿元。

东莞长安海关查发某企业进口手机集成电路所涉特许权使用费审价补税情事，涉及货值1.15亿元。

20日　黄埔海关与香港海关首次开展打私联合行动。行动期间，黄埔海关缉私局查获涉港敏感物资、电子产品等近30万件，移交线索查获涉美贸易管制案案值3920万元，香港海关查获涉及电子烟、香烟、酒、锂电池等走私货物合计4180万港元。

黄埔海关启动“口岸危险品综合治理”百日专项行动。

26日—27日　黄埔海关缉私局参赛项目“快速挖掘大数据重点信息的类案语料库”在“智慧公安我先行”全国缉私基层技术革新专项活动暨比武大赛上荣获二等奖。

27日　新沙海关在一批自阿根廷进口的高粱中检出关区首例向日葵黑茎病菌（*Leptosphaeria lindquistii*）。

黄埔老港海关在越南进口的一批木制工艺品中查获濒危植物瑞香科白木香属白木香制品98件，60千克。该物种属于《濒危野生动植物种国际贸易公约》（CITES）附录Ⅱ列名物种。

8月

1日　黄埔海关在隶属黄埔老港、黄埔新港、沙田海关开展业务现场即决式风险布控试点。

东莞海关正式启动跨境电商出口清单模式“嵌入式”监管。

4日　新沙海关检验发现某品牌部分车辆有挂挡问题，报送海关总署后发布警示通报。该批共225台车辆在海关监督下完成技术整改。

5日　沙田海关查获未申报的电动汽车用大型锂电池组15个、1076千克，其他电单车用等锂电池446千克，为黄埔海关首次在非贸渠道查获此类危险货物。相关成功经验入选全国海关邮快跨旅边渠道风险防控典型案例汇编。

8日　国家林草局野生动植物执法调研组到麻涌涉案财物仓库开展野生动植物执法相关工作调研，就野生动植物打私、保管及后续处置等工作进行交流。

东莞海关完成涉案财物管理职能调整后黄埔海关首批涉案财物监督入库工作。

12日　海关总署署长俞建华在黄埔海关调研，听取海关总署风险防控局（黄埔）工作汇报。

黄埔海关缉私局政治处肖信龙、情报处杨建华同志获评全国缉私部门优秀共产党员，东莞分局马莉、新沙分局马江华同志获评全国缉私部门优秀党务工作者，法制一处党支部获评全国缉私部门先进基层党组织称号。

15日 黄埔海关12360热线工作室、东莞海关保税监管三科、凤岗海关综合业务二科、沙田海关核查外勤科和穗东海关综合业务二科综合组5个青年集体获评一星级全国青年文明号。

17日 海关总署“中国海关史”研究项目领导小组组长胡伟在黄埔海关调研，关长郑汉龙、副关长周运保陪同调研。

19日 黄埔海关沈梓岚获2022年广东省科普讲解大赛二等奖。

23日 黄埔海关收到广东省人民检察院送达的不支持监督申请决定书，对广东美科贸易公司诉黄埔海关行政复议及规范性文件审查申请检察监督一案，广东省人民检察院经审查决定不予支持其监督申请。这是黄埔海关首宗行政诉讼监督案件获检察院支持。

25日 关长郑汉龙会见财政部广东监管局局长黄利红一行。

黄埔海关取样送检全流程管理信息化应用正式上线运行。

28日 中国共产党黄埔海关离退休干部第一次代表大会召开，大会选举产生离退休干部第一届党委委员、纪委委员。

30日 黄埔海关完成中国科学院南海研究所所属的中国籍科考船“实验6”归国检疫手续。

30日—31日 第十三届全国政协常委、第十三届全国政协经济委员会副主任委员于广洲，第十三届全国政协外事委员会委员孙毅彪一行在黄埔海关调研。海关总署党委委员、广东分署主任张广志，黄埔海关关长郑汉龙陪同调研。

9月

1日 太平海关核实某企业主动披露以一般贸易方式申报进口的集成电路存在特许权使用费未计入完税价格情事，涉及货值8753万元。

2日 萝岗海关在菲律宾进口的刺尾鲷鱼（*Acanthuridae*）中检出进境水生动物二类疫病病毒性神经坏死病，属黄埔海关关区首次。

5日 增城海关成功办理增城区“十四五”科技创新税收优惠政策下首个高等学校减免税项目。

7日 黄埔海关协助东莞市公安部门破获一起非法经营违法卷烟案，共抓获犯罪嫌疑人9名，捣毁窝点3个，现场缴获违法卷烟2054万支，货值2616万元。

黄埔海关与广东省公安厅打私局等部门联合开展“HP2022-05”专项行动，出动警力230名，分成19个行动组，在南宁、东莞、广州、佛山等地同步开展抓捕查缉，抓获犯罪嫌疑人11名，打掉走私团伙1个。其中查获利用边民互市渠道从越南走私进口木薯淀粉37.4万吨，案值15.05亿元，入选2022年全国缉私十大典型案例。

8日 黄埔海关积极参与世界海关组织《海关风险管理纲要》第二卷更新修订工作，推动“中国海关风险管理差异化绩效评估良好实践案例”被世界海关组织专门新增章节进行阐述，是中国方案首次纳入世界海关组织风险管理纲领性文件。

海关总署税收征管局（广州）调研组在黄埔海关缉私局调研。

黄埔海关在广州老港码头开展口岸监管环节突发事件应急处置演练，现场模拟口岸进境货物内发现非法夹带放射性超标物质的应急处置。广州市反恐办、公安、生态环境、应急管理、港务、医院等单位联合参演。

9日—20日 黄埔海关开展全国“食品安全宣传周”活动，线上线下大力宣传海关监管政策成效，制作专题展板28块，获中央等各级媒体刊发稿件70余篇次。

11日 黄埔海关广州片区入境人员卫生检疫岗位封闭管理专班助力广州海洋地质调查局所属的中国籍科考船“海洋地质六号”轮（航次：2209）完成归国检疫手续。

15日 黄埔海关与东莞市生态环境局联合印发东莞市“双无固废”移交处理工作方案。

广州市中级人民法院工作人员到黄埔海关缉私局麻涌办案中心，对正在办案区内隔离看押的某犯罪嫌疑人进行现场宣判，系黄埔海关缉私局办案中心首次接待人民法院工作人员入区宣判。

19日 黄埔海关缉私局法制一处获评“全国公安机关执法示范单位”。

20日—10月22日 海关总署驻黄埔海关督查组对黄埔海关新冠疫情防控工作开展督查，黄埔海关4项工作经验被督查组采纳作为可推广可复制经验。

21日 黄埔新港海关查获利奥沉香发膜等进口货物48瓶。该批货物成分含有的沉香（*Aquilariae lignum restnatum*）提取物无濒危物种证件，属于《濒危野生动植物种国际贸易公约》（CITES）附录Ⅱ列名物种。

23日 黄埔老港海关在一批自南美进口的原木集装箱中截获输入性病媒生物古巴绿蠊（*Panchlora nivea*），为黄埔海关首次截获。

28日 东莞长安海关查发某企业进口手机集成电路所涉特许权使用费审价补税情事，涉及货值7482.2万元。

萝岗海关检出进境水生动物疫病十足目虹彩病毒（DIV1），为黄埔海关首次检出。

黄埔海关机关党委（政工办）闫乃石被共青团广东省委员会、广东省创建“青年文明号”活动组织委员会评为广东省青年文明号“星级导师”。

29日 TCL华星第8.6代氧化物半导体新型显示器件生产线项目（华星光电“t9”项目）在黄埔区投产。广东省委常委、广州市委书记林克庆，广州市市长郭永航等省市领导，黄埔海关副关长周运保出席投产仪式。

东莞海关作品《脊梁》获评2022年广东省直机关“弘扬红色家风 传承红色基因”诵读活动三等奖。

30日 东莞长安海关查发某企业进口手机集成电路所涉特许权使用费审价补税情事，涉及货值5.25亿元。

海关总署科技发展司、全国海关信息中心、黄埔海关联合开展党的二十大网络安全保障应急演练。

沙田海关查获《濒危野生动植物种国际贸易公约》（CITES）附录Ⅱ列名物种古夷苏木板材少报多进情事，企业申报为94立方米，经黄埔海关技术中心鉴定为102.0329立方米。

10月

10日 新沙海关在阿根廷进口的高粱中检出玉米矮花叶病毒（*Maize dwarf mosaic virus*），为黄埔海关关区首例。该批货物共3.66万吨，涉及货值8861.16万。

黄埔海关缉私局常平分局立案侦查1宗走私进口枪支配件案，查获一处枪支配件制作场所，现场查扣枪支配件 65 件。

11 日 黄埔老港海关签证部门拦截一批未经安全性评估的新食品原料饮品——奈氏力斯白芸豆桑叶绿咖啡生姜饮品，共 3360 盒。

14 日 审计署广州特派办一行在黄埔海关开展工作交流。

新沙海关查发某汽车（中国）投资有限公司审价补税情事，涉及货值 6143.84 万元。

14 日—16 日 黄埔海关技术中心顺利通过 CNAS 和 CMA 对实验室二合一的现场评审。

16 日 黄埔海关党委班子集中收听收看党的二十大开幕会盛况。

18 日 沙田海关在莫桑比克进口的螺穗木原木中截获活体昆虫——戟翅小蠹（*Styracoptinus sp*），为黄埔海关首次在口岸货运渠道中检出。

21 日 东莞海关星火图书角获评广东省总工会“广东省职工书屋”。

东莞长安海关查发某企业进口手机集成电路所涉特许权使用费审价补税情事，涉及货值 2.7 亿元。

24 日 东莞长安海关查发某企业进口手机集成电路所涉特许权使用费审价补税情事，涉及货值 1.35 亿元。

沙田海关在一批自莫桑比克进口的风车木中截获粗糙弯皱天牛（*Pachydissus aspericollis*），为黄埔海关关区首次检出。

25 日 国家机关事务管理局、中共中央直属机关事务管理局、国家发展和改革委员会、财政部联合授予黄埔海关机关本级、海关总署风险防控局（黄埔）、黄埔海关风险防控分局及太平海关等 14 个单位“节约型机关”称号。

黄埔海关吕燕青家庭被广东省妇女联合会评为“广东省‘最美家庭’”。

26 日 东莞海关剪纸作品《永远跟党走》入选海关总署“清风国门”廉洁文化创意作品展，为黄埔海关入选唯一传统手作类作品。

27 日 东莞长安海关查发某企业进口手机集成电路所涉特许权使用费审价补税情事，涉及货值 3.63 亿元。

28 日 2022 年稽查岗位练兵个人技能比武阶段黄埔海关 19 人进入全国海关“百强”。

28 日—30 日 黄埔海关保健中心顺利通过 CNAS 现场评审。

11 月

2 日 黄埔海关发明“一种简易式葡萄酒焦糖色素检测机器人及检测方法”的专利获海关总署推荐参评国家知识产权局第二十四届中国专利奖。

3 日 中央电视台财经频道《经济信息联播》《第一时间》《正点财经》等栏目报道东莞海关助力世界杯周边产品顺畅出口相关内容。

东莞海关查获自美国进口的医用旧呼吸器材 4 台。

7 日 副关长谢玉茹在线参加亚欧会议“智慧海关、智能边境、智享联通”国际研讨会。

8 日 黄埔海关派员参加世界贸易组织、世界海关组织相关会议，参与世界海关组织的《全球贸易安全与便利标准框架》（SAFE）修订工作。

黄埔海关首票“组合港”模式进口货物顺利通关。该票进口货物由国际集装箱班轮运达深圳蛇口港招商码头，换装驳船转运至黄埔港东江仓码头，通过跨直属关区海关监管协同，实现枢纽港进口货物在支线港完成通关手续，有效结合枢纽港和支线港资源优势。该票进口货物为低密度聚乙烯/LDPE，共38标准箱，价值53.63万美元。

新沙海关在印度尼西亚进口的植物种子中检出南方菜豆花叶病毒（*Southern bean mosaic virus*），属于黄埔海关关区首次检出。

9日　黄埔老港海关查获广州某公司申报进口的濒危物种奥氏黄檀家具存在夹藏和少报多进情事，包括奥氏黄檀制品762件4.87吨、奥氏黄檀板材2.42吨。奥氏黄檀属于《濒危野生动植物种国际贸易公约》（CITES）附录Ⅱ列名物种。

10日　黄埔海关牵头与香港、澳门海关开展2期“风刃”联合专项行动，粤港澳三地海关共查获毒品、枪支及配件、涉港敏感物资、影响重大民生商品等136.22万件，查获冻品、医美产品、电子产品以及“水客”走私等涉及违法走私情事，案值近3亿元。

黄埔老港海关在巴拿马进口的香脂木豆粗锯枋中截获一般性有害生物阿米弗弓白蚁（*Amitermes amifer*），为黄埔海关关区首次截获。

11日　黄埔老港海关连续在两批自乌克兰进口的散装玉米中截获中乌双边协议关注的有害生物印度谷螟（*Plodia interpunctella*）活虫，为黄埔海关关区首次截获。

14日　黄埔海关核查外勤部门查发并移交关区首宗对美加征关税案件。

15日　海关总署政治部主任、党委委员许大纯采用视频连线方式出席黄埔海关关长金海任职仪式，宣读海关总署党委任免决定，对上一届党委班子工作给予肯定，并对新一届领导班子提出要求。

16日　黄埔海关与广州海关开展首次病媒生物监测联合培训，黄埔海关306人，广州海关957人参加了培训。

17日　东莞海关查发某电子科技企业进口集成电路审价补税情事，涉及货值7.52亿元。

18日　沙田海关在自马来西亚进口的坤甸铁樟木板材中检出活体昆虫——坤甸阔胸天牛（*Euryclelia cardinalis*），为黄埔海关关区首次在口岸货运渠道中检出。

黄埔老港海关在一批自澳大利亚进口的燕麦夹带的黑麦草种子中检出危险性有害生物致死粒线虫（*Anguina funesta*），为黄埔海关关区首次检出。

19日　“黄埔仓—蛇口港”出口“组合港”模式首航成功。

23日　东莞海关和东莞市商务局签署关于建立东莞市应对口岸公共卫生事件协作机制的合作备忘录。

29日　黄埔海关设立大数据海关应用创新示范点。

30日　黄埔海关机关党委（政工办）闫乃石被共青团广东省委员会、广东省青年联合会聘请担任“党的二十大精神”广东青年宣讲团讲师。

12月

1日　黄埔海关广州片区入境人员卫生检疫岗位封闭管理专班助力广州海洋地质调查局所属的中国籍科考船“海洋地质六号”轮（航次：2212）完成归国检疫手续。

3日　黄埔老港海关在美国进口的苜

蓿草中检出检疫性有害生物鳞球茎茎线虫（*Ditylenchus dipsaci*），为黄埔海关关区首次检出。

5日 自泰国进口的鲜椰子海运运抵沙田口岸，共计44吨，货值23万元。经检验合格后顺利进入华南市场，这是东莞港获得进境水果指定监管场地以来首批进境新鲜水果。

8日 在沙田海关监管下，“东莞—蛇口”组合港首批试点运行11个集装箱顺利装载上船，自东莞港运往蛇口港，标志着“东莞—蛇口”组合港启动试运行。

成立黄埔海关进出口食品安全专业技术委员会，协助海关总署修订进出口加工食品、冷冻水果、干坚果监管手册、审校更新食品境外企业信息30万条。参与完成44个国家（地区）414家境外生产企业注册评审任务、实施远程视频检查12家。

15日 黄埔海关参赛作品《全国首创粤港跨境通关新模式 加速智能手机产业集群迈向世界级》在第十届广东省市直机关“先锋杯”工作创新大赛决赛中荣获一等奖。

19日 穗东海关发出首份企业信息责令改正通知书。这是《关于进一步明确报关单位备案有关事宜的公告》（海关总署公告2022年第113号）自2022年12月1日实施以来黄埔海关开具的首份责令改正通知书。

20日 黄埔海关与公安、国税等部门联合查发茶叶骗税案案值10.71亿元。

22日—23日 驻署纪检监察组组长、海关总署党委委员王林在黄埔海关调研，听取黄埔海关党委和党委纪检组全面从严治党、党风廉政建设和反腐败工作情况汇报，就贯彻落实党的二十大精神，深入推进全面从严治党、党风廉政建设和反腐败工作提出要求，关长金海、副关长周运保、纪检组组长邝力陪同调研。

23日 东莞海关、萝岗海关纳入全国海关首批属地查检业务管理系统改革试点。

25日 东莞海关在出口菲律宾的货物中截获辐射超标物一批，货物净重22.2千克。为黄埔海关在寄递渠道首次截获辐射超标物。

26日 黄埔海关承担的6项署级科研项目顺利通过海关总署验收。

28日 东莞海关顺利完成首批存放场出境犬猫的调运监管工作。

东莞海关签发全国首份海关属地查检业务管理系统电子底账。

30日 司法部下发《司法部关于表彰全国行政执法先进集体和先进个人的决定》，东江口海关获评“全国行政执法先进集体”。

第四篇

党的建设

党建工作

【概况】2022年，黄埔海关围绕迎接和学习贯彻党的二十大精神工作主线，深刻领悟“两个确立”的决定性意义，坚决做到“两个维护”，以政治建设为统领，以模范机关创建为抓手，构建“三应”运行机制，弘扬“三实”海关文化，推进“三不腐”，锻造堪当新时代重任的准军事化纪律部队，推动机关党的建设高质量发展。

【思想文化宣传】2022年，黄埔海关深入学习贯彻习近平新时代中国特色社会主义思想，用好“五学”联动机制，开展党委中心组专题学习6次、关党委会专题研学15次。制订学习贯彻党的二十大精神工作方案，明确任务分解，细化具体措施100项。实施青年理论学习提升工程，成立青年理论学习小组101个。全年开展基层党组织学习研讨2082次，各级领导干部讲授“走好第一方阵，我为二十大作贡献”专题党课312次，宣讲党的二十大精神805次。统筹推进“学查改”专项工作和政治机关建设专项教育活动，查摆出问题447个，均已完成整改。构建先进典型梯次培育机制，评选“十佳爱岗敬业关员”“十佳执法一线科长”和“十佳青年关员”，年内24个集体和个人获评省部级表彰。

【基层党组织建设】2022年，黄埔海关落实加强基层党组织建设三年行动计划，在广东省直机关党的工作会议上作现场交流发言2次。抓紧抓实基层党建“双提升”行动，牵头全国海关党务干部岗位练兵相关工作，28篇次经验材料被海关总署采用。做好基层党建特色实训点试点工作，“2+N”（设立广州片、东莞片2个党建实训中心及各隶属单位党建实训点）党建实训体系获评海关总署优秀“书记项目”，相关做法被上级部门刊发。推广60个党建创新案例，其中“支持东莞智能手机产业发展”项目获评广东省“先锋杯”工作创新大赛一等奖。推行党建协作区和支部结对子，完善支部动态管理机制，培树“四强”党支部121个，获评全国海关党建品牌支部8个。总结支部工作百问百答，抓好“五个规范”，推行部门和隶属单位交叉检查，提升党建标准化规范化水平。

【党风廉政工作】2022年，黄埔海关持续深化巡视整改，按要求完成巡视整改自查评估和集中清查工作，完成海关总署党委巡视和巡视“回头看”整改任务。开展“海关重点项目和财物管理以权谋私”专项整治政治教育、纪法教育、警示教育，组织892人撰写个人剖析材料。

举办“清风国门”廉洁文化创意作品展，推送优秀作品参加海关总署评选，获评二等奖1个、三等奖4个。开展“书记组长谈责任”和“年轻干部谈廉洁”系列访谈活动，组织329名党组织书记讲授专题廉政党课。开展警示教育月活动，政务服务“好差评”好评率达100%。

【准军事化建设】2022年，黄埔海关培育“三实”海关文化，制定落实准军事化纪律部队建设措施11项，开展内务规范强化月活动，加强内务规范管理。开展每日视频检查、每季度内务督察，强化队伍行为养成，累计通报情况10次，纠正问题15个。组建准军事化训练示范队14支，小教员骨干190名，组织机关部门队列轮训896人次，指导隶属单位灵活开展队列训练，巩固拓展“三个问题”整治成效。开展思想政治工作检查，营造比学赶超良好局面。深化群众性岗位练兵，推动稽查岗位练兵和技能比武，获全国海关技能比武团体决赛二等奖。

▲2022年10月17日，黄埔海关机关党委（政工办）开展队列训练（黄埔海关机关党委 供图）

【群团工作】2022年，黄埔海关加强党对群团工作的领导，强化各级群团组织建设，推进海关文明实践活动。发挥群团组织桥梁纽带作用，组织实施“十件民生实事”，提升干部群众归属感、幸福感。建好用好“心灵驿站”，为疫情防控一线干部职工办实事办好事，对38批封闭管理一线人员提供心理援助，开展心理健康评估、心理辅导1247人次。做好青年工作，1个集体、2名关员分别获评广东省直机关理论学习标兵，5个青年集体获评一星级全国青年文明号。加强家庭家风家教建设，举办“芳·华”展览，评选表彰巾帼文明岗31个、巾帼建功个人33名、“最美家庭”20户。

撰稿人

吕永才

巡察工作

【概况】2022年，黄埔海关党委巡察工作领导小组坚持深入学习党的二十大精神和习近平总书记关于巡视工作的重要论述精神，贯彻落实党中央以及海关总署党委关于巡视巡察工作新部署新要求，全面贯彻巡视工作方针，抓好巡察“回头看”、党的十九大以来巡察整改集中清查、巡察整改和成果运用、巡视巡察上下联动等各项重点工作。坚持党建引领，培育“巡查先锋”党建品牌。强化机制保障，制发巡察干部选派管理考核办法，细化具体要求15项。加强标准化管理，印发巡察工作指引手册，整理移交2012年以来巡察资料47卷。

【巡察“回头看”】2022年，黄埔海关党委巡察工作以习近平新时代中国特色社会主义思想为指导，把学习贯彻党的二十大精神作为2022年工作的主题主线，落实海关总署党委“铸忠诚、担使命、守国门、促发展、齐奋斗”要求，在完成巡察“全覆盖”的基础上，组建2个巡察组，围绕巡视巡察整改落实情况，结合“学查改”专项工作、专项教育活动及机关部门“灯下黑”专项整治等落实情况，对5个部门单位开展巡察“回头看”，共发现问题29个。向全关通报巡察发现的6类19个普遍性问题，对涉及5个职能部门的10类问题发函提请研办，推动解决系统性、领域性突出问题。

【巡察整改集中清查】2022年，黄埔海关运用“书面审查+实地检查”方式，开展党的十九大以来巡察整改集中清查，提请22个职能部门

▲2022年5月9日，黄埔海关党委巡察工作办公室召开巡察“回头看”见面动员会（黄埔海关党委巡察工作办公室 供图）

协助审核巡察整改事项落实情况945条，对6个党组织整改落实情况进行实地检查，推进集中清查问题清零。

【巡视巡察上下联动机制】 2022年，黄埔海关建立巡察部门和纪检监察部门工作协作联动机制，通过强化“办室”联动、“组组”联动和“办组”联动（“办室”即巡察办、监察室；“组组”即巡察组、派驻纪检组；“办组”即巡察办、派驻纪检组），推进巡察监督、纪律监督、监察监督、派驻监督统筹衔接。优化巡审结合监督方式，如督审部门通报迎审自查、全领域自查自纠、审计发现问题等。联合人事部门对2个被巡察党组织同步开展选人用人检查，互通检查发现问题28个，在干部管理监督联席会议通报巡察发现问题3个。

▲2022年7月26日，黄埔海关党委第一巡察组向萝岗海关党委反馈巡察“回头看”工作情况（黄埔海关党委巡察工作办公室 供图）

撰稿人

闫 婧

纪检监察

【概况】2022年，黄埔海关深入贯彻落实党的二十大关于全面从严治党战略部署，树立“两职两责”（尽职免责、失职问责）执纪导向，坚持“三一方法”（解决一个问题、健全一套制度、堵塞一类漏洞）监督施治，实现“双甄双优”（甄选甄用、优进优出）良性用人循环，强化监督检查、从严执纪问责、深化综合治理，发挥监督保障执行、促进完善发展作用。

【监督检查】2022年，黄埔海关推进政治监督具体化、精准化、常态化，监督保障党中央大政方针落地见效。督促两级党委把学习、宣传、贯彻党的二十大精神作为首要政治任务，以开展“三应”运行机制落实情况专项监督为抓手，推动研学成果转化为实际行动。加强对“一把手”和领导班子监督，督促各级责任主体有效履责，组织派驻纪检组对17个隶属海关单位“一把手”和领导班子进行2轮全覆盖监督“画像”。紧盯疫情防控和促进外贸保稳提质，采取“四不两直”的方式，深入一线检查2519次，走访企业99家，协调解决问题496个。加强安全生产监督，对涉案财物仓储管理、房屋安全等重点部位开展监督592次，督促落实“口岸危险品综合治理”百日专项行动任务。研究制定巡视整改日常监督工作“一方案一清单”，对4个方面10项整改措施开展监督检查，推动66项巡视“回头看”整改措施落实到位。推进两级机关纪委建设，完善学习调研、请示报告、检查指导等5项制度，增强日常监督、职能监督与专门监督

▲2022年5月20日，黄埔海关关员在关区企业开展调研（黄埔海关监察室　供图）

合力。

【执纪问责】2022年，黄埔海关坚持有案必查、有腐必反，深化打私反腐“一案双查”，查处接受工作对象“红包”和宴请、违规经商办企业等问题，立案6起，处分4人，运用“四种形态”批评、教育、帮助和处理49人次。制定党委、案发单位、职能部门、纪检机构以案促改“4张责任清单”，向案发单位、职能部门等提出意见建议10条。推进“反围猎”和“红包”治理，排查关区“海外兵团”49人、不良中介和向海关人员赠送“红包”企业37家。完善与地方纪委监委协作配合机制，走访地方纪委监委，就问题线索移送、数据信息查询、联合办案等协作配合事项深入交流，畅通联系配合机制。

【标本兼治】2022年，黄埔海关强化“全周期管理”，推动不敢腐、不能腐、不想腐同时发力、同向发力、综合发力。对照海关总署194项重点任务，细化防范化解腐败风险具体措施548项并督办落实。开展进口大宗商品重量鉴定、进出境粮食监管等重点领域专项监督，完善制度指引44项。推进“海关重点项目和财物管理以权谋私”专项整治，排查重点项目953个，制定整改防控措施162项，修订各层级制度规范130项。健全内部联系配合机制，通报纪律审查、选人用人监督等5方面情况，开展稽（核）查、商检、查验、保税监管等领域重点环节专项监督。

【派驻纪检组】2022年，黄埔海关党委纪检组紧扣精准发现问题、推动解决问题能力培养，开展“监督能力提升年”活动，下发派驻监督工作指引29期，编制派驻纪检组监督工作手册，提升纪检工作规范化、法治化、正规化水平。推动派驻纪检组深化运用“三应”运行机制，提升监督合力。聚焦重大决策部署落实情况，围绕常态化疫情防控、安全生产、优化营商环境等重大决策部署落实情况，开展跟进式监督检查，发现问题103个，提出意见建议92条，完善制度流程、规范指引44项。紧盯“一把手”及领导班子关键少数，进行全覆盖“画像式”监督，对被监督单位的业务形态、规模特点、风险规律进行总结提炼，推动被监督单位“一把手”和领导班子发挥“头雁”作用。全年形成监督工作专报、监督报告19份。

撰稿人

邓　靓

队伍管理

【概况】2022年，黄埔海关贯彻落实新时代党的建设总要求和新时代党的组织路线，落实海关总署党委决策部署，聚焦职能职责，坚持科学统筹，抓好干部队伍建设；紧扣专项检查，抓好干部管理监督；强化关心关爱，增强正向激励效果；坚持高效务实，夯实干部人事工作基础。

【机构编制管理】2022年，黄埔海关以构建系统完备、科学规范、运行高效的海关党政机构为目标，落实《中国共产党机构编制工作条例》及配套法规。成立"三定"规定执行情况评估专项工作组，开展书面调研，形成意见建议并上报海关总署。优化广州、东莞片区稽查作业中心科室职责，增强贸易调查能力，提升稽查精准性和查发效能。成立涉检行政处罚职能调整工作领导小组，明确稽查部门检验检疫行政处罚职能，优化科室职责，强化后续管理。梳理检查事业单位领导职数核定和人员配备情况，规范调整2个事业单位领导职数设置，推动事业单位领导职数管理规范化、制度化、科学化。

【干部人事管理】2022年，黄埔海关牢牢把握党管干部的原则，发挥党委选人用人的主导作用，把好政治关、廉洁关，把践行"两个维护"落实到干部选拔任用工作的各方面和全过程，严格干部政治素质考察，坚持在落实中央重大决策部署的主战场考察干部，在基层一线发现培养选拔干部。做好常态化人力资源保障，建立并动态管理339人业务应急预备梯队，制订疫情防控应急预案9个，优化封闭管理专班人力资源配备和支援模式，全年调配参与封闭管理等工作112人次，保障口岸一线疫情防控业务正常运转。采用编制情况横向对比及人均业务量加权的方法，分析评估机关处室及隶属海关人力资源配置、使用及需求情况，将评估结果作为新录用公务员分配、干部交流等工作的重要参考，实现人员配置量化分析、动态调配，全年开展干部交流38人次，干部调配41人次。强化"一把手"和"关键少数"监督，推进关区选人用人专项检查，对东莞海关、萝岗海关和后勤管理中心3家单位开展选人用人工作专项检查，督促各单位树牢选人用人正确导向，促进关区形成风清气正用人生态。强化干部日常监督和管理，推进领导干部个人有关事项报告、"裸官"管理、违规因私出国（境）、违规经商办企业、离职人员管理等问题的常态化治理。优化事业单位考核体系，完善事业

▲2022 年 10 月 17 日，黄埔海关人事处党支部组织传达学习党的二十大报告　（黄埔海关人事处　供图）

单位领导班子客观考核指标，指导各事业单位建立健全内部考核制度，增强考核激励作用。

【人才队伍建设】2022 年，黄埔海关制订加强人才队伍建设实施方案，强化党委对人才工作的全面领导，分级分类建立人才库，培养攻坚克难、敢打硬仗的专家队伍，为组建工作专班、开展专题研究提供坚实的人才储备，推动“三专”研究机制落地见效。全年新增 8 类岗位资质人员 565 人次。注重干部多岗位锻炼，选派 2 名优秀执法一线科长参加海关总署“百名科长百日督查”工作，选派 4 名干部参与援藏、海南自贸区建设等重点任务，将 39 名新录用公务员全部分配至隶属海关单位一线培养锻炼。加强事业单位专业技术人才队伍建设，用好岗位资源，择优聘用人员，激发队伍活力，30 名专业技术人员晋升岗位等级。完善事业单位人才评价体系，坚持政治标准，突出实绩导向，开展职称评审和评审推荐工作，全年取得副高级职称 2 人、中级职称 3 人、初级职称 6 人。

撰稿人

张炜东

教育培训

【概况】2022年，黄埔海关坚决落实习近平总书记关于干部教育培训重要指示要求，完成署级、关级教育培训重点工作任务。强化政治理论学习，将习近平新时代中国特色社会主义思想作为各专题班必修课程，编制年度培训计划192期，支部学习计划383期。组织关领导和署管处级干部参加专题培训，协调中国海关管理干部学院开设处级领导干部网上专题班，18名署管干部、259名处级领导干部、3564名干部参加“学习贯彻党的十九届六中全会精神网上培训班”，考核通过率达100%。推动业务实训体系建设，多次受邀在全国海关分享实训工作经验。深化疫情防控培训，强化应急预备梯队及一线人员实操能力，提升口岸疫情防控水平。举办培训5393期次，培训约10.69万人次，干部个人年度学时学分指标达标率为100%。

【干部培训管理】2022年，黄埔海关全面开展政治理论学习，完成党的十九届六中全会精神系列培训。根据疫情形势，开设处级领导干部网上专题培训班，参加培训处级领导干部259名。组织3564名干部完成“学习贯彻党的十九届六中全会精神网上培训班”，其中满分3022人，平均成绩99.6分。按照海关总署提升习近平新时代中国特色社会主义思想在海关干部教育培训中的占比要求，制订年度培训计划192期，支部学习计划383期；提升政治理论课程在“三必训”（晋衔、初任、任职培训）及重点培训班次的占比，全面开展党的二十大精神学习。全关个人习近平新时代中国特色社会主义思想模块学分均在70分以上，同比增长133%。推动业务实训建设，综合运用“课堂+红色基地+业务实训点+品牌支部+执法现场”等多种场景，选取6个党建业务融合实训示范点，打造署级示范课程。开展实训50期，培训逾2000人次，调研显示现场操作规范性明显提升。强化疫情防控专业能力培训。围绕“科学、精准、严格、规范”的疫情防控实操工作要求，坚持“零出错”标准，开展专题培训；面向13个业务应急预备梯队建立月抽考通报机制，围绕12项内容，通过实训点考核、实地抽考、远程视频考核等多种方式，开展业务考核13期，通过787人次。

【教育资源建设】2022年，黄埔海关围绕事业单位培训需求和特点等内容进行调研，制定事业单位工作人员培训规定，明确培训主体责任部门、量化培训指标、构建三级三类培训

▲2022 年 9 月 13 日，黄埔海关召开优秀兼职教师表彰暨 2022—2024 年兼职教师聘任会议（黄埔海关教育处 供图）

体系（岗前、在岗、转岗三级及其对应的三类人员培训）、规范经费管理，建立事业单位培训管理制度体系。选优配强兼职教师队伍，组建覆盖 5 个执教类别（习近平新时代中国特色社会主义思想、政治能力、业务能力、执法能力、业务实训）186 人兼职教师队伍，其中署级师资 13 人、关级师资 173 人，首次将 74 名实训教学点教师正式纳入队伍统一管理。评审选定 2019—2021 年黄埔海关优秀兼职教师 36 人。优化教材建设，依据最新业务标准，修订覆盖主要业务领域的实训教材 8 本约 110 万字，印制发放各实训教学点，并制作电子版教材供全关使用。充实线上课程资源，录制课程 40 门，报送海关总署授课资料，获海关总署采用课程逾 22 门；梳理审核关级“钉钉”平台课程，上线关级“钉钉”课程 51 门。

【教培外事交流】2022 年，黄埔海关受全国海关教育培训中心委托，协办中国—荷兰海关实训工作线上交流活动，黄埔海关作为中国海关代表介绍实训点建设、教学和管理方面的做法，互动环节围绕具体细节进行深入交流。全国海关干部教育培训 1000 余名工作者通过“钉钉”平台同步收看该次交流活动。

【录课室建成使用】2022 年 1 月 3 日，黄埔海关建成首个录课室并投入使用。录课室位于大沙地办公楼主楼 1215 室，使用面积 26 平方米，配备视频录播系统、高清提词器、降噪收音等先进专业录课设备，承接海关总署课程录制及关区线上直播、授课任务。全年共录制课程 40 余门，被海关总署采纳使用 22 门。

▲2022 年 3 月 30 日，黄埔海关教育处录制 2022 年海关干部教育培训工作者网上脱产培训班（黄埔海关教育人 供图）

撰稿人

陈　晨　蔡嘉颖

第五篇

业务建设

法治建设

【概况】2022年，黄埔海关落实“十四五”海关法治建设规划部署，落实“八五”普法各项工作，运用法治思维和法治方式促进全面依法履职，严格规范公正执法，提升法治保障效能。参与《中华人民共和国海关法》修订和海关总署规章立法后评估，推进关级制度规范评估清理。推进海关系统权责清单编制试点工作，深化行政执法“三项制度”（行政执法公示制度、执法全过程记录制度、重大执法决定法制审核制度）建设，探索隶属海关行政执法统计年报公示制度。实行行政许可事项清单管理，编制关区行政许可事项清单。坚持和发展新时代“枫桥经验”，推动行政争议实质性化解。坚持个案纠错与长效治理相结合，加大复议听证审查力度，按照应诉标准开展庭前实战型演练。推动缉私部门明确重大案件集体讨论制度，加强执法统一性建设。履行海关法治工作第一协作区（2022年海关法治工作第一协作区组成范围：黄埔、北京、呼和浩特、武汉、汕头、拉萨海关）组长单位职责，组织协作区普法讲师团线上《中华人民共和国民法典》宣讲和复议诉讼工作交流。以“五个坚持”（坚持抓“关键少数”、坚持聚焦中心工作、坚持紧扣重要节点、坚持普法用好专业力量、坚持借助媒体发声）为抓手，做好全年法治宣传教育工作。深化“埔濂在线”党建品牌引领作用，全面融入各项改革建设，为关区高质量发展提供有力的法治保障。黄埔海关所属东江口海关获评司法部全国行政执法先进集体称号。

【法规管理】2022年，黄埔海关参与《中华人民共和国海关法》修订，发挥“法规+职能+基层”合力，撰写“大风险管理”立法调研报告，增设“海关风险管理”专章的立法建议获《中华人民共和国海关法（修订草案）》（再次征求意见稿）采纳。牵头海关法治工作第一协作区海关开展海关规章立法后评估，完成5部规章的立法后评估报告。结合关区业务制度规范年度清理、专项清理，完善效果评估及动态调整机制，对35份业务制度文件研提法律意见101条。培塑“埔关公律”品牌，公职律师队伍扩充至85人，获评2021年全国海关优秀公职律师2人。黄埔海关“一口岸一公律岗”“首席公职律师”等工作机制和工作做法获广东省委依法治省办公室简报刊发，并呈报至中央依法治国办。

【复议应诉】2022年，黄埔

海关分别成立东江口海关、沙田海关新时代“枫桥经验”基层工作站，发挥基层海关诉源治理“前哨”“堡垒”作用，探索行政争议“排查—研判—化解—反哺”闭环管理新机制，推动行政争议全链条化解，两个工作站前端化解争议60起。加强风险预判，推动多宗复议案件解决，其中经复议听证释法说理，某公司主动缴纳申报不实违规案罚款1700余万元。建立复议诉讼风险预警机制，防范执法风险。6月6日，海关总署挂牌督办的刺猬紫檀走私案一审胜诉，当事人服判息诉。办理行政复议案件11宗，其中10宗在复议阶段妥善解决，行政争议实质性化解率达91%，同比上升8%；办理行政诉讼案件7宗，其中1宗新类型诉讼案件历经一审、二审、再审和检察监督程序，获全面胜诉。在《中国海关》“关务案例精选”专栏刊载案例12篇。

【法制协调】2022年，黄埔海关作为海关总署指定的试点直属海关和试点小组的牵头海关之一，上报海关系统权责清单意见建议43条；参加海关总署权责清单试点海关专班集中工作2次，全面校核和修改完善清单内容。推进行政许可事项清单管理，按照海关总署统一部署，编制并公布直属关区行政许可事项清单，确保行政许可事项清单编制要求“当日落地”。梳理涉及黄埔海关的9类行政许可事项，加强进度管理，严格按照清单实施许可。建立行政许可应急预案，防范新冠病毒疫情因素引发的行政许可办理逾期风险。全年受理行政审批15947宗，网上办理率为99.96%，按时

▲2022年6月17日，沙田海关新时代“枫桥经验”基层工作站及时启动解纷程序，为企业的执法困惑释法说理（黄埔海关法规处　供图）

办结率达 100%。严格贯彻执行海关总署“三项制度”清单，建立隶属海关行政执法统计年报公示制度，选取增城、新沙海关作为试点先行先试；落实“三项制度”，推广黄埔海关特色经验做法，不断提升执法水平。

【法治宣传】2022 年，黄埔海关强化责任意识，深入实施“八五”普法规划，以普法责任清单为切入点，实行“清单化”管理，对接基层执法一线和企业普法需求，推动“谁执法谁普法”普法责任全面落实。学习宣传以宪法为核心的中国特色社会主义法律体系，开展国家基本法律、海关法律规范体系以及与海关工作密切相关的应知应会法律法规学习教育。强化普法人才培养和普法队伍建设，优化普法讲师团课程，开展“点菜式”普法服务，根据不同受众的不同需求，提供线下讲法、线上直播、点对点授课等个性化授课服务，组织普法讲师团活动 7 场，参与人数 1300 余人。紧扣“美好生活·民法典相伴”、“8·8”海关法治宣传日、“12·4”国家宪法日等重要节点，开展特色普法活动，调动关区各级普法力量，增强海关法治文化影响力。全年开展各类普法活动 400 余次，惠及企业 1170 余家，参与人数 2200 余人。

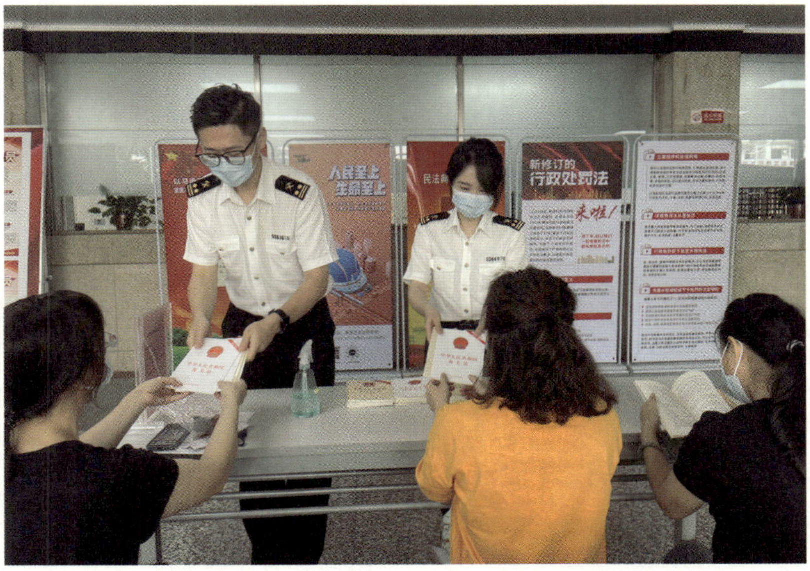

▲2022 年 8 月 8 日，东莞长安海关积极开展“8·8”海关法治宣传日活动，为企业送法上门（黄埔海关法规处　供图）

撰稿人

于　蓉　朱　炜　杨鑫鑫　陈岱媚　黄　宇

业务改革

【概况】2022年，黄埔海关坚持系统观念，深化改革创新，严密运行监控，加强统筹协调，促进外贸高质量发展。承接海关总署新查异系统的建设和试点任务。支持全球首个直达机场空侧的跨境海空联运项目东莞—香港国际空港中心建设发展，促进粤港澳大湾区物流互联互通。深化海运智能大通关改革，推动湾区“组合港”“一港通”试点全面落地，优化“陆转水”监管模式。做好供港物资通关保障，支持初级产品扩大进口。开展跨境贸易便利化专项行动，相关经验被广东省口岸办推广。发挥促进外贸保稳提质措施叠加效应，2个案例入选全国海关促进外贸保稳提质典型案例。助力企业应对技术性贸易壁垒。完善服务企业工作机制，协调解决基层和企业反映的突出问题476个。加强禁限管理。强化知识产权海关保护，实现扣留侵权嫌疑商品批次和数量双增长。规范取样送检工作，推广取样送检全流程管理信息化应用。

【深化业务改革】2022年，黄埔海关强化业务改革创新，完成海关总署改革融合课题陆运货物专班工作，聚焦“三应”运行机制和细分业务领域存在问题，形成陆运货物业务运行专班课题主报告1篇及分报告3篇。深化海运智能大通关改革，深化关港联动，码头监管与海关监管无缝衔接，实现进口货物“船边直提”、出口货物“抵港直装”；在提前申报的情况下，海运口岸通关由改革前的平均36个小时缩短至平均2小时，试点智能分流集装箱18万个。扩大“组合港”“一港通”试点应用，建立枢纽港与支线港联系配合办法，开通线路增至14条，监管货物1.7万票、3.8万标箱。优化“陆转水”监管模式，积极应对香港疫情对关区陆运的影响，制定提升莞港水运专线运作水平的措施9条，全年莞港水运专线运行班次5083个，进出口货值突破千亿元。推进广州片区进口检验检疫单证签发集约改革，全年签发入境货物检验检疫证明电子单证24777份，签发单证电子化率达100%，占关区签发总量的88.4%。

【通关运行管理】2022年，黄埔海关落实“两步申报”改革总体要求，提升应用率，总结前期推广经验，完善改革内容，全年适用“两步申报”企业1459家，“两步申报”报关单15.84万票，占同期报关单总数的30.08%。做好供港物资通关保障，简化东莞供港蔬菜水运出口报检；鼓励企业适用“提前申报”“两步申报”“预约通关”等改革措施，保障医疗物资快速通关。

【业务统筹协调】2022年，黄埔海关聚焦业务难点堵点问题，优化跨部门“会诊”措施，强化与兄弟海关、地方商务、口岸以及行业协会的联系配合，落实“问题清零”机制，便利企业通关。根据广东省某重点项目设备便捷通关需求，量身定制“一对一”帮扶方案，助力项目生产线提前3个月投产，相关案例被海关总署纳入全国海关促进外贸保稳提质典型案例。推动取样送检工作规范化，深入172家重点企业调研，优化流程管理，强化机制保障，提升取样送检工作效能。

【禁限管理】2022年，黄埔海关落实贸易管制要求，运用技术手段开展电子数据监控，发现和处置执法漏洞，维护H2018系统业务参数32次，参数表90个，发布网络公告18次，保障国家税收、许可证管理等政策统一执行。严格落实证明书“专人接收、专人保管、专室（柜）存放”要求，做好保管和使用管理。严格核查监督，协助公安、法院等部门核查货物进口证明书14次。

【技术性贸易措施】2022年，黄埔海关发挥TBT、SPS例会特别贸易关注定期报送机制作用，向海关总署报送“特别贸易关注”3项。开展技术性贸易措施影响专项问卷调查，参加抽样调查出口企业463家、参加重点专项调查出口企业253家，同比分别增长333%和427%，向海关总署报送技术性贸易调查报告6份。开展分析研究，行业风险预警65次，对技术标准、法规和召回风险分析12次，为技术性贸易措施应

▲2022年6月14日，黄埔海关关员在广州华星半导体显示技术有限公司调研（黄埔海关综合业务处　供图）

对工作建言献策。推进技术规范项目制（修）订工作，4项海关技术规范制（修）订项目获海关总署正式立项。

【知识产权海关保护】2022年，黄埔海关开展“龙腾行动2022”“蓝网行动2022”“净网行动2022”，以及3次粤港澳海关保护知识产权联合执法行动，加大知识产权保护力度，扣留涉嫌侵权商品1594批次、202.19万件。海关总署、广东分署牵头广州、深圳、黄埔等海关开展粤港澳联合执法行动打击侵权货物系列案入选2021年中国海关知识产权保护典型案例，黄埔海关查获保税仓国产品牌侵权香烟案入选广东省内海关保护知识产权十大案例，黄埔海关查获出口侵权羽毛球拍案入选广州市知识产权保护十大典型案例。

撰稿人

万　玥　吕旭升　苏佳佳　李丽莉　吴耀达
谢惠旋

关税征管

【概况】2022年，黄埔海关税收入库1376.4亿元，同比增长8.0%。推动RCEP生效落地，辅导未运用优惠政策的进口属地企业100家。全部协定项下进口货物货值701.84亿元，全部协定税率项下减征税款48.24亿元，其中与RCEP成员方享惠进出口货值73.14亿元。落实减税降费，推动支持科技创新等新兴产业进口税收政策落地，促进先进技术装备、关键零部件等顺利进口，《光明日报》、《经济日报》、中央电视台财经频道《经济信息联播》等媒体发布助企享惠新闻172篇次。落实海关总署税款担保改革措施，推进汇总征税、关税保证保险改革，办理1292家企业关税总担保2003份，担保总额878.8亿元。聚焦先进技术、民生保障、绿色环保等国家重大决策部署，指导重点企业提出税则调整建议，其中被国务院关税税则委员会采纳11条。有关外资研发中心享受进口减免政策的信息获上级部门采编，有关RCEP实施首月情况的材料获海关总署采用及署领导批示。强化“以企业为单元”的税收风险防控，扩大属地纳税人管理覆盖面，建立80家属地纳税人企业底账，建账企业当年税收覆盖度增加至70%，建立63家企业“双特”价格台账，引导企业后续征税9.41亿元。

【税则税政】2022年，黄埔海关促进外贸保稳提质助推产业发展，开展电子通信、新能源、智能汽车、医疗器械、生物医药、消费品等多个重点行业税政调研，助力企业减税降费。围绕国家战略性新兴产业，建立核心技术清单，指导企业提出税政建议。

▲2022年12月2日，黄埔海关召开会议研究关区关税工作（黄埔海关关税处 供图）

走访医药头部企业，梳理生物医药行业税政调研诉求。开展婴幼儿用系列均化食品、洗护沐浴用品等消费品重点调研。指导重点企业提出税则调整建议，20篇报告进入全国重点行业调研，其中17篇被海关总署采用，同比增长70%。紧扣新兴产业发展主题，报送的集成电路用真空泵等建议获海关总署采纳。

【验估管理】2022年，黄埔海关落实海关总署决策部署，报送税收风险参数383条。参与H2018验估子系统风险即决处置功能试点工作。强化风险研判协同，深化与广州、深圳海关的合作。联合海关总署税收征管局（广州、上海）分析研判马甲企业、反倾销商品和高风险商品的风险。执行验估台账登记管理制度，兼顾事中、事后报关单的监控处置，压缩事中验估作业用时，验估风险排查及时率为100%，验估风险排查有效率为99.5%，与南京海关共同牵头海关总署关税征管司内销保税货物税收风险防控课题。开展验估培训8次，估价技术分委会录制估价微课程20节，撰写验估案例21篇，被海关审价相关信息载体录用文章6篇。

【税收征管】2022年，黄埔海关落实各项重大决策部署和减税降费措施，深化税收征管改革，提升税收征管质量。做好担保处理不及时、新增欠税、退税处理不及时、汇率适用不正确等业务监控。深化“以企业为单元”的税款担保改革，全年关税保证保险担保767份，担保金额137.3亿元；关区汇总征税率为34.8%，同比提升4.3%，税款占比66.1%，同比增长5.9%。关区新一代电子支付率为99%，自报自缴申报率超90%，税单自助打印率为99%，农产品进口关税配额通关实现电子联网和自动核查核销。受理滞纳金减免53宗，减免滞纳金1415.5万元。指导分期纳税企业择优选择集团财务担保，节约资金成本约1.8亿元。开展税政研究，参与完成海关总署内销保税货物税收风险防控研究课题。

【税收风险防控】2022年，黄埔海关完善“口岸＋属地”双向税收风险监控分析机制和多部门协同处置的常态化配合机制。完善税收风险防控工作措施，强化税收风险监控处置能力，制发操作指引规范现场操作6个。强化保税货物内销税收风险防控，建立大数据模型主动排查涉税风险，研究制订加工贸易内销税收风险要素全链条管理试点工作方案。探索加工贸易内销参数管理工作模式，完善内销征税风险预警机制，强化全链条风险防控。

【原产地管理】2022年，黄埔海关推动RCEP生效实施，开展RCEP等优惠贸易协定税政宣传，参与培训约1.42万人次，优化服务精准帮扶，在业务现场设立RCEP服务专窗，协调处理享惠通关事务。推广签证便利措施，提升关区营商环境，推广“智能审核”叠加“自助打印”，自助打印率为96.5%，对关区AEO企业开展政策指导，鼓励关区AEO企业成为经核准出口商，认定获经核准出口商资格企业24家。

撰稿人

杨　宇

卫生检疫

【概况】2022年，黄埔海关检疫查验交通工具1.90万艘次，同比增长1.40%；检出卫生学问题94艘次，同比增长129.27%。检疫申报出入境集装箱181.12万标箱，同比增长1.80%；查验19.38万标箱，同比增长25.63%，检出卫生学问题97标箱；出入境货物126.92万批，检出卫生学问题14批。签发特殊物品出入境卫生检疫审批单9928份、同比增长185.80%，开展特殊物品风险评估71家次、同比增长75.2%；监管出入境特殊物品11765批，同比增长9.1%。全年实施出入境人员卫生检疫18.7万人次，同比下降7.5%。开展监测体检3422人次，同比下降7.3%；检出肝炎、性病等传染病59人次，同比下降6.4%。

【检疫管理】2022年，黄埔海关启用特殊物品审批新系统，是先期试点的5个直属海关（南京海关、杭州海关、广州海关、黄埔海关、深圳海关）之一，提出的多项系统优化建议被海关总署采纳。优化抗疫物资快速通关措施，实现行政审批、属地验核、报关出口3环节无缝对接，响应企业查检通关诉求，实现快速申报、布控速查、当天放行。加强特殊物品卫生检疫审批、风险评估、属地查验、后续监管等工作，开展高风险出入境特殊物品风险评估71批。开展新冠诊断试剂、疫苗等特殊物品H986、CT机检制图，查发不合格特殊物品14批，退运处理11批，销毁处理3批。签发特殊物品卫生检疫审批单9928份，同比增长185.80%。

▲2022年5月31日，黄埔海关卫生检疫处党支部与海关总署"百名科长百日督查"督查组临时党支部开展支部党建联学共建，参观中共三大会址，重温入党誓词（黄埔海关卫生检疫处　供图）

【疾病监测】2022年，黄埔海关加强"多病共防"，收集整理传染病相关公告和警示通报等文件26份，形成文件一览表，指导口岸现场做好埃博拉、猴痘、流感等传染病防控。组建采血工作专班，结合封闭管理专班工作模式，整合人力资源，提升采样工作效率。全年检出甲型流感病毒、结核分枝杆菌、水痘—带状疱疹病毒等其他病原体核酸阳性70人次，同比增长1300%。结合“全国疟疾日”“世界艾滋病日”等活动主题，全年开展口岸传染病宣传活动50余次，派发宣传物资逾4000份，线上发布科普知识稿件、微信稿、小视频等13次，共覆盖5000余人次。

【卫生监督】2022年，黄埔海关加强口岸卫生监督，制订国境口岸卫生监督、口岸食品安全抽检、病媒生物监测等方案，实施国境口岸食品安全抽检433批次，病媒生物监测1108次，捕获病媒生物1065只，检出鼠类携带钩端螺旋体阳性5份次。实施国境口岸食品经营单位、饮用水供应单位、公共场所和储存场地卫生监督253次，发现问题52个，均依规采取后续处置。推动口岸核心能力提升建设，落实口岸公共卫生核心能力自查考核，组织专家组开展检查，提升口岸公共卫生核心能力。所属东莞海关与东莞市商务局签署关于建立东莞市应对口岸公共卫生事件协作机制的合作备忘录，建立东莞市直相关单位、驻莞海关、海事边检等多个部门共同参与的口岸公共卫生联防联控工作机制。配备自动分杯系统、梯度PCR仪、实时荧光PCR仪等设备，提升实验室技术支撑能力，新冠核酸检测能力由1500个样品/日提高到5000个样品/日。联合广州海关开展病媒监测培训1期，参加培训306人次，邀请广东省疾病预防专家开展病媒监测业务实训1次，参加培训300余人次，开展医疗废物处置、全员核酸采样、卫生监督、食品“双抽”（食品安全抽检实验室检测及现场快速检测）等各类培训11次，指导应急演练6次。

撰稿人

王　超

动植物检疫

【概况】2022年，黄埔海关坚持总体国家安全观，加强进境粮食监管，抓好非洲猪瘟疫情口岸防控，严防外来物种入侵，强化："跨境电商寄递'异宠'综合治理"，把好国门生物安全关。全年关区截获有害生物857种35516种次，其中检疫性有害生物76种3355种次，登临检疫来自非洲猪瘟疫区船舶1109艘，封存来自疫区猪肉及其产品720批、74035千克。

【动植物疫情防控】2022年，黄埔海关完善重大动物疫情应急预案，严密检疫准备、隔离检疫、后续监管等全程监管链条，开展国门生物安全监测，严防动物传染病传入。加强口岸动植物疫情疫病防控，关区首次从美国进口玉米中检出玉米褪绿斑驳病毒（*Maize chlorotic mottle virus*）、从阿根廷高粱上截获玉米矮花叶病毒（*Maize dwarf mosaic virus*）、从贝宁进口黄大豆中截获检疫性杂草双花蒺藜草（*Cenchrus biflorus*）、从澳大利亚燕麦夹带的黑麦草种子中检出危险性有害生物致死粒线虫（*Anguina funesta*）。开展进境动物疫情公告风险监控及预警评估17份，加强非洲猪瘟、高致病性禽流感、红火蚁、松材线虫等重大动植物疫情疫病口岸防控，完善进出境重大动植物疫情应急处置机制，修订重大动植物疫情应急处置预案，开展非洲猪瘟应急演练2次。实施重点商品口岸检疫，从进境粮食中截获有害生物558种、3.29万种次，同比分别增长8.35%、22.94%。从进境木材中截获有害生物283种1820种次。在进境动物源性饲料中检出沙门氏菌10批，检出重金属超标3批；检出水生动物二类疫病2批。加强外来物种入侵防控，开展"国门绿盾2022"专项行动，推进智能审图应用，加大口岸查验力度。开展外来入侵物种普查监测，发现红火蚁、橘小实蝇、假高粱、薇甘菊、非洲大蜗牛等外来入侵物种17种，龟纹瓢虫等一般性昆虫30种，鬼针草等一般性杂草63种。强化"跨境电商寄递'异宠'综合治理"，压紧压实企业主体责任，深入14家跨境电商运营企业调研，落实"收寄验视、实名收寄、过机安检"制度。成立"异宠"信息收集小组13个，收集网络售卖平台潜在风险信息120多条，搭建风险监控模型2个，排查二线出区货物数据1270万条。关于境外重点疫情疫病态势及输入风险的分析要情材料被上级部门采用，关于入境植物检疫证书核查的信息获海关总署主要领导及分管署领导批示。

【岗位资质管理】2022年，黄埔海关加强动植物检疫岗位资质管理，组织参加海关总署动植物检疫岗位资质网上培训班828人次，获得动植物检疫高级签证资质人员6人次。开展2022年度黄埔海关动植物检疫岗位资质考试，考核合格184人。注销退休人员动植物检疫岗位资质6人。

▲2022年9月26日，黄埔海关举办2022年度动植物检疫岗位资质考试（黄埔海关动植物检疫处 供图）

【进境粮食检疫监管】2022年，黄埔海关优先办理粮食检疫许可审批，做到随到随办。指导企业扩大粮食进口来源，开辟巴西、南非玉米进口渠道。优化检疫监管措施，支持进境散装船运粮食直靠检疫，实施散装粮谷表层检疫。开展口岸附条件提离，对符合条件的粮食准予提离加工厂或定点储备库。加强初筛鉴定室建设，将技术中心3个植检实验室划转为老港、新港及新沙初筛实验室，加快推进沙田海关初筛室建设。开展进境散装粮食取样方法创新试点，运用全程智能化设备对装卸粮谷进行自动取样，在新港、新沙口岸试点，被广州、东莞市政府纳入支持外贸发展措施。加强进境粮食指定口岸建设业务指导，提升粮食吞吐能力。全年办理进境粮食审批1692份，压缩审批时限60%，监管验放进口粮食1564.1万吨，货值515.6亿元。

【供港蔬菜检验检疫监管】2022年，黄埔海关制订供港蔬菜专项检查计划，强化“供港蔬菜监管”辅助应用，执行监督抽检和风险监测，推动供港蔬菜智慧监管，加强关区供港蔬菜全链条溯源管理。采用“互联网+辅助人工”查验监管模式，设置供港蔬菜快速查验通道，确保“7×24小时”高效通关。全年监管供港蔬菜2.44万批，24.74万吨。

【竹木草制品企业监管】2022年，黄埔海关试行企业分类目标管理，一、二、三类竹木草企业分布比例从1∶5∶4优化为3∶6∶1。发挥属地管理整体效能，将企业分类评定结果应用于抽批、查验、核查各环节，施行企业注册、分类、核查信息结果互用互认。全年提升企业类别105家，抽批率同比减少37.01%。

【进境观赏鱼检疫监管】2022年，黄埔海关指导企业完善动物防疫管理制度，完善“口岸—属地联动快转快运”工作模式，提升观赏鱼入池存活率至90%以上。提前了解口岸查验、货物通关信息，调配查验监管、实验室检测资源，提高通关效能。全年进口观赏鱼464批、1922万尾，货值4050.78万元，占

▲2022 年 7 月 22 日，黄埔海关在新沙进境粮食检验检疫业务实训教学点举办 2022 年第一期进境粮食检验检疫业务实训（黄埔海关动植物检疫处　供图）

全国进口观赏鱼的 12%，其中，金龙鱼自 8 月初恢复进口至年底，已进口 3.2661 万尾。8 月 15 日，在进境水生动物隔离检疫和国门生物安全监测工作中，关区首次检出病毒性神经坏死病。

【除害处理单位监督管理】2022 年，黄埔海关修订检疫处理单位年度监督检查工作制度，办理进出境动植物检疫除害处理单位注册、变更等事项 27 家次，开展检疫处理单位监督检查 37 家次，通过海关总署对检疫处理工作的专项检查。宣传检疫处理新政策，完成检疫处理单位变更 10 家、注销 4 家。推广检疫处理管理应用系统，实现进境动植物检疫除害处理源头可寻、过程可查、风险可控。

【动植物产品检疫审批改革】2022 年，黄埔海关推进动植物产品检疫审批改革，制定进境粮食等植物产品检疫审批工作指引，明确受理、审核和批准签发等作业规范。开展回顾性审查，对作业程序、单证的有效性、完整性等方面进行抽批复核。建立内控工作台账，将审批层级、办理时限等环节纳入内控节点，开展内控专项核查、汇总和评估，做到问题清零。全年，办理检疫审批事项 5453 宗，办理时限缩短至 3 个工作日，政务服务好差评系统好评率达 100%。

撰稿人

张　洁　罗柳慈　谢安新　戴　霖

食品安全监管

【概况】2022年，黄埔海关开展食品“国门守护”行动，执行进出口食品、食用农产品、化妆品安全监督抽检和风险监测计划。全年查获未准入境食品化妆品67批次。监测进口高风险非冷链食品样本908个，结果均为阴性，预防性消毒2.9万件，实施视频督导56批次，重点专项检查6次，专题演练培训11次。政务信息获海关总署采用12篇，其中上级部门采用3篇；开展“食品安全宣传周”活动，线上线下宣传海关监管政策成效，制作专题展板28块，获学习强国、《中国国门时报》、《中国海关》、海关总署官网、12360海关热线等信息载体刊载80余篇次，同比增长89.7%。参加世界贸易组织的WTO/SPS例会。撰写全国进出口干坚果、冷冻水果、食糖等食品质量分析报告，参与海关总署修订进出口加工食品、冷冻水果、干坚果监管手册。完善“专家研判、批量复审、重点监控”的常态化风险研判机制，职能监管自建模型25个，提请风险布控指令12条；发挥食品安全风险信息“哨点”作用，上报信息3199条，其中被海关总署采用262条；开展舆情热点风险排查专项行动4次。参与广州市食品药品安全与高质量发展委员会工作，助推2022年广州市获评国家食品安全示范城市。对重点食品企业，建立“一对一”帮扶机制，支持大型粮油企业便利化通关。运用“三应”运行机制，聚焦配套制度、职责边界、监管机制、科技赋能、监管队伍建设5个方面问题，提出深化关检融合的意见建议。夯实食品监管专业基础，开展业务培训12次。组建覆盖各重点口岸的食品安全专家团队，成立黄埔海关进出口食品安全专业技术委员会，加强“专家+专业+专项”力量支撑。

【输华食品体系研究及准入评估】2022年，黄埔海关开展境外食品监管体系风险评估，完成土耳其、以色列两国与中国的农兽药残留、重金属污染物等有毒有害物质的限量比较，撰写土耳其，以色列进出口食品安全监管体系研究报告。整理进口植物源性食品准入评估要求，牵头完成塞浦路斯等3国（地区）拟输华食品准入评估。协助海关总署开展境外生产企业注册信息审校及维护工作。参与完成49个国家（地区）414家境外生产企业注册评审任务、实施远程视频检查12家，实现关口前移、预防为主。开展国内外食品安全形势跟踪研判和政策研究储备。

【进口食品企业帮扶】2022年，

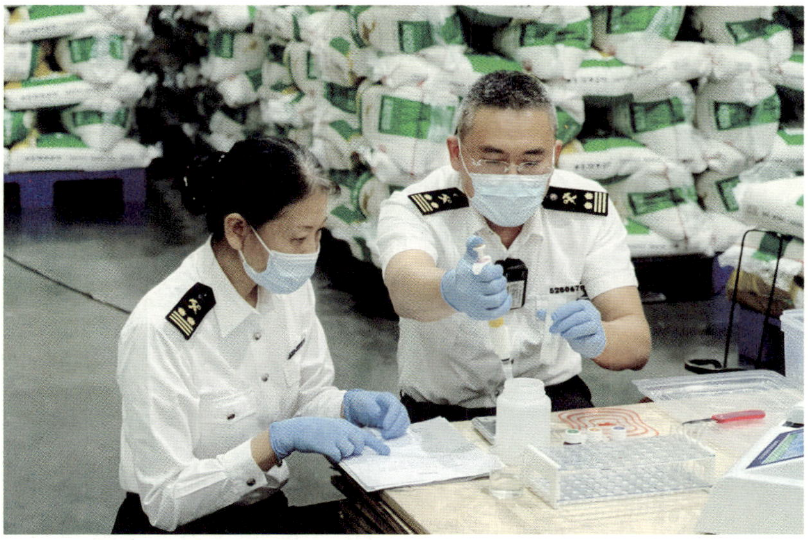

▲2022年10月10日，东江口海关关员对广州市某公司供港澳食品原料开展农残检测（东江口海关　供图）

黄埔海关建立“7×24”应急处置机制，帮助关区50余家企业解决注册信息异常通关受阻问题，开展云宣讲2次和在线访谈1次。支持企业扩大中欧班列进口，关区经中欧班列进口乳制品重量同比增长306.52%、货值同比增长491.49%。办理进境动植物源性食品检疫审批，目前检疫审批时长已较规定时限压缩89%。支持东莞港拓展进境水果业务，12月5日该港首批进口水果顺利通关放行，全年进口泰国椰青、智利樱桃等水果33批次，货值560万元。

【供港食品安全监管合作】 2022年，黄埔海关落实食品安全信息通报案件查处和食品安全事故应急联动机制，密切关注香港食环署食品安全信息通报，对相关企业开展风险核查和监督整改，强化信息沟通及处置响应，加强供港食品安全合作共治。开辟供港生鲜“水运绿色通道”，监管供港生鲜食品1.86万批次、货值22.94亿元，保障民生物资顺畅供港。对出口食品生产加工、种植、养殖企业进行监管，根据风险评估结果制订年度核查计划，发起定期管理类核查224家次、风险管理类核查9家次。

【食品安全业务培训】 2022年，黄埔海关采用“大水漫灌+精准滴灌”培训模式。利用实训教学点创新开展“小集中”实训手段，开展业务培训12次，参训1220人次。开展跟班作业52人次，现场解决难点堵点16个，答复处置一线各类咨询千余项，提升食品安全监管队伍专业能力。

▲2022年2月16日，沙田海关关员对东莞市某公司出口的咸鸭蛋进行日常监管（沙田海关　供图）

撰稿人

何薇倩

商品检验

【概况】2022年，黄埔海关加强进出口商品质量安全监管，进口工业品16.59万批，出口工业品5.02万批。做好进口非冷链物品口岸环节的新冠病毒监测工作，实施进口工业品核酸检测采样101批次，数量1097个。强化固体废物属性鉴别，杜绝“洋垃圾”入境，开展疑似固体废物货物属性鉴别156批，确认为固体废物35批。履行危险品检验监管责任，检验进口危险化学品9514批、重量536.08万吨、货值338.36亿元，检验出口危险化学品3917批、重量159.26万吨、货值99.93亿元。

【重点商品检验监管】2022年，黄埔海关落实总体国家安全观，构建重点商品监管链条，筑牢国门安全防线。规范进口旧机电产品检验监管，落实装运前检验、口岸查验、目的地检验及后续监管等质量安全监管要求。检验进口旧机电产品1590批，货值18.5亿元。强化进口机动车检验监管，实施第三方检验结果采信制度，优化口岸通关流程，对进口车辆实施“合格保证+符合性评估”模式的合格评定程序，建立进口汽车申报、征税、验放、随车检验单和证明书签发“一站式”通关作业模式，检验进口汽车30.2万辆、同比增长0.64%，货值1292.6亿元、同比增长8.64%。检验出口车辆9.41万辆，同比增长23.73%。加强进口医疗器械质量安全检验监管，落实国家技术规范的强制性要求，完善入境验证、口岸查验、目的地检验的闭环监管，防止不合格进口医疗器械流入国内市场。检验

▲2022年6月15日，新沙海关关员在新沙港码头对进口煤炭进行放射性检验（新沙海关　供图）

进口医疗器械1702批，货值12.21亿元。强化进口煤炭检验监管，落实海关总署降低煤炭取样送检比例的要求，加强放射性检测和外来夹藏夹杂检查，监控安全环保指标，加强进口煤炭质量监测，检验进口煤炭300批、重1880.15万吨、货值142.92亿元，检出不合格1批、重7.15万吨、货值6798.62亿元。强化进口水泥法定检验，落实进口水泥放射性安全检测，检出不合格1批、重1.2万吨、货值340.31万元。

【重量鉴定管理】2022年，黄埔海关推进进口大宗商品重量鉴定改革，依企业申请实施重量鉴定，检出重大短重2批。严把重量鉴定质量关，强化业务检查督导，强调检验标准和工作要求，加强对风险数据的挖掘、研判和预警。开展贸易欺诈风险研判，根据来源国（地区）、进口企业、商品属性的风险程度实施精准布控。开展抽查验证，采集收货人实际收货结果数据848批次。规范进出口商品检验检测机构监管，开展监管方式调整专题调研，强化业务指导和沟通联系，派出机构监管专家赴现场指导6次，开展现场监管4次。

【质量安全风险预警监管体系建设】2022年，黄埔海关推进进出口商品质量安全风险预警监管体系建设。完善进口机动车风险一级监测点建设，开发风险信息自动化采集系统，采集进口汽车质量安全召回风险信息508条。落实境外供货企业质量信用管理制度，发挥进口棉花质量安全风险二级监测点作用，收集产棉国家（地区）政策、疫情疫病风险等相关信息20条，开展集约化检验，压缩检验流程时效。开展进出口商品风险监测，实施跨境电商进口消费品质量安全风险监测20批，进口儿童用品风险监测22批，进口电动汽车专项抽查检测4批，法定检验商品以外进出口商品抽查检验54批。参与进出口商品质量安全风险管理系统优化及应用，完成涉及业务需求、风险评估模型建设、系统架构、信息化流程梳理、模块功能建设、录入规范等系统开发工作。参与完善系统风险项目、商品编码工作，建立与中国海关科学技术研究中心、各评估中心、隶属海关的多层级联系网络，及时解决信息录入工作存在的问题，报送更新商品编码及风险子项372条，录入不合格信息1502条。强化风险处置，完善销毁、退运和线索移交等流程。对检测项目不合格进口汽车实施退运处理，查发汽车无法启动、与

▲2022年8月23日，新沙海关关员在新沙港汽车检测现场对进口汽车进行现场监管（新沙海关 供图）

备案不一致、车辆识别代号有其他打刻痕迹等车辆4批次4台。销毁或退运不合格商品39批，对夹带国家禁止入境旧压力容器的商品实施销毁，不符合国家强制性标准要求的商品实施退运。强化风险预警成果运用，按照全员打私工作要求，分析重点商品走私风险，重点关注固体废物走私进口和机电产品以废充旧、以废充新进口风险，向缉私部门提交风险线索。打击进出口假冒伪劣商品，查发假冒伪劣商品1批。

撰稿人

赵　辉

口岸监管

【概况】2022年，黄埔海关监管货运量7539.5万吨、同比减少18.39%；进出口集装箱标箱273.4万箱次、同比增长4.91%；船舶进出境（港）30431艘次、同比下降2.63%；进出口转关单54351票、同比下降19.85%；跨境快速通关进出境车辆17102辆次、同比下降50.44%；国际班列382班次、货运量21.56万吨，同比分别增长109.89%、107.29%。跨境电商进出口货值558.7亿元、同比增长3.6%，其中，出口货值484.9亿元、同比增长1.4%，进口货值73.8亿元、同比增长21%。东莞国际邮件互换局申报出境邮件601.8万件、货值3.3亿元，同比下降71.3%、76.9%。以市场采购方式出口货物16.9万票、货值734.4亿元，备案个体户及企业5477家。关区内有监管作业场所55个，完成监管作业场所行政审批11个，其中注册设立新场所2个、变更申请办理7个、注销申请2个。

【运输工具监管】2022年，黄埔海关推进“船边直提”“抵港直装”，关区7个码头常态化开展“直提”“直装”业务，“直提”进口货物917票、542.86万吨，“直装”出口货物696票、53.99万吨。提升莞港水运专线运作水平，助力“陆改水”常态化运作，引导跨境电商货物采用“陆转海”模式保障供港民生物资，完成“陆转海”业务货值17.2亿元、1.26万吨。推动关区班列集结中心建设，提高铁路进出口货物转关运输通行效率和便利化水平，促进国际班列拓量增效，累计发行382班次、货运量21.5万吨、货值94.3亿元，同比分别增长109.89%、107.29%、66.39%。推动出境邮件海空快邮专线（东莞互换局验放—陆路转运运输—东莞港码头出境—香港机场发全球）建设，纾解出境邮件积压状况，验放出境邮件20.8万件，货值1265万元。

【货物监管】2022年，黄埔海关强化打击“洋垃圾”走私进境、濒危物种及其制品走私，累计查发固体废物27票289吨，移交查获涉嫌象牙钢琴琴键2343片。牵头严厉打击走私枪支违法犯罪，对枪支、涉危涉爆物品等疑似违禁品及其他特殊制品实施集中式制图，深化“先期机检+智能审图”模式应用，提升海关H986设备、CT机等非侵入式设备使用效能，查获涉嫌枪支零配件2877件。建立两级联络员联系机制，及时上报现场重大查获情事，突出工作重点，强化一线及后续监管、内外联络协同，拓展宣传渠道，围绕2022年北京冬（残）奥会、党的二十大等重要时间点强化“扫黄打非”口岸查缉，打击各类非法有害出版物，累计查获错误地图100张、问题地球仪732件，违规货物包装物、单证票据等25072件。黄埔海关口岸监管处获评2022年广东省“扫黄打非”先进集体，1人获评2022年广州市“扫黄打非”先进个人。推进打击治理跨境赌博和电信网络诈骗工作，查获跨境电信诈骗银行卡6张、出口虚拟货币显卡矿机51台。

▲2022年11月17日，黄埔海关集中审像中心关员正在对一票申报为“纸巾”“瓷砖”的出口货物机检嫌疑图像进行分析复盘（黄埔海关口岸监管处 供图）

【寄递类物品监管】2022年，黄埔海关巩固跨境电商“断链刨根”专项整治成果，落实跨关区寄递渠道合作交流机制，提升风险捕捉能力。聚焦订购人身份真实性，对2519票验核异常清单进行退单或退运。加强“集零为整”监控分析，研判涉嫌价格低报及二次销售线索。增设卡口逻辑校验判断，在系统中增加相应校验模块，化解出口车辆布控信息提前泄露的风险。通过智能化布控手段进行自动拦截，防控跨境电商出口车辆删单退场后再次申报的风险。

【场所场地监管】2022年，黄埔海关提高场所管理水平，全方位、多角度对关区40个水运监管作业场所进行全面“画像”，涵盖经营企业性质、港区泊位概况、特定资质情况、场所经营结构、进出口业务量等内容，增强口岸监管风险研判水平。帮扶关区8家企业取得进境原木指定监管场地资质；指导东莞港进境水果指定监管场地恢复开展水果进境业务。

【智能审图】2022年，黄埔海关扩大智能审图算法分类试点，智能审图拦截类商品算法和有效识别商品的总体误报率分别降低到0.96%和9.88%。通过“旧图盘活”扩展有效识别商品清单，建立特色算法模型，提高主要查验商品覆盖率。对枪支、涉危涉爆物品等违禁品及其他特殊制品实施集中式制图，做到先期机检智能随机选柜，打通集中审图系统与舱单系统的数据通道，实现先期机检图单比对。实施H986智能审图图像7.9万幅，标注嫌疑图像747幅，嫌疑命中率为21.82%，查获固体废物、濒危物种、易制毒化学品、逃避两用物项许可证、赌博用品、危险货物伪报品名闯关、侵犯知识产权等各类案件。

【口岸监管环节安全生产】2022年，黄埔海关组织安全生产大检查及“回头看”，开展“安全生产月”和“安全生产万里行”活动，完成安全生产专项整治三年行动、“口岸危险品综合治理”百日专项行动、海关房产安全专项整治等专项行动。关党委会、形势分析会、关长办公会听取安全生产工作汇报、研究部署安全生产工作44次。关党委带队开展安全生产检查100余次，各隶属单位党委带队开展安全检查1468次，其中“一把手”开展安全检查337次。优化两级海关安全生产工作领导小组，建立完善“一月一研判，一月一通报”、滚动式排查、“吹哨人”预警、问题隐患动态清零、“职能—基层”两级安全监督员等工作机制，组织召开领导小组及领导小组办公室会议11次，制发相关文件25份，排查整改突出问题隐患43个。组织全关范围的安全生产大检查9次，动态更新问题隐患和制度措施“两个清单”，消除各类安全隐患500余项。营造“人人关心”安全氛围，接收并妥善处置“哨声”65起。组织开展“一把手”讲安全、专题研讨、宣讲培训等111场、覆盖1600多人次，开展安全生产“公开课”“大家谈”“班组会”等学习活动236场，覆盖3000多人次。动员相关企业负责人1300多人次参与“第一责任人安全倡议书”活动，在多个办事大厅展示安全生产常用法律集成普法二维码引导企业人员学习。在定点帮扶村开展“公律讲安全”“安全志愿者在行动”活动，派员参加地方“6·16”安全宣传咨询日活动，走进中小学科普安全知识。降低口岸危险品存量和存储时长，全年未出现危险品在场所内存储超30天情况。围绕海关在安全生产方面的4项职责，向地方相关部门致函52次，协调处置海关监管货物安全隐患44批、整改海关作业区域安全隐患13处，厘清部门边界，推动形成监管合力。开展口岸监管作业安全培训9次，1033人次参与。举办口岸监管现场应急处置演练29次，覆盖所有口岸海关。

【口岸监管环节涉恐工作】2022年，黄埔海关联合广州市反恐办举办口岸监管环节突发事件应急处置演练，开展口岸监管环节涉恐突发事件应急处置演练11次，其中实战演练7次、桌面演练4次，参演人数280余人次。货运渠道监测拦截放射性超标物质31批、集装箱158个、重4331.705吨；寄递渠道监测拦截放射性超标货物1票。全年未查发涉恐情事。

【支持跨境电商新业态发展】2022年，黄埔海关支持跨境电商和邮件出口“陆转

▲2022年6月18日，穗东海关关员在企业网购保税进口商品仓库抽查商品存储销售情况（穗东海关 供图）

海”业务，打通跨境电商出口“陆转海”新通道，完成“陆转海”跨境电商出口清单1499.2万票、货值17.2亿元、货重12602吨，验放出境邮件20.8万件、重量66.6吨、货值188万美元。全年新增备案海外仓企业6家，监管出口海外仓货值4.5亿元，同比增长4.0%。开展电商出口嵌入式监管探索，在东莞邮政互换局启动跨境电商出口清单模式“嵌入式”监管，提高海关监管严密性、精准性和有效性。便捷跨境电商进出口退货，成为首批开展跨境电商零售出口全国一体化退货试点海关之一，12月20日成功验放首票跨关区出口退货商品。推动跨境电商网购保税进口退货中心仓业务，支持企业在海关特殊监管区域内设置退货专用存储地点，便利企业退货，降低企业成本。优化跨境电商网购保税商品销毁流程，工作时长缩短至2~3个工作日，加快企业仓库商品周转，提升企业竞争力，全年销毁网购保税商品11.14万件，货值1026.8万元。

撰稿人

陈　耀　曾纪锐

保税监管

【概况】2022年，黄埔海关落实海关总署关于保税监管的工作部署，坚持创新驱动，促进加工贸易提档升级，加快推广“企业集团”加工贸易监管模式、深化“以企业为单元”加工贸易监管改革，构建以企业集团、企业、合同为单元的多层次监管体系，发挥高资信企业“领头雁”效应，激发加工贸易企业“生力军”活力，确保小微企业“基本盘”稳定，推动外贸稳规模优结构。以问题为导向，推进单耗、边角料和残次品管理改革，促进加工贸易货物内销便利化。优化综合保税区监管服务，释放政策红利，稳定主导产业、鼓励新兴业态、促进关区内4个海关特殊监管区域、1个保税物流中心（B型）和61家“两仓”高质量发展。强化安全生产风险防范、严密“两仓”全链条监管，加强保税领域政策性管理风险研判、做好保税业务执法风险监控处置、优化调整参数布局，提高参数运行效率，增强风险防控能力。优化“三应”运行机制，强化职能督导，定期开展保税监管场所、海关特殊监管区域保税业务等各类专项检查。建立健全“三专”研究机制，加强保税专家队伍培育及人才梯度培养、深入理论创新和专题调查、加强研究型海关建设，全年形成保税领域各类课题研究成果及论文14篇，其中关于广东省和越南外贸投资环境对比的调研报告获海关总署领导批示。全年，黄埔关区企业加工贸易实际进出口5469.6亿元，加工贸易内销征税51.1亿元，全国排名分列第三、第二位。海关特殊监管区域（一线）进出区货值1376.95亿元，同比增长37.38%；关区保税监管场所（含保税物流中心和“两仓”）一线进出区货物总值2093亿元，同比下降24.3%；保税监管场所渠道征税206.02亿元，同比下降26.97%。

【保税作业参数维护】2022年，黄埔海关承担金关二期系统加工贸易及特殊区域领域的署级参数制定、维护工作，完成多轮署级重大作业参数的加载、维护和优化，更新署级作业参数库3版，涉及署级参数规则180条、有效作用参数条目超过6000条，确保署级保税作业参数运行准确有效，署、关级参数全年共执行运算84.16亿次，为全国加工贸易及保税监管业务现场累计提供了57.84万次判别和提示，对2574票不合规数据直接退单处理，推动了全国海关保税审核执法统一和作业质量提升。

【保税监管业务改革】2022年，

▲2022年5月26日，黄埔海关关员在虎门港综合保税区实地察看空港中心项目打板作业场所（黄埔海关保税监管处 供图）

黄埔海关深化业务改革，构建以企业集团、企业、合同为单元的多层次监管体系，推动外贸稳规模优结构。推进“以企业集团为单元”的加工贸易监管模式，打破改革前保税货物只能在本企业使用和管理、无法自由调拨的壁垒，允许保税料件及设备在同一集团成员企业之间自由流转调拨、共享仓库跨关区自主存放，促进集团内生产要素流通、产能互补、资源共享，帮助企业缩短供应链周期，更快反应市场需求，提升市场竞争力。截至年底，关区共12个集团33家企业参与改革，全年加工贸易进出口总值达697.6亿元，调拨保税料件2000余种，办理调拨手续358次，流转耗时由改革前至少2天压缩至2小时，为企业减免保证金约4.3亿元，节省仓储、物流、报关等方面费用约430万元。深化“以企业为单元”的加工贸易监管改革，构建“保政通”“码上办”平台，加大推广力度。截至年底，全关参与改革企业3297家，覆盖率达93%。实施企业单耗自核试点，截至年底，全关获得试点资质企业53家。

【促进加工贸易内销】2022年，黄埔海关以促进出口转内销为重点，推动内销便利化措施落地见效，减轻加工贸易企业需求端和供给侧压力，助力融入双循环新格局，全年加工贸易内销征税51.13亿元，同比增长18.02%。落实暂免征收内销缓税利息、免收内销集中征税担保、调整内销纳税时限等政策，全年关区加工贸易企业内销免征缓税利息约642万元。服务重点行业，维护国家能源和粮食安全大局，指导石化企业用好加工贸易专用政策、粮油加工企业加强生物安全管理，加工贸易原油、粮油内销征税同比分别增长61%、17%。实施“关助力”专项行动，引导支持企业对接电商平台开拓内销市场，支持企业把握新能源汽车发展战略机遇期，寻求国内市场发展。推进边角料拍卖改革，引导企业根据市场情况及时调整内销策略，推进集中拍卖、直播看样、视频看样等新模式，助力企业降低经营成本，加快融入双循环新格局。全年，加工贸易企业成功拍卖项目5323个，成交金额9.62亿元。作为全国首批参与的海关继续推进海关总署残次品管理改革试点，关区2家试点企业共完成7批次残次品的全程监督销毁及后续处置，销毁后的残次品按实际报验状态征税内销，为企业减少税费247万元，压缩处置时间约85小时。

【综合保税区高质量发展】2022年，黄埔海关支持建设综合保税区高水平开放平台，配合地方政府推动广州保税区、广州出口加工区整合迁址升级为广州知识城综合保税区。提前介入综合保税区入区项目招商指导，实施“一企一策”精准对接，推动业态多元化发展，支持保税维修、保税研发、租赁、展示交易、进口汽车保税存储、有色金属物流分拨等新业态项目顺利落地，打造综合保税区“五大中心”。复制推广97项自贸区海关监管创新制度，落实“四自一简”模式，融合“两步申报”“分送集报”“一单多车”“仓储货物按状态分类监管”“区内企业保税货物与非保税货物库内直转”等便利化举措，叠加释放政策红利，稳定主导产业，为企业减负纾困，保持综合保税区企稳向好发展态势。

【保税物流中心发展】2022年，黄埔海关在东莞清溪保税物流中心（B型）落实跨境贸易便利化改革，推行“7×24小时”卡口智能验放、增加检疫证书出证点、培育供应链企业通过AEO认证等便利化措施。帮助企业用好两步申报、分送集报、汇总征税等促进贸易便利化改革成果，释放保税物流中心（B型）政策红利，推动产业链上下游进区仓储、出区配送，保障外贸链稳定通畅。东莞清溪保税物流中心（B型）全年一、二线进出区货值1031亿元，其中，一线进出口货值119亿元、二线进出区货值912亿元，同比分别增长16.3%、33.3%。

【“两仓”监管】2022年，黄埔海关完成“优化保税仓库监管机制”署级课题研究和加强“两仓”监管工作指导意见起草制定的署级任务。加强入库核实与到货确认管理、强化风险研判与核查管理、严格设立审批与账册管理、规范业务审核与异常情况处置、规范仓库设施设备建设、完善关级作业参数、坚决守住安全底线、加强学习培训与效果评估，强化“两仓”实货监管。截至12月底，除10家存储大宗散货“两仓”外，关区51家“两仓”均已按规定启用“到货确认物流仓库维护”功能，设立关级作业参数规则9条，增加参数条目98条。

【防范安全生产风险】2022年，黄埔海关防范海关特殊监管区域、保税监管场所的安全生产风险，推动问题隐患动态清零。全年，开展安全生产监管实地督导检查12次，实现147家海关特殊监管区域及保税物流中心（B型）内企业、61家“两仓”定期安全检查全覆盖，发现安全隐患问题6类25个。强化安全生产联防联控机制，督促地方政府落实安全生产责任，全年向地方相关部门致函36次，协调处置存在安全风险的海关监管货物14批，整改海关作业区域安全隐患40处。建立危险品进出转存台账管理制度，在金关二期系统加载关级保税作业参数规则11项，增加涉危参数1347条；定期监控企业产生的危险品边角料、固体废物未及时处置、已放行危险化学品未及时提离、油气系统预警提示信息未处置等异常情况，防范化解安全隐患。

【保税监管风险防控】2022年，黄埔海关按照“国门利剑2022”工作部署，强化对保税渠道“洋垃圾”走私风险的监控分析，发现涉嫌走私企业1家，处置保税维修业务问题企业1家。研判保税领域政策性管理风险，发现进口问题企业1家。优化保税业务执法风险的监控处置，加大保税渠道不实贸易风险的防控力度，核查不实贸易风险物流企业14家。加强改革衍生风险防控，将“三应”运行机制贯穿到评估全过程，修订改革试点企业评估工作制度。优化保税作业参数布局，提高参数运行效率，优化参数规则57项，合并12项，停止运行136项。

【教育培训】2022年，黄埔海关健全“课程精、内容优；课堂精、教师优；教材精、成果优”三精三优保税监管教学体系，利用“学体系+保税”业务实训教学点，开展线上线下精品授课16场次，培训人员逾2500人次。面向全国海关开展加工贸易及保税监管线上专题培训2场，培训人员逾6000人次。

【“三专”研究机制建设】2022年，黄埔海关加强保税专家队伍及人才梯度培养，建立关级保税监管专业人才库37人次，向海关总署推荐保税业务专家12人次。加强研究型海关建设，全年成立署级工作专班3个，关级工作专班7个，承接“加工贸易改革研究”“优化保税仓库监机制”“推动加工贸易提档升级”3项署级课题研究任务，形成研究成果4个，2022年度已结题的9个课题共提出建议措施32条，其中10条被纳入2023年关区重点工作部署。加强理论创新和专题调查，全年形成保税领域各类课题研究成果及论文14篇，获评2022年度黄埔海关优秀关级课题二等奖1篇，获评广东分署、中国海关学会广州代表处专题征文二等奖1篇，关于广东省和越南外贸投资环境对比的调研报告获海关总署领导批示。

撰稿人

王　单

统计分析及政策研究

【概况】2022年，黄埔海关以健全“三专”研究机制为抓手，发挥“数据+分析”的职能优势，探索研究型海关建设。参与撰写的外贸监测分析与宏观经济分析报告获上级领导批示32篇次。出台加强研究型海关建设若干措施，围绕海关发展堵点痛点难点、关区重点行业特色商品、关区产业链供应链，主动找题破题解题，其中钾肥保价稳供专题研究成果转化为国务院春耕化肥保供稳价相关政策措施。编发黄埔海关统计分析272期，获海关总署相关信息载体采用49篇，相关报告获广东省领导批示34篇次。核查贸易真实性风险较高本地及异地企业75家。“数映初心”青年理论学习小组获评广东省直机关青年理论学习标兵集体。

【统计调查】2022年，黄埔海关召开外贸出口先导指数调查线上宣讲会，关区181家新一轮样本企业参加宣讲和培训；推进“贸易景气指数（进口）试点调查”，对标调查作业规范，组织75家规模以上进口样本企业开展试点调查。规范开展“出口先导指数调查”“贸易景气指数（进口）试点调查”共18期，月度填报反馈率为100%、及时率为100%。开展跨境电商全业态企业调查2次，优化地区跨境电商测算方法，成为海关总署跨境电商测算核心单位。组织9个海关开展“中国外贸景气指数”编制研究，与广东省全球发展战略研究院、广东省统计局进行沟通研究，组织企业调查4次，受调研企业46家，推动研究成果落地。开展外贸增速放缓、订单外流、重点敏感商品出口、防疫物资统计等专项调研16次，收集各类企业问卷4500余份，整理企业问题和诉求653条。撰写关区调查调研报告19篇。参加国际贸易统计制度修订中方工作组工作，开展《中华人民共和国海关统计商品目录》维护统计基础参数等制度研究。统计调查工作，在全国海关统计工作会议上做经验交流。

【贸易统计】2022年，黄埔海关发挥统计监督职能作用，成立工作专班，制定任务分解表，提高统计数据质量。统筹开展国家审计涉统问题核查及整改工作，涉及被核查企业78家、报关单记录286条，下发统计实地核查指令28条。加强对重点企业及商品的监控和核查，合计下发统计数据质量监督信息28期，各类核查记录8350条，涉及金额68亿元。组织核查贸易真实性风险较高的企业105家，上报海关总署不实贸易高风险企业19家，涉及金额20.1亿元。开展关区内762家企业进出口情况线上调研，撰写贸易统计数据质量调研报告。开展关区保税物流行业状况调研，上报相关调研情况及区内企业诉求。牵头建立全国海关疫情防控物资数据审核工作机制，完成疫情防控物资出口数据报表复核944篇，纠正差错数据涉及4252万元。

【业务统计】2022年，黄埔海关完善业务统计操作指引，做好检验检疫新指标上线运行和使用，优化常规审核与专项审核、月度数据与季度轮审相结合的数据审核模式，审核业务统计指标数据6.3万条，修正差错指标数据400余条。推进海关总署“统计业务改革”建设项目，研究指标调整意见，完善指标结构体系，确定指标采集口径，编写指标手册。关注业务指标异动情况，开展业务分析研究，完成部分企业贸易情况调研，撰写业务分析和监督信息12篇。

【统计数据运用】2022年，黄埔海关强化数据智能应用，建立外贸监测快速反应机制。完善外贸情况周报、速报模型，优化速报生成流程，多维度反映黄埔关区及关区外贸情况。完成外贸形势分析例会“云擎”模型构建，为外贸形势研判提供数据支持。定期开展外贸形势预测，协助建立实征税款预测模型。开发供港物资监控模块，实现每日监控供港防疫物资进出情况。完善通关时效长效监控分析机制。服务黄埔海关关区外贸数据需求，助力地方外贸稳增长。提供通关时效监控数据300余批次，形势分析数据400余批次，向关区地方商务部门提供外贸数据800余批次。

【统计数据管理】2022年，黄埔海关完善关区业务数据内部使用、对外提供规范指引，组织“4·15”全民国家安全教育日数据安全主题教育，办理业务数据内部使用、对外提供等审批近200次。定期开展互联网数据安全监控，防范报关单数据、海关统计数据违规发布与泄露。牵头全国海关业务数据安全中心工作，牵头完成署级课题研究3项，协助海关总署完成海关数据分类分级标准规范、海关数据分类分级目录编制等数据安全重点工作。加强结关报关单证理单及档案管理，关区理单归档及时率超过99.9%。

【政策研究】2022年，黄埔海关开展宏观经济分析40期，围绕欧美市场份额、肥料、粮食安全等重点课题开展专题研究。召开关区外贸形势分析会12次，开展多部门联

▲2022年4月15日，黄埔海关统计分析处组织第七个“全民国家安全教育日”数据安全主题宣传教育活动（黄埔海关统计分析处　供图）

合分析，发挥外贸形势研判、服务外贸、保稳提质的作用。建立健全“三专”研究机制，落实“全周期管理”理念，对157个课题开展调查研究，参与专班和课题组研究人员600余人次。关级课题立项54个，同比增加74.2%，实现海关业务研究全覆盖；政策研究成果获海关相关信息载体刊发4期，形成党委调研报告4期，获海关总署领导批示4篇；编发黄埔海关政策研究信息载体30期。

▲2022年4月8日，黄埔海关与广东外语外贸大学调研座谈（黄埔海关统计分析处　供图）

【监测预警】2022年，黄埔海关跟踪监测每月全球主要经济体市场份额以及中国商品全球份额变动情况，参加海关总署常态化分析研究工作专班。协助海关总署开展农产品、人民币使用率、出口自主品牌、中小微企业、集成电路、外资企业等专题分析研究工作，研究成果均被上级部门采用，形成关区地方外贸进度分析材料33篇，有力支持外贸稳增长促发展工作。开展关区重点行业、重点企业进出口情况的调查研究，协助海关总署和广东分署开展重点企业调研17批次；开展各类型企业调研800余次。

撰稿人

林　平

企业管理

【概况】2022年，黄埔海关发挥关企“连心桥”作用，完善“三应”运行机制，创新工作方法，增强工作的系统性、协同性、实效性，推动企业管理工作高质量发展。截至年底，黄埔关区共有备案报关单位53968家，同比增长3.8%。全年，办理备案作业7390宗，变更作业7707宗，注销作业2491宗。关区AEO企业242家，活跃度为100%，实际进出口额7049.2亿元，占关区企业同期进出口额的41.3%。开展“关助力”专项行动、落实“直通车”制度，完善信用培育体系，设立关区重点企业认证培育库，根据不同企业需求，实施精准培育，了解企业痛点难点，实施问题“清零”。精减企业备案单证材料，推行网上办理为主、线下办理为辅的方式，通过12360平台发布政策指引15篇，通过新媒体等对外发布“办事指南”10份。每季度编发企业管理工作动态，撰写市场主体分析报告，多篇分析报告被上级部门和海关总署采用。

【企业资质管理】2022年，黄埔海关加强企业资质管理，推行网上办理为主、线下办理为辅的方式，企业办理工商注册时，同步办理海关报关单位备案，实现海关报关单位备案与市场主体注册登记“一门受理、并行通办”。精减企业备案单证材料，不再验核可以联网核查的证明材料、企业资质等单证，压缩报关单位备案和出口食品生产企业办理时限至3个工作日。开展报关单位营业执照注销、吊销状态管理工作，甄别营业执照已注销、吊销的报关单位1322家，注销企业1228家。建立跨境电商备案资质长效验核机制，通过国家邮政局、中国人民银行等政务服务网站，核实关区跨境电商物流企业快递业务经营许可证、支付企业金融许可证或支付业务许可证，发现无快递业务许可证企业21家、无支付业务许可证企业1家，取消无相应资质企业跨境标识，促进跨境电商业务健康有序发展。完善企业备案信息核对后续管理模式，发挥“多查合一”作用，移入“双失联企业名录”（备案住所无法查找、备案联系方式无法取得联系）企业172家，为多部门协同监管提供基础。

【企业信用管理】2022年，黄埔海关对关区企业按照6个维度（“专精特新”、重点税源、已上市、拟上市、直通车等地方重点项目、行业龙头以及跨境电商平台）完善信用培育体系。设立103家国家级“专精特新”企业认证培育台账，建立关区重点税源企业认证培育库，根据不同企业需求，实施精准培育。全年召开企业宣讲会6次。关区新增AEO企业32家，其中“直通车”企业27家。复核AEO企业47家，通过复核企业37家，通过率为79%。成立协调员小组6个，按月将企业问题与诉求汇总反馈各业务职能部门，了解企痛点难点，协调员小组答复企业各类问题、诉求104个，问题清零率为100%，好评率为100%。

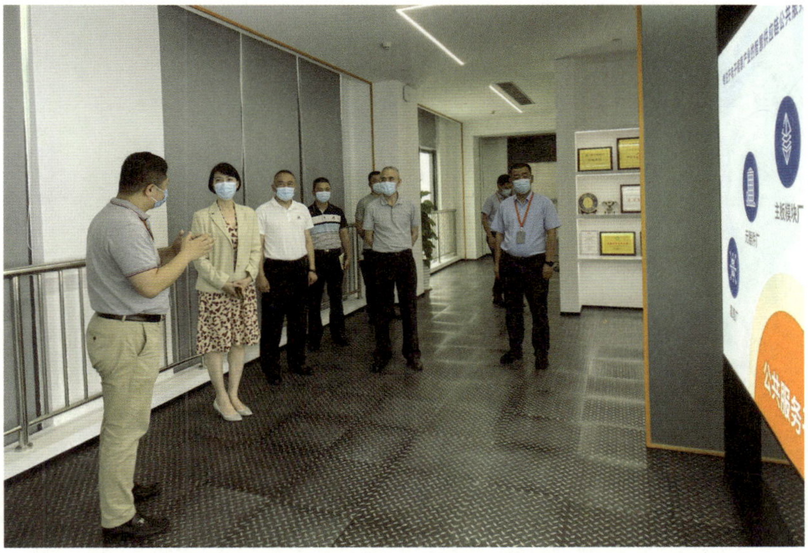

▲2022年5月20日，黄埔海关关员在广东亿安仓供应链科技有限公司调研（黄埔海关企业管理处 供图）

【业务监控及分析】2022年，黄埔海关深化“制度+科技”应用，制发业务运行可视化监控平台企管条线应用操作指引，落实执法监督操作规范，通过信息化平台系统开展日常监控，制发处置单对发现异常情况进行核实处置，防范执法风险。2022年，制发预警处置单72份、监控处置单1份。加强数据分析，对关区企业总体数量增减变化、地区分布、行业与经营类别占比、进出口活跃度等开展常规分析，重点关注新增企业情况，全年完成形势分析会材料12期，为领导决策提供参考。撰写关于贸易便利化落实情况的报告被上级部门和海关总署采用，关于芯片产业状况和珠三角上半年外贸形势的分析报告被海关总署采用，关于RCEP实施的成效及问题的综合呈报被海关总署采用，并获署领导批示。

【实施“重点企业直通车”制度】2022年，黄埔海关实施“重点企业直通车”制度，对591家企业提供“一对一”服务、优先办理通关业务、优先检测送检样品、优先开展信用培育认证等5项便利措施，解决企业急难愁盼问题652个。对“直通车”企业优先挂号，优先验放，优先取样送检。安排协调员跟进解决企业的突发情况、查验送检、政策咨询等问题，推动通关各环节高效衔接。加强“直通车”企业动态监控，约谈查获率较高的AEO企业11家，提醒企业规范申报。

撰稿人

卢惠文 冯国琴 向 彬 刘 莉

稽查核查

【概况】2022年，黄埔海关强化政治机关建设，紧扣高质量发展主题，推动“三应”运行机制建设，统筹运用稽查、核查、属地查检、涉检行政处罚等执法手段，优化关检融合“多查合一”工作机制，推进关区稽查工作高质量发展。全年办结稽查执法事项777宗，核查执法事项1991宗。19人进入稽查岗位练兵个人技能比武全国百强，人数列全国海关第一。优化“三查一罚”（稽查、核查、属地查检、检验检疫行政处罚）执法方式，通过外勤作业叠加、联合执法、并批核查，降低检查频次，减少多头检查，实现“进一次门、办多项事”。推广“互联网+稽核查”，应用远程可视化属地查检新方式，提升工作效率，减少企业跑腿次数，全年线上办理稽（核）查业务1423次，开展视频属地查检1800次。设立进出口鲜活易腐农食产品属地查检绿色通道，为企业进出境农产品快速通关提供便利。发挥核查规范整改作用，教育整改进出口管理不规范企业508家。采取“一站式”作业模式，从简从快办理轻微违规案件570宗，办理时效总体控制在5天以内。探索检验检疫执法领域“轻微违法”从轻处理。完善主动披露操作制度，依法减轻或不予处罚主动披露企业98家，减免滞纳金1415万元，同比增长148%。

【稽查业务改革】2022年，黄埔海关优化风险联合研判机制，发挥自主分析、贸易调查作用，提升稽查精准性。发挥稽查集约化管理优势，强化部门间及跨关区协同联动，丰富缉私提前介入方式，开展行业性稽查行动，提升

▲2022年9月14日，黄埔海关稽查处在线参加全国海关稽查岗位练兵（黄埔海关稽查处 供图）

查发能力。稽查查发同比提高1.19个百分点，移交各类走私违法案件线索同比增长25.32%，查发大案要案35宗。黄埔海关提升稽查查发打击效能的经验做法被转发全国学习推广。

【核查分类改革】2022年，黄埔海关深化核查分类改革，发挥定期核查作用，加强企业合规管理的监督，建立健全会商机制，制订管理类核查计划，下发核查指令1139条。组建核查分析专班，开展风险类专项核查6项。增设考核指标，优化评估方法，完善核查绩效考核指标体系，提升核查查发能力。全年办结核查作业1991宗，同比增长2.05%，核查单独追补税35宗。

【属地查检协同联动机制改革】2022年，黄埔海关开展属地查检与稽（核）查、企业管理、风险管理协同联动机制改革，运用指令统筹、联合作业、作业叠加、结果互认等方式，打造属地监管新模式。3月在常平、沙田、太平海关开展试点，8月在关区全面推广。改革试点以来，实施外勤作业统筹叠加4436次，联合作业78宗，压缩外勤作业20002批次，监管结果应用63次，协同查发违法案件87宗。参与全国属地查检业务管理系统改革试点工作，生成全国海关首票出口报检电子底账。全年实施进出口货物属地查检4.44万批次，查发问题1614批次，其中，进口目的地检查7942批次、查发问题650批次、出口申报前查检3.65万批次、查发问题964批次。

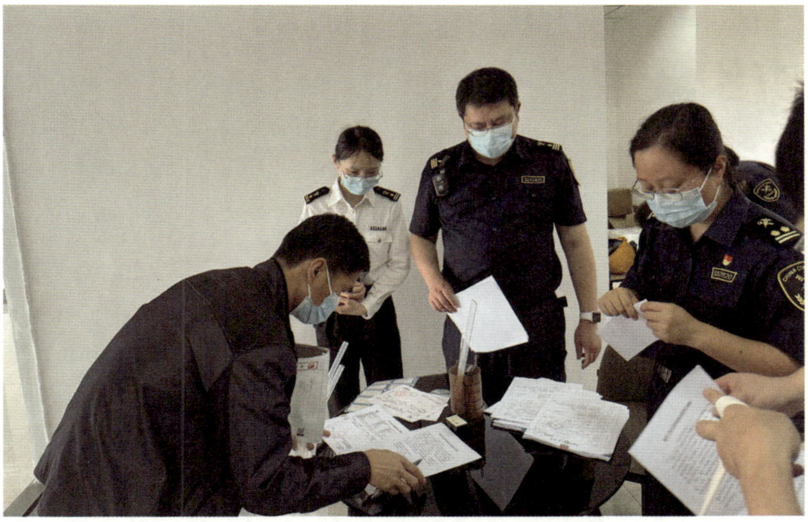

▲2022年4月13日，黄埔海关属地查检管理科联系基层跟班作业，进行进口危险化学品查检 （黄埔海关稽查处 供图）

【检验检疫行政处罚职能调整】2022年8月1日，黄埔海关将检验检疫行政处罚职能管理职责调整至稽查部门，制订检验检疫行政处罚案件职能调整工作实施方案，厘定各部门工作职责，建立自查自办、查审分离、分级审理的工作模式。制定进出口危险品违法案件办理、过渡期间适用规范性文件相关问题、认定涉检验检疫轻微违法行为若干情形等工作指引5份。加强业务培训，开展执法检查，规范检验检疫行政处罚工作。在“口岸危险品综合治理”百日专项行动中，发挥行政处罚的震慑作用，查办危险品案件8宗。全年办结检验检疫行政处罚案件381宗。受海关总署委托，牵头起草全国检验检疫行政处罚案件操作规程。

撰稿人

王 静

查缉走私

【概况】2022年，黄埔海关缉私局刑事立案322宗，案值121.2亿元；行政立案1251宗，案值34.5亿元；立案侦办案值千万元以上案件49宗、亿元以上案件12宗。打击重点涉税商品走私和偷逃税额巨大、危害严重的行业性团伙性走私，立案侦办涉税案件207宗，案值34.63亿元。开展打击农产品走私专项行动，查证走私进口木薯淀粉45.7万吨，获评海关总署2022年缉私十大典型案例。立案侦办非涉税案件115宗，其中，走私国家禁止进出口货物案件47宗，走私废物案件36宗，走私珍贵动物制品案件2宗，洗钱案件7宗，走私毒品案件4宗，走私枪支配件案件19宗。开展打击走私专项行动获得海关总署、公安部领导批示。

【打击涉税走私】2022年，黄埔海关缉私局开展打击水客渠道走私专项行动，坚持“露头就打”与“破大案、打团伙、摧网络”相结合，以“打头挖根断链”为重点，发挥海关缉私部门专业优势和地方公安机关资源优势，采取联合经营、联合行动、联合收网模式，对“水客”走私源头、通关、运输、销售等环节以及关联犯罪实施全链条打击，全年立案侦办48宗，案值1.6亿元。通过大数据分析，深化数字手段运用进行验证，加强部门联动，开展海南离岛免税“套代购”常态化打击行动，全年立案侦办18宗，案值1326.08万元。聚焦成品油、木材等重点涉税商品，深入开展市场调研，比对分析进口数据，

▲2022年6月21日，黄埔海关缉私局联合东莞市烟草部门开展“FG22.307”缉私专项第三轮打击行动（黄埔海关缉私局　供图）

▲2022年8月23日，黄埔海关缉私局结合夏季治安打击整治“百日行动”联合凤岗海关监管部门对清溪保税物流中心开展夜间巡查（黄埔海关缉私局 供图）

立案侦办走私红柴油案7宗，查证走私红柴油8195.24吨，案值4957万元；立案侦办走私木材案12宗，案值2.74亿元；查证走私黑核桃木、红橡木等4925吨，菠萝格等木材14.13万立方米。加强与地方公安机关、海关风控部门联系配合，开展木薯淀粉等农产品走私专项打击，立案侦办走私进口农产品案10宗，案值11.92亿元；查证走私进口木薯淀粉45.7万吨、椰浆3901.78吨、海参22.79吨。强化与地方政府部门联系配合，开展两轮打击邮寄渠道雪茄走私专项行动，立案侦办31宗。

【打击非涉税走私】2022年，黄埔海关缉私局推进“蓝天2022”专项行动，密切关注货运渠道废矿渣、废电器、废金属、废塑料等伪瞒报、夹藏走私风险，立案侦办23宗，查证涉案废塑料7563.79吨，查证走私进口再生铸造铝合金原料39.82吨，查证走私进口废旧电子产品50.07吨，查证走私进口二手汽车配件14.75吨，查证走私进口废铁4.34吨。推进“护卫2022”专项行动，推动地方政府加强一线封堵治理，实施联查联控，强化关键地段巡防查缉，严密封堵偷运走私通道，对走私“购、运、储、销”各环节实行全方位打击，立案侦办走私国家禁止进出口木材案3宗，案值161.32万元，立案侦办走私珍贵动物及其制品案2宗。开展“国门勇士”“使命2022”行动，立案侦办走私毒品案4宗、走私枪支配件案19宗，查获“迷奸水”、三唑仑等新型毒品一批，疑似枪支配件2857个。

【打击水上走私】2022年，黄埔海关缉私局开展打击粤港澳海上跨境走私、地方“双反”、“清港清湾”等一系列专项行动，保持水上缉私高压严打态势，抓获犯罪嫌疑人44名，查扣涉案船舶16艘。完善三方联动机制，加强与海关风控、监管等部门联系配合。与海警、地方公安交流走私态势、战术战法，互通信息。与广东省公安厅打私局（“双反”办）联合经营、共同研判，通过广东省打私办统筹协调各执法部门联合打击，查办水上走私违法案件38宗，案值约21亿元。建立24小时全天候联动响应机制，落实全时段、高频次、高见警率的对开式交叉封锁，全年出动缉私艇442航次，航程43119海里。

【智慧缉私】2022年，黄埔海关缉私局完成数据清洗入“黄埔缉私云”大数据资源池，上线启用文本挖掘功能模块。探索建成快速挖掘大数据重点信息的类案语料库，参加全国海关缉私部门“智慧公安我先行”基层技术革新比武获二等奖。推进“四个中心”（情报中心、指挥中心、办案中心、案管中心）建设，集成10大系统打造“水上情报指挥中心”，初步实现情报、指挥、行动一体化的转型升级。参加公安部和CNAS联合举行的2022年全国公安机关刑事技术实验室能力验证（盲测），取得最高评价“满意”。

【行政处罚】2022年，黄埔海关缉私局运用“系统+人工”“提审+巡审+会审”方式开展督导，提升执法绩效，办结“两简”案件877宗，办结案值千万元以上行政大要案25宗。依托缉私综合应用系统和案管系统，定期通报各办案单位行政案件办理时效情况，及时督促指导，一般案件平均调查周期60.4天，同比压缩13.1%，“两简”案件9天办结率为100%。贯彻新时代“枫桥经验”，开展当事人约谈工作，“诉源治理”成效初显，促成5宗案件撤回复议或撤回上诉。

【综合治理】2022年，黄埔海关缉私局与地方政府召开联席会议，深化反走私综合治理，加强与地方政府和公安、海警等部门的联系配合，密切跨行业沟通协作，加强信息共享，协同配合打击，形成打私合力，推进打防管控一体化建设。加强与检察院、法院、银行、税务等部门的联系配合，立案侦办洗钱犯罪案件7宗，涉案金额52.79亿元。积极开展“关税协作”，协助税务部门立案3宗，涉及金额20.74亿元，税额2.01亿元。与广州市、东莞市烟草部门建立协作机制，共立案侦办走私烟草案件33宗，案值5500.64万元。深化与地方公安协作配合，协同打击关联犯罪，向地方公安移交线索17条，创新水上合成作战模式，指引地方公安、海警等部门查获走私案件4宗，货值约1亿元。坚持依法依规科学处置，巩固查获无合法来源冻品移交地方快速处置机制，明确即查即处工作程序。

撰稿人

张宇航　谢　政

第六篇

综合保障

政务管理

【概况】2022年，黄埔海关坚持以习近平新时代中国特色社会主义思想为指导，学习贯彻党的二十大精神，深刻领悟“两个确立”的决定性意义，坚决做到“两个维护”，落实海关总署工作部署，强化“三应”运行机制、践行“三实”海关文化。落实“第一议题”等制度要求，开展“三重一大”决策制度执行情况监督检查，明确4个方面24个决策事项。健全疫情内部防控组织体系和工作机制，每日开展疫情内部防控形势研判，跟踪属地疫情形势与防疫政策调整情况，调整内部防控相关措施，根据疫情防控需要启动应急值守工作模式，保障机关正常运转和通关平稳有序。加强关际关地合作交流，明确与广州海关业务协同具体事项分工，落实两关交流研讨会议商定的10项具体任务；召开与广州市黄埔区、东莞市政府联席会议，就打击走私、安全生产、综合保税区发展等达成一致意见。深化国际合作，加强外事人才队伍建设。加强“三智”宣传研究推广，申报海运智能大通关改革、跨境寄递智慧监管、报关单综合风险甄别模型应用等项目6个。加强国际贸易政策研究，报送文章11篇次，其中3篇被海关总署采用并上报，为上级领导决策提供参考。

【应急值守】2022年，黄埔海关落实三级值带班制度和24小时专人值班制度，紧盯元旦、春节、全国两会、五一、国庆、党的二十大等重要时间节点，开展值班专项培训，每日对全关值班室“全覆盖”检查，提升值班队伍履职尽责能力。落实重要事项第一时间报告制度，向海关总署报送值班信息39篇，获海关总署领导批示1篇。开展应急预案修订和应急演练，全年值班应急工作情况正常，未发生重特大突发事件。

【政务信息】2022年，黄埔海关优化信息考核指标，修订信息采用计分办法，定期通报信息工作情况，开展送教上门和隶属海关跟班学习，提升信息工作水平。围绕口岸疫情防控、促进外贸保稳提质、筑牢国门安全防线、优化口岸营商环境等方面重点工作，开展行业企业调研，提炼总结经验做法，反映问题建议，获海关总署各类载体采用183篇，署领导批示13篇次，编发黄埔海关每日信息249期、黄埔海关综合呈报38期、黄埔海关情况交流41期。参与互联网信息摘要报送工作，做好重要时期互联网信息专项保障。黄埔海关办公室获评全国海关政务信息先进单位、所属萝岗海关获评全国海关互联网信息先进单位，办公室、所属东莞海关获评全国海关政务信息先进个人2人。

【**会议管理**】2022年，黄埔海关加强会议管理，合理分配机关会议室资源，保障各部门开会需求，累计审批各类公告477次、会议通知145次。做好关长办公会、海关总署视频会议、形势分析及工作督查例会等保障工作，提升标准化、规范化水平。

【**公文处理**】2022年，黄埔海关坚持实事求是、准确规范、精简高效、安全保密的公文处理原则，开展收发文处理工作，保障机关工作顺利高效开展。强化公文审核政治意识教育，把控发文质量，落实发文审核多人复核、唱校制度，完善分级分类错情考核评比及通报机制，坚持“一对一”实时纠错和全关范围内半年发文审核错情通报相结合，减少文稿拟制差错。建立健全“送学上门”长效机制，开展送学活动2次。以精简文件为抓手健全为基层减负常态化机制，审核发文必要性，加强发文统筹管理，实施发文数量动态监控，全年发往隶属海关单位的正式文件、非正式文件同比压减17.39%、5.62%。加强机要人员公文收发轮训，规范机关各部门发文格式，强化文件全流程精细化管理，提高公文流转、制发的质量、效率和安全性。

【**督查督办**】2022年，黄埔海关抓好督查督办工作，将督查落实习近平总书记重要指示批示精神作为重大政治任务，对涉及海关工作重要指示批示精神建立台账，开展重点工作督办。压实贯彻落实重大决策部署工作责任，修订督促检查工作实施细则，明确各部门督查职责分工，形成狠抓落实的整体合力。全年督办关党委会、形势分析及工作督查例会、外贸形势分析会、与地方政府联席会议等议定事项及批示460件。建立关领导调研发现问题台账并纳入督办，推动解决问题90个。建立隶属海关周期性报送事项正面清单制度，将原有的140项压减为114项，降低其中13项报送频次，确保基层减负措施落实到位。

【**保密档案**】2022年，黄埔海关坚持党管保密、党管档案原则，在各级党委会、党委中心组理论学习会中组织学习保密法律法规及工作要求，编写保密及档案工作指导手册，建立常态化考评检查机制。修订档案工作突发事件应急处置预案，制订档案分类方案，落实保密、档案工作要求。开展保密档案全覆盖自查自评，梳理保密工作风险点，营造安全保密环境。

▲2022年4月15日，黄埔海关办公室在办公大楼举办保密月宣传系列活动（黄埔海关办公室　供图）

强化重点场所安全管理，加强档案库房巡查，组织开展档案突发事件应急演练。完成文书档案归档3734件，各门类专业档案移交入库保管1314卷、实物档案7件、录像档案18件、照片档案523张。强化档案开发利用，提供室藏档案资料查询服务，支持编研完成黄埔海关志（1991—2020年）和黄埔海关首次业务汇编（1947—2022年），形成15个疫情防控档案信息专题编研。开展“五个一”（组织一次专题学习、开设一个“保密宣传教育”专栏、开展一次作品征集、组织一次“保密故事大家讲”活动、开展一次警示教育）保密宣传教育月活动，扩大保密宣传教育覆盖面。开展以“喜迎二十大 档案颂辉煌”为主题的档案宣传活动，拍摄视频宣传短片，举办“档案史料开放日”展览活动，组织参加档案公开专题课、档案人员上岗培训课、国际档案日直播培训课，获广东分署主题征文活动二等奖3篇，三等奖7篇。5个“保密故事大家讲”微视频在“中国保密在线”展播，3个微视频被“海关影像”采用，12篇文章、微视频分别被《广州日报》、学习强国等媒体刊载。

【政务公开】2022年，黄埔海关按照政务公开工作要点要求，推进基层政务公开标准化规范化、擦亮热线服务窗口、加强和改进信访工作、规范和优化门户网站等工作。办公室政务公开科获评一星级全国青年文明号。制定政务公开工作要点，明确4个方面19项工作任务及责任单位和办理时限。推进关区基层政务公开标准化规范化建设，制订工作实施方案、标准指引、工作标准目录，上线网站专栏，设立隶属海关线上“工作间”，打造“易政务”品牌。办理政府信息公开38件，行政复议均由申请人撤销或维持原答复意见，无诉讼和投诉举报情况。提升12360海关热线服务水平，全年接听来电30007个，接通率为99.4%，疑难问题平均处置时长2个工作日，回访满意率为99.6%。相关做法和成效被海关总署相关信息载体采编。全年撰写热线工作动态13期，梳理重点敏感问题50余个。全年发布新媒体推文346篇，其中海关总署采用120篇。修订信访工作依法分类处理信访诉求清单，制订机关处置非正常信访行为应急预案、“关长接待日”工作方案，优化信访工作流程。畅通网站、热线、现场等接收途径，方便信访人反映诉求。加强风险研判，做好信访风险隐患线索排查。组织25个部门76人参加海关总署培训学习，提升队伍素质能力。妥善解决信访事项53件，同比增长76.7%。规范信息发布审查，开展专项扫网整改工作22次。开设“常见业务集成服务”“12360微问答”“视频图书馆”等专栏，集约政策法规、办事入口等办事服务基本元素，实现“一站式”服务。

【新闻宣传】2022年，黄埔海关新闻舆论工作坚持突出关区特色、找准典型位点、展现差别优势，宣传关区强化监管优化服务、维护国门安全、促进外贸保稳提质等方面的工作成效。全年编发各类新闻稿件409篇次、各级各类媒体采用1406篇次，同比分别增长47%、45%，其中，中央电视台报道18篇次，广东卫视、《法治日报》、《经济参考报》、《南方日报》、《中国国门时报》等省级以上主流媒体报道464篇次，“海关发布”微信、微博报道293篇次，“学习强国”报道267篇次，《中国海关》杂志刊发39篇次。报送舆情线索被海关总署采用82条，协助海关总署编辑舆情要览22次，开展舆情专项工作、编辑舆情综述类稿件74次，获海关总署领导批示6次，编发黄埔海关舆情参考13期。

【关史室建设】2022年，黄埔海关利用关史资源，传承改革创新基因，打造全面展示黄埔海关发展历程的关史室。成立关史室筹建工作领导小组，抽调熟悉关区历史的专家和业务骨干组成工作专班，组织召开专题研讨会5次，对展室功能定位、设计风格、场地布局、篇章划分等进行研讨。查阅档案资料5000余份。利用档案室存档资料设计撰写关史室篇目大纲，确定基本布展框架。向全关各单位、离退休老干部征集黄埔海关在全国海关首创或有较大影响力的事件线索、老物件、图片等各类资料，累计收集图片642幅、重要事件线索63条、相关资料28份、实物50多件。挖掘黄埔海关历史发展进程中各类改革发展故事63个，与相关部门核实重要故事线索20余次。

▲2022年8月24日，黄埔海关办公室有序启动搬迁前档案资料打包工作（黄埔海关办公室 供图）

撰稿人

王 颇 杨 武 邵 逊 袁 峰 黄靖芸

财务管理

【概况】2022年，黄埔海关坚持政治统领，贯彻落实党中央、国务院重大决策部署，落实海关总署党委工作部署，提升理财水平和财务管理能力，构建新海关预算保障机制，推行预算绩效管理，提升“过紧日子”形势下关区财务保障能力和风险防控水平，改善基础民生，推进队伍建设，保障海关业务正常运行。水电、物业等一般性耗费同比下降8.81%，差旅费同比下降31.6%，“过紧日子”工作经验被海关总署作为典型经验报送财政部。保障重点领域支出，统筹疫情防控资金，加强疫情防控物资储备，充足配发防护物资和专用设备。推进国企改革工作，完成3家所属企业国有产权登记申请。调整关区涉案财物管理模式，建立涉案财物动态清零机制，与地方政府建立“双无固废”移交处理机制和“三无船舶”移交集中销毁机制，处置涉案财物13211项，平均处置速度提升1倍，库存下降60%，节约仓储费用。

【预算管理】2022年，黄埔海关统筹发展和保障民生，提升财务保障能力，推进年度预算执行，保障疫情防控、国门安全、打击走私、优化营商环境等重点工作。推进部门预决算公开，跟踪财政信息公开舆情动态，关区首次实现3个层级21个独立核算单位预决算全面公开。强化项目全生命周期管理，对2023—2025年项目支出规划申报同步实施审核和第三方中介评审；开展2021年127个财政二级项目绩效自评，优秀率达93%。推进预算绩效管理，修订关区项目支出核心绩效指标，首次将重点项目绩效评价延伸至事业单位和缉私部门，开展单位整体支出绩效评价试点，完善预算绩效管理体系。

【经费管理】2022年，黄埔海关落实“过紧日子”和中央八项规定要求，在保民生和基本运转的基础上安排25个项目，重点保障业务改革和专项工作，压缩消耗性支出，物业管理费支出连续三年下降。黄埔海关本级投入防疫专项资金，做好常态化疫情防控资金保障。修订基建工程管理实施办法，建立“建设单位管、基建项目组建”的新模式。保障缉私办案及人员经费和重点打私工作支出。争取地方政府专项财政支持，保障“国门利剑2022”联合专项行动等重大任务，办案经费预算同比增长35%。保障业务技术用房等基础设施建设。安排专项资金分别对缉私局机关和5个分局执法办案中心开展升级改造，更新情报合成作战指挥中心大屏显示系统，完善指挥中心视音频采集专区建设功能，升级改造“案管中心智慧工作室”，改善执法和工作环境。提升信息化建设和警务装备投入，警务装备资金同比增长76%；建设超高速缉私艇，调拨改造大型监管艇，增强水上执法作战能力。

【基建管理】2022年，黄埔海关本级组织实施在建及新增基建项目7个。完成黄埔海关大沙地院区配套改造项目深化设计及前期招投标工作，建成准军事化体能训练场。开展在建基本建设项目安全生产检查，做好海关基本建设领域安全生产有关工作。修订物业零星维修管理实施办法，规范物业零星维修管理。

【税费管理】2022年，黄埔海关强化事前管理、事中控制及事后评估，加强税费财务内部控制和资金支付监控，确保职能运行和资金支付安全规范。核销税款入库同比增长8.04%；罚没收入入库同比增长5.99%。在东莞地区推广海关税费新一代电子支付系统。开展内部稽核，清理税费长期挂账。清点核销2021年度财政票据7875份，核对作废票据412份，申请2022年财政票据1.81万份。

【政府采购管理】2022年，黄埔海关提升制度执行水平，加强采购文件的规范性审核，规范政府采购代理机构执业行为，提高采购项目整体执行效率，结合专项整治工作，强化采购监督管理，防控非执法领域风险。审核下达黄埔海关本级采购任务253项，其中政府采购34项，其他采购219项，通过财政部政府采购计划管理系统审核关区政府采购数据85项。调整完善防疫物资保障措施，做好防疫物资保障工作。统筹采购防疫物资、试剂耗材等，其中个人防护类物资235.12万件，病毒采样管及咽拭子24.54万套。

【装备管理】2022年，黄埔海关加强公务用车使用监督管理，修订公务用车使用管理规定，厘清机构改革后原关及原检的车辆情况，加快公务用车报废更新进度。推进关区节能工作，健全节约能源资源管理、节能考核等制度，加强能源资源消费数据统计监督，督促各单位加强水、电、油、气等能源资源消费管理，推动“节约型机关”建设。黄埔海关本级等14个单位获得国家级“节约型机关”称号。

【资产管理】2022年，黄埔海关强化国有资产管理。建立报废资产动态清零机制，编写固定资产报废处置操作指引，通过国有资产处置平台公开规范处置报废资产实物及时清理积压在库资产，优化存量资产结构，完善处置资产管理档案，推进报废资产动态清零管理。开展清产核资工作，落实“资产清晰、账实相符、动态清零”的要求，通过各单位自查填报、成立关区固定资产清理检查工作专班、检查组实地复查复验、集中数据清理和账务调整、关区内外资产统筹调配5个工作环节，完善资产管理机制目标。规范报废审批手续和流程，完善资产借用手续，加强资产管理业务培训和指导，规范资产日常管理。

【涉案财物管理】2022年，黄埔海关牵头开发新版海关涉案财物管理系统和海关智能仓储管理系统，实现涉案财物查扣入库、保管、处置、出库全过程信息化管理。修订涉案财物管理实施细则，调整涉案财物管理职能层级。

▲2022年7月11日，黄埔海关财务处听取无害化销毁涉案红酒承办企业介绍相关作业流程（黄埔海关财务处 供图）

首创涉案财物动态清零机制，涉案财物处置效率提高一倍以上，实现涉案财物实际库存下降60%，涉案成品油、涉案冻品“双清零”。分别与广州市生态环境局、东莞市生态环境局签订处理工作方案，建立“双无固废”长效移交处置机制。落实属地责任，统筹移交东莞市打私办集中销毁“三无”船舶339艘，已结案“三无”船库存清理率达92.87%。组织开展关区涉案财物仓库安全生产大检查66次。

【企事业财务管理】2022年，黄埔海关完成国企改革三年行动方案工作部署，注销经营主体1个，转让与海关行政权力相关对外投资产权1项，实现事业单位所属企业的业务脱钩、机构脱钩、财务脱钩、人员脱钩。完善公司治理体系，指导修订公司章程，首次实现对企业的产权登记及收益申报。加强涉企收费管理工作，开展事业单位涉企收费自查自纠，对企事业单位开展收费实地检查，发放调查问卷107份，实施个别谈话7人次，现场查看收入明细账500余笔，检查发票系统收费明细25笔、业务工作底稿100余份，确保收费项目公示清晰，收费标准准确、依据合法合规。审核涉企收费、合作经营、服务外包等重点问题，开展巡察问题回头看。

【财务内控监督】2022年，黄埔海关完善财务制度体系，开展制度清查，完善财务制度68项。强化财务稽核，实施内部财务稽核438项，纠正工作偏差142个。开展“海关重点项目和财物管理以

▲2022年5月6日，黄埔海关加强财务督导检查（黄埔海关财务处 供图）

权谋私”专项整治工作，梳理工程建设、装备购建、疫情防控保障3方面重点项目676个、重大装备信息109项、其他财物管理重点信息1316条；通过专项整治提升管理效益，建立和完善涉案财物处置、工程管理、资产管理等方面制度机制5项；黄埔海关总结的问题和风险排查工作方法，被海关总署专项整治工作领导小组列为可复制推广经验。

撰稿人

吴　娜　洪晓峰　谢阳阳

科技发展

【概况】2022年，黄埔海关贯彻习近平总书记关于科技创新的重要论述，落实“三应”机制要求，树牢“三实”海关文化导向，挖掘科技赋能潜力，提升科技支撑创新引领能力，推进智慧海关建设。落实“三智”理念，完善物联网统一网关建设，助力海运智能大通关改革项目落地。推进东莞—香港国际空港中心配套信息化系统建设。推进国产终端设备深化应用，完成海关总署考核指标要求。加大科技研究与人才培养，提升科研成果转化水平，成立黄埔海关科技委员会，入选科技专业技术委员会及其分专业委成员393人，取得国家专利13件，在各类刊物发表文章16篇，在海关总署首次优秀科技成果评定中获评优秀成果5项。重大科研平台建设取得新突破，获批广东省口岸安全智能化检测重点实验室，为全国海关首个聚焦口岸安全智能化检测的省重点实验室，填补了广东省以及粤港澳大湾区在口岸安全领域省重点实验室的空白。

【信息系统整合】2022年，黄埔海关推进信息系统整合，搭建统一开发平台、研发项目通用模块，推进技术转型升级，实现业务功能整合、应用互联互通和数据共享共用。对缉私、督审、食品和税管等应用进行浏览器改造，对汽车监管应用进行重构，适应门户整合的需要。整合在线应用至21个。

【信息系统安全管理】2022年，黄埔海关加强科技领域安全管理，完成党的二十大等节点的网络安全保障工作，加强安全监督检查，提升网络安全自动处置率，保持病毒零感染率，在2022年网络攻防实战演习工作中取得零扣分成绩，入选公安部优秀技战法报告。落实网络安全防护，全年在海关总署开展的渗透测试中，实现了零高危风险的佳绩。海关信息系统安全管理中心回复率保持100%。

【信息系统运行管理】2022年，黄埔海关加强基础设施巡检和技术服务保障，建立“限时响应、首问负责、协调反馈”的工作机制，保障全关5400多台计算机设备、700多台网络设备安全稳定运行。强化信息化应用的日常运维，全年处理来自全国海关的服务请求单5160余份，处理业务异常数据工单455份。加强前台设备技术保障，全年受理前台设备网上报修故障3256次，故障完成率100%。做好监控指挥中心和关区视频会议保障，完成各级各类视频会议调试和转播工作545次，核心网络平均可用率达99.999%。推广应用“漫游打印”，设置机关文印室，全年节省人力资源成本及耗材成本约24.93万元。

【信息化基础资源管理】2022年，黄埔海关加强信息化基础设施建设，提升服务保障能力，确保基础设施安全高效运行。强化信息化应用运维保障能力，完善信息化应用监控中心，推进海关总署新运管平台上线应用，做好21个关级、18个署级分布式部署信息化应用的运行保障工作。加强通信基础建设，提升通信服务保障水平，完成政务短信平台升级改造，月均短信发送量20多万条。优化口岸监控指挥平台建设，完善H986、辐射探测设备、X光机等102台监管设备的地图分布及资产管理，实现设备信息及关联定位监控。完善关区网络结构，优化关区网络线路110余条，构建关区网综合保障体系。梳理关区网络线路底账，整合原有线路资源，响应业务需求新建、调整网络线路。深化云计算平台应用，优化资源使用，提升业务稳定性、可用性。加强常态化网络监控，实时分析网络流量，持续优化关区网络线路配置。全年业务骨干网络可用率达100%。

【实验室管理】2022年，黄埔海关优化实验室建设，推进黄埔海关粮谷国家重点检测实验室建设，为业务发展提供技术支撑。结合2021年实验室仪器设备绩效考核情况，拟定实验室仪器设备绩效考核实施细则。实施实验室日常运行情况每月监控。梳理完成实验室安全责任制度措施17项。形成实验室领域安全监督检查工作机制，制定实验室领域安全生产风险隐患排查清单。组建实验室安全监督检查专家组，开展实验室安全监督检查，排查处置安全隐患。全年视频检查7次、实地检查13次、调阅检查单证、报告530余份、问询相关人员65人次、发现并完成整改问题75个。

【科研管理】2022年，黄埔海关加强科研攻关，承办的6个署级科研项目顺利通过海关总署验收。推动科研成果转化，取得国家专利13件，在各类刊物发表文章16篇。联合成立广东5G+智慧海关联合创新实验室，搭建5G创新孵化平台，推进广东省科技厅重大科研专项“海关国门安全与通关便利化5G垂直应用示范项目”的实施，研发基于5G网络的口岸货物通关智能视频监管技术，完成现场5G高清视频回传、结构化视频分析、可视化物流监控、智能单兵调度等课

▲2022年8月12日，黄埔海关科技处开展核辐射探测门巡检（黄埔海关科技处 供图）

题研究，申请5G科研专利1项。在海关总署首次科技优秀成果评定结果中，获评一级成果1项，二级成果2项，三级成果2项。

【科普与宣传】2022年，黄埔海关做好科普与宣传工作，开展主题为“走进科技 你我同行”科技活动周系列活动，结合“线上+线下”方式，开展科技法规政策宣传，集中开展科技跟班作业活动，收集解决关级问题19个，举办科技讲座3场。开展2022年科普讲解比赛，27个单位报送参赛作品29个，评选出黄埔海关十佳科普讲解员及优秀科普作品，入选全国海关科普讲解比赛决赛2人，获评广东省科普讲解大赛优秀组织奖，获评广东省科普讲解大赛二等奖1人。制作《新海关 新征程 奋进中的埔关科技》宣传视频，在“南方+”等新媒体刊发。

【科技人员跟班作业】2022年，黄埔海关坚持“科技人员跟班作业”长效机制，建立双向跟班作业模式，开展科技为民服务活动，加强和基层一线关员的沟通。建立跟班作业知识库，采取“标本兼治”的做法解决跟班作业中发现的问题。全年推动解决署级与关级科技应用问题508个。

【疫情防控科技支撑】2022年，黄埔海关做好口岸疫情防控监控指挥系统技术保障，优化业务现场监控点位覆盖，做到关键场所“应联尽联”，全年新增监控点位474个，完善监控点位109个。开展监控指挥系统运维，全年保障音视频连线执法检查432次，其中船舶登临检疫168次、高风险非冷链集装箱货物采样消毒及跨境货车进出场所疫情防控检查264次。

【署级项目建设】2022年，黄埔海关推进海关总署稽（核）查业务、涉案财物管理、监管装备智慧管理等重大项目落地，完成信息化建设任务书98份。支持粤港澳大湾区建设，开发上线AEO内地和香港数据交换系统，实现内地和香港海关AEO企业数据全生命周期自动化处理和定时交换，推动4000多家内地企业和80多家香港企业互认合作。优化稽（核）查业务管理子系统，完成海关核查操作规范配套功能、简快案件办理等功能的开发。完善企业信用信息调查子系统，完成失信企业认定、信用修复等功能开发。完成新版海关涉案财物管理子系统升级改造项目、海关“互联网+监管”建设项目验收。推进监管装备智慧管理应用项目试点运行，作为牵头实施单位，配合海关总署完成行政

▲2022年5月23日，黄埔海关举办科技活动周系列活动（黄埔海关科技处 供图）

相对人统一管理子系统3.0项目立项、采购各项工作。

【关级项目建设】2022年，黄埔海关深化“互联网+海关”平台应用，升级优化平台功能，提升平台运行效率和稳定性，累计上线对外服务事项206项，全年处理企业申请9.15万次，向企业发送通知13.88万次、作业指令119次，推送微信消息1.19万次。完善智慧监管应用，研发“关区危险品智慧监控预警”功能，为危险品“清滞”“打瞒”提供支撑。建设取样送检全流程管理应用，实现取样送检全流程时效监控，提升取样送检工作效率，全年记录送样环节单证629类商品2.11万票，第三方协助取样、制样申请267票，企业查询实验室检验进度8.82万次，取样检验平均总时长4天10小时，较系统上线前压缩超50%。支持东莞—香港国际空港中心建设，推进监管系统的建设工作，推动实现空港中心卡口物流、场内物流、在途监控等管理系统化、自动化、可视化。深化关检指令融合，推进属地查检指令与核查指令统筹叠加，开发“属地指令叠加自动提示小程序”，实现企业“进一次门、办多项事”。建设跨境寄递智慧监管平台二期，加强对非正常交易行为的监控，建立防止跨境电商商品虚假交易、隐瞒货额及虚假运输的风险防控体系。优化检疫处理管理应用，规范证书签发业务管理。全面排查在用的关级应用系统、政务类网站的应用情况，推进关级应用系统适配国产化客户端升级改造。开发实验室试剂耗材管理应用，加强实验室安全生产管理，规范实验室试剂耗材管理。完成口岸门诊管理应用的建设，实现门诊诊疗全过程信息化管理，开发与地方医保平台的对接接口。

撰稿人

杨贵铖　郑　忠

督察内审

【概况】2022 年，黄埔海关围绕中央重大决策部署，结合重大系统性风险防范、“三应”机制运行、权力运行监督制约等要求强化政治监督，开展进口冷链食品、高风险非冷链食品集装箱货物监管专项审计调研，推动强化源头管控。开展保障农食产品有效供给、支持外贸促稳提质措施落实督察，开展综合保税区监管措施落实成效、AEO 企业贸易便利化措施落实执法评估。开展禁止“洋垃圾”进境措施落实、口岸检查作业、对美加征关税措施落实、贸易管制相关风险防控机制运行、实验室安全建设等专项监督，防范重大、系统性风险。全年共开展监督项目 19 个，建立机制 4 项。强化关区内部审计，开展迎审自查整改。协助海关总署完成署级专项工作 20 个。深化内控机制建设，编制稽查领域内控指引，创设“内控示范科室”。充分发挥 HLS 2017 内控平台应用效能，累计授权人数 621 人。加强研究型督审建设，《海关推动构建“双循环”新发展格局的实现路径研究》入选中国海关学会主题征文。

【督察监督】2022 年，黄埔海关实行“指定 + 自选”的督察模式组织开展关区督察工作。开展口岸检查作业规范情况督察和支持外贸促稳提质措施落实情况督察等署级督察项目 2 个，重点围绕现场查验管理、检验检疫作业、检查作业结果处置情况，海关总署促进外贸保稳提质十条措施落实成效等开展监督，提出督察建议，推动建立机制 3 项。开展保障农食产品有效供给督察和 AEO 企业贸

▲ 2022 年 9 月 1 日，黄埔海关督察内审处陪同审计署驻海关总署审计组到口岸一线调研检查（黄埔海关督察内审处　供图）

易便利化措施落实情况督察等关级督察项目2个，重点围绕农食产品检疫审批、单证审核、口岸验放情况，海关AEO企业管理措施落实情况开展监督，提出督察建议。组织隶属海关重点围绕税收征管、通关业务、查验作业、保税监管、采购管理、公有住房管理等方面开展自选督察项目29个，并提出督察建议，推动完善制度12项。

【内部审计】2022年，黄埔海关配合国家审计开展延伸审计调研4次，编发推送国家审计关注重点动态4期。建立“自查＋联合预审”的迎审自查新模式，统筹组织各部门单位对2019年以来关区执法和内部管理情况开展全面自查整改工作。设立5个专项工作组，重点关注重大决策部署、中央八项规定及其实施细则精神的落实、财务保障和重点项目的效益、监管改革及优化营商环境的落地和成效。建立健全整改管理、监督、跟踪、评价机制4项，实现“一关一档”“一处一档”，推动审计整改长效化。按照海关总署统一部署，完成专项审计调研工作6项。完成3个隶属海关主要领导经济责任审计。

【内控建设】2022年，黄埔海关以“重点领域内控示范”和“内控示范科室”推动内控建设发展，以稽查业务领域为试点梳理重大风险和常规风险内控指引65项；开展“内控示范科室”创设，细化创设标准20条，参与培育创设科室32个，发挥典型引领、辐射带动作用。开展关区内控工作，召开内控工作例会2次，完善12个具体业务领域306个关级内控节点岗位落实清单，对70个关级内控前置审核项目提出复核意见144条。强化内控标准化作业，印发内控前置审核操作指引及实例和内部控制与监督子系统应用标准化手册。强化科技控权，深化HLS 2017内控平台应用，全年应用HLS 2017内控平台补证3830件，取得专项成果446项，健全完善制度5项，编撰督审数据分析模型汇编2期，发布数据分析模型44个，编发分析案例49个。

▲2022年9月21日，黄埔海关召开经济责任审计视频会（黄埔海关督察内审处 供图）

【执法评估】2022年，黄埔海关协助海关总署开展“督审执法评估指标体系建设”项目研究，初步建成覆盖11个业务领域的三级指标体系。优化“数据＋指标＋分析＋调研”工作模式，突出数据分析和调研作用，对制度科学完备、政策落实效果、堵点难点和风险隐患等多角度进行评估。全面评估关区综合保税区高水平开放高质量发展措施落实和影响制约因素，发现5个方面问题，提出建议4项；推进AEO贸易便利化落实成效评估，发现7个方面问题，提出建议6项。关注口岸营商环境，评估进口水运标准品边境合规时间的影响因素，提出针对性改进措施。1份报告被评为直属海关优秀自选专题评估报告，全年完成署级专题评估项目调研、授课等专项任务10次。

撰稿人

朱　莉

离退休干部管理

【概况】2022年，黄埔海关坚持以习近平新时代中国特色社会主义思想为指导，深入学习贯彻党的二十大精神，坚决贯彻落实习近平总书记对老干部工作的重要指示精神，落实全国老干部工作“双先”表彰会议精神，按照海关总署党委工作部署和黄埔海关党委工作要求，突出党建引领，用心用情、精准服务，稳步推进老干部工作。全年新增退休干部职工134人。

【党建工作】2022年，黄埔海关把学习贯彻党的二十大精神与推动新时代离退休干部工作有机结合起来，推进《关于加强新时代离退休干部党的建设工作的意见》落地见效。制定黄埔海关加强新时代离退休干部党的建设工作具体措施。离退休干部党建工作经验在全国海关离退休干部工作会议上作发言交流。统筹开展捍卫政治机关建设专项教育活动，发挥好离退休干部党支部的示范引领作用，用好老干部大学等学习阵地，依托“网上党支部”“智慧银海”服务管理平台，开展“云讲座”“云会议”“云座谈”，全年推送学习辅导380余篇，实现线上与线下的融合学习。成立黄埔海关离退休干部党委和纪委，加强对离退休干部党建工作的领导。优化党支部设置，实现离退休干部集中居住地党组织全覆盖。推动示范党支部创建，离退休干部党委东莞第一支部、华景第一支部获评2022年党建品牌党支部，4个党支部获评“四强”党支部。研究制定离退休干部党支部规范化建设意见，加强支委班子建设，开展11个党支部换届选举及增补选，选优配强支委班子。完善党务联络员工作制度，协助各基层党支部开展党建活动。落实“三会一课”、主题党日活动、组织生活会、民主评议党员等制度，结合疫情防控常态化实际，采取线上线下相结合、小批量、多批次方式灵活开展活动。积极探索异地长期居住党员管理模式，办理3位异地离退休干部、职工中的党员组织关系转移到居住地所在社区及所在地海关，实行双重管理。

【服务管理】2022年，黄埔海关以信息化、规范化、制度化建设为抓手，提升管理服务水平。运用“智慧银海”“埔关金色家园”等平台创新离退休干部管理服务工作。利用大数据和信息化手段将党组织建设、日常管理服务等工作网络化、智能化，构建“互联网+党建、服务、管理”的工作新模式。加大智慧助老培训力度，提升老同志信息应用技术技能。对接老同志居家养老、医疗保健、法律援助、心理关爱、智慧助老等需求，推进“乐龄埔关五守护”行动。深化离休干部“一人一策”，帮助解决他们日常照料、医疗护理、紧急救助、精神慰藉等需要。建立退休干部激励关爱的制度，健全特殊困难帮扶机制，重点关心照顾空巢、独居、失能和重病老同志。完善“倾听心语工作室”流程，推动和完善干部荣誉退休制度。整合各方资源，开展“我为群众办实事”活动，解决离退休干部实际问题。全年走访慰问帮扶生活困难、住院、家庭重大变故137人次，通过上门走访和电话慰问老干部近1500人次，完成10位老同志重疾救助申请，处理来信来访问题18人次。开展警示教育月活动，坚持关心厚爱和管理监督相统一。加强老干部大学建设，创新疫情防控常态化下的教学模式，提升老干部大学信息化规范化管理水平。完善教学设备设施，启用线上课堂直播系统，提高网课直播水平。组织完成老干部大学校徽设计和校训提炼。规范老干部大学规章制度，建立教师数据库，有针对性开展教研工作，打造精品课程。举办“喜迎二十大　讴歌新时代”主题征文、书画摄影展、老干部大学三周年成果展示等活动。组织参加中国网举办的家乡推荐短视频比赛、广东省老年大学协会组织的舞蹈教学成果交流。全年开设10门课程11个班，学员670人次。

【医疗保障】2022年，黄埔海关坚持以人为本，做好医疗保障工作。推进异地就医备案改革工作落实落地，动态掌握异地就医人员情况，集中办理异地就医集中备案审批工作。做好重大疾病救助、干部职工子女统筹医疗工作，救助重症患者22人。做好疫情防控宣传引导，通过电话、短（微）信，“每日温馨提醒”，传达疫情防控信息，普及科学防护知识，引导老同志保持健康乐观的心态，自觉配合防控工作。跟进离退休干部的健康状况，帮助解决生活就医等实际困难。全年为2000余人次老干部发放防疫物资。

【“增添正能量　共筑中国梦”系列活动】2022年，黄埔海关聚焦党的二十大这一主题主线，深化拓展党史学习教育成果，开展“增添正能量　共筑中国梦”系列活动。开展广大老干部“建言二十大”和“我看中国特色社会主义新时代”调研活动，通过开展10场集中座谈、45位老同志面对面访谈、15个党支部主题党日活动学习交流等方式，引导老同志在推进改革攻坚、规范治理等方面献策出力。“七一”期间组织老干部过“政治生日”、重温入党誓词、喜迎二十大庆祝活动等，为7名老党员颁发“光荣在党50年”纪念章。健全老干部“红棉”志愿服务队管理，建立邻里互助等志愿服务机制。鼓励老同志在社区治理、疫情防控、家风传承、扶贫济困、乡村振兴等各方面发挥积极作用。建立离退休干部党支部与团支部共建制度，将支部活动与共青团活动、青年志愿服务相结合，开展“老青结对传帮带、结对共建促成长”，共建红色课堂，挖掘传承海关历史，15位老同志参与“薪火相传”活动。成立关心下一代工作委员会，建立黄埔海关银发人才库。华景片区老党员们积极参加社区治理，争当疫情防控宣传员；退休干部林建国被聘为广东科学技术职业学院“德育导

▲2022 年 10 月 19 日，黄埔海关离退休干部党支部组织参观大埔围村主题党日活动（黄埔海关离退休干部办公室　供图）

师”；退休干部何志强家庭、李煜清家庭获评东莞市和黄埔海关“最美家庭”；196 位老干部踊跃参加扶贫济困捐款。老干部创作的多幅作品入选“喜迎二十大　奋进新时代”广东省老干部书画诗词摄影作品展、黄埔海关“清风国门”书画摄影展，并被海关总署离退休干部局相关信息载体、“鑫海桑榆”微信公众号采用。

撰稿人

沈孔忠

第七篇

隶属海关单位

海关总署风险防控局（黄埔）

【概况】海关总署风险防控局（黄埔）是设在黄埔海关、承担全国海关安全准入风险防控和协调处置职能的非现场执法机构（副厅级），是中国海关“1+3+42”（海关总署设立风险管理司，在上海、青岛、黄埔3地组建海关总署风险防控局，在42个直属海关组建风险防控分局或风险防控机构）风险管理组织架构，以及海关总署风险管理司统筹业务风险全局、两级风险防控局职责错位、各部门单位优势互补风险防控体系的重要组成部分。内设正处级机构6个。承担全国陆运（公路、铁路运输）、来往港澳小型船舶水运、保税及海关特殊监管区域、工业品质量安全领域、边民互市贸易货物安全准入（出）风险防控，牵头开展贸易渠道濒危专项风险防控，并根据海关总署风险管理司安排开展各类专项风险防控等职责。

2022年，海关总署风险防控局（黄埔）在海关总署党委的正确领导和风险管理司、黄埔海关党委的具体指导下，以迎接学习贯彻党的二十大为主线，践行总体国家安全观，坚持以党建铸魂，建“五铁”（听党指挥、忠于人民铁的信念；锲而不舍、一以贯之铁的意志；科学精准、严把国门铁的本领；马上就办、真抓实干铁的作风；精诚团结、令行禁止铁的纪律）黄埔风控铁军，狠抓大数据应用、信息情报和联防联控三大核心能力建设，防范化解重大系统性风险，推进风险管理工作高质量发展。开展政治机关建设专项教育，落实政治机关建设要求。践行“两个维护”，坚决落实习近平总书记指示批示精神和党中央决策部署，严格防控濒危、政治类有害信息载体、“洋垃圾”、“水客”货物漂移走私违规风险。坚持防范化解重大风险，针对危险品、化肥、“异宠”等重点风险、重点领域、重点商品开展专项行动。统筹口岸疫情防控和促外贸稳增长，优化布控查验，参与海南自由贸易港海关风险防控体系建设，优化中欧班列风险防控措施。加强工业品质量安全管控，强化边民互市贸易渠道以及海关特殊监管区域安全风险防控。构建风险防控“三应”运行机制，强化联防联控，深化信息情报实战应用，推进系统化、数字化、智能化“三化”建设。全年布控查验9932票，高质量查获占比为56.04%。

【党的建设】2022年，海关总署风险防控局（黄埔）探索构建“三三三”（抓好“思想、组织、机制”三个保障；做好“目标、部署、考核”三个同步；打好“责任、能力、作风”三个基础）融合式党建体系，加强党建引领，深化“强基提质工程”，全面加强党的建设。风险处置处党支部和办公室党支部通过黄埔海关“党建示范品牌”“党建培育品牌”复核。党建专题稿件获海关总署政工办、广东海关简报等采用25篇次，微视频、微信稿获“学习强国”、《中国国门时报》等采用8篇。

【队伍建设】2022年，海关总署风险防控局（黄埔）以内务督察“流动红旗”“先进科室”评比和“支部联学共建”为抓手，锻造黄埔风控铁军。建立科室岗位职责量化评价管理体系，制定科室岗位职责量化表。加强教育培训，组织开展“黄埔风控大讲堂”15期，培训1000余人次。推进干部选拔晋升工作，强化绩效考核激励，6个集体和57位个人受到表彰，风险处置处获评海关总署、人力资源和社会保障部联合表彰的全国海关系统先进集体，风险处置处处置二科获评全国首批署级“内控示范科室”，1名干部获评广东省“扫黄打非”先进个人。

【风险信息】2022年，海关总署风险防控局（黄埔）组建信息情报专班，建立跨部门重点情报应用工作机制，开展风险信息情报工作。集中研判重点领域、重点商品异动风险，形成情报产品40项，加强外部市场调研和信息情报共享，编发打私专刊5期、各类信息周报67期，有关跨国有组织野生动植物犯罪趋同分析报告被海关相关信息载体采用并获海关总署主要领导批示。加强全球资源分布、国内外市场信息、进出口数据等信息采集，撰写钾肥专题报告获上级领导批示。推进信息情报实战应用，编发专项风险情报专刊53期。

▲2022年3月24日，海关总署风险防控局（黄埔）启动大数据应用“师带徒”活动［海关总署风险防控局（黄埔）供图］

【风险预警】2022年，海关总署风险防控局（黄埔）牵头编写2022年全国海关风险态势分析报告，组织撰写各类专题态势分析报告23份。定期对全国布控及查获情况开展监测研判，牵头编制全国海关月度风险防控情况报告14份。加强监测预警信息化建设，建成数据中台8个、风险监测指标22个。提升风险预警转化效能，根据风险预警启动稽查作业查发逃漏税款。移交不实贸易出口骗税线索，与公安、国税等部门开展联合打击茶叶骗税行动，涉及案值10亿元。

【国际贸易规则研究】2022年，海关总署风险防控局（黄埔）强化国际贸易规则研究与交流，参与世界海关组织《全球贸易安全与便利标准框架》（SAFE）修订工作。参加全球情报与信息战略工作组（GIIS）会议，提交并讲解“中国海关风险管理差异化绩效评估的最佳实践提案”。参加世界贸易组织相关会议，就日本核废水排放、中国台北、墨西哥水产品贸易相关议题开展交涉和技术磋商。组织中国特色海关风险管理理论与规则研究专班，发表相关研究论文6篇，获海关总署领导批示4篇次。《应用世界海关组织国际规则，促进海关风险管理接轨国际标准》获评海关总署风险管理司主题征文三等奖。

【风险分析】2022年，海关总署风险防控局（黄埔）统筹发展与安全，依托口岸安全风险联合防控工作机制，开展风险分析研判，推动分析成果转化，查发大案要案，守好国门安全防线。牵头全国贸易渠道濒危野生动植物及其制品风险防控，牵头全国海关布控查获濒危物种安全情事978起、769吨，其中自主布控查获554起、475吨，分别占全国总数的56.6%、61.8%，包括象牙制品10起，穿山甲鳞片3.19吨等。布控查发违规出口“问题地图”案入选年度广州市“扫黄打非”十大案件。推进全员打私行动，加强与缉私部门的联系配合，探索推动“一大案一专班”模式。创新移交后续稽（核）查新模式，与稽查部门联合选取典型样本开展个案风险验证，启动并办结稽查事项49宗，有效处置39宗。

【风险处置】2022年，海关总署风险防控局（黄埔）坚持口岸点状布控拦截与全链条系统性打击走私相结合，加强重大风险处置。强化“洋垃圾”进境源头管控，布控查获涉禁止类固体废物情事35起、1204吨。落实“口岸危险品综合治理”百日专项行动要求，组织全国海关布控查获危险品伪瞒报情事548起、7304吨；牵头开展出口化肥伪瞒报风险防控工作，布控查获化肥伪瞒报情事261起、1.67万吨。加强知识产权保护，布控查获侵犯知识产权情事78起、125万件，其中出口侵权牙膏案入选年度中国海关知识产权保护十大典型案例。强化边民互市领域风险防控，联合黄埔海关缉私局查发走私木薯淀粉案入选年度缉私十大典型案例。聚焦党的二十大召开、香港回归25周年庆典期间的安保工作，牵头组织内地海关与香港、澳门海关联合开展打击走私专项行动。行动期间三地海关查获各类走私商品136.22万件，查获涉及违法走私情事案值近3亿元，获得海关总署主要领导批示。

【保税及特殊区域风险防控】2022年，海关总署风险防控局（黄埔）牵头保税及特殊区域风险一体化防控，落实海南自由贸易港贸易渠道风险防控研究工作，牵头梳理海南自由贸易港封关运作风险清单。推进海关特殊监管区域风险防控课题研究，撰写署级课题论文在《西部学刊》发表，《海关特殊监管区域涉检风险防控机制研究》获评海关总署风险管理司主题征文一等奖，撰写的深化综合保税区检验检疫风险防控调研报告获海关总署主要领导批示。初步建成署级智慧风控项目可视化平台中的保特监控模块，构建加工贸易、保税物流领域监测指标体系。推进加工贸易及特殊区域专题风险分析处置，开展专项业务风险分析56项，移交高风险企业205家，涉及货值26.2亿元，同比增

▲ 2022 年 9 月 16 日，海关总署风险防控局（黄埔）召开风险布控指令全生命周期管理监控分析模型建设会议 ［海关总署风险防控局（黄埔） 供图］

长 111.3%、376.4%。在保税仓储环节查获固体废物 77.4 吨，查获含濒危成分商品 8.2 吨。

【大数据应用】2022 年，海关总署风险防控局（黄埔）推进系统化、数字化、智能化“三化”建设，组织完成海关风险信息监测预警平台监测指标建设 18 个，监测指标入选全国海关风险业务监测指标（“云擎”）目录 5 个，以智能应用提高人工分析精准度。优化“洋垃圾”智能甄别模型，构建“洋垃圾”伪瞒报风险甄别子模型 9 个，利用模型自动布控查获固体废物 40 票、1215.8 吨，退运不符合国家标准货物 52 票、1517.8 吨。开发“云擎”平台级监测模型，绘制濒危风险地图，在重点关区和口岸推广应用。建立全国加工贸易企业指标监测体系，开发多维度定期监控分析模型 7 个。推进货运车辆物流轨迹监控模块建设，利用车辆实时监控、围栏监控、轨迹比对等功能，探索货运车辆轨迹监控在实战中的应用，提升物流链风险分析信息化水平。参与国家重点研发计划项目“海关税收征管与风险甄别防控技术研究及应用示范”科研工作，提出欺诈行为监测模型、全息标签档案体系、风险特征知识库、基于企业、实控人和其经营商品等维度的海关知识图谱等业务需求，构建打击伪瞒报、夹藏等欺诈海关行为的大数据分析平台。组建大数据算法支持小组，开展“师带徒”活动，强化大数据应用技术基础和后备人才保障。加强大数据安全管理，完善系统授权管理制度，每季度开展应用系统与数据安全核查，确保业务数据零泄漏。

撰稿人

肖瑞琪　邱思诺　赖志凯

黄埔老港海关

【概况】黄埔老港海关为隶属黄埔海关的正处级海关，内设正科级机构19个，下设副处级机构1个（船舶监管办事处）。负责监管一类码头2个：广州港股份有限公司黄埔港务分公司大码头、广州港股份有限公司石油化工港务分公司码头；二类码头2个：广东中外运黄埔仓码头、广裕码头，同时承担沙角、三门岛、桂山等10个主要锚地及水域的监管任务。负责黄埔关区广州片区（除增城区）出口原产地证审签业务、黄埔关区广州片区进口检验检疫单证集约签发业务，协调黄埔关区广州片区海关的相关统计工作。

2022年，黄埔老港海关坚持以习近平新时代中国特色社会主义思想为指导，围绕学习贯彻党的二十大精神主题主线，强化政治机关建设，推进“老港平安建设”“老港家园建设”。严格口岸疫情防控，成立入境人员外防输入、进口重点商品检验检疫和内部人员核酸采样3个专班，承接广州片区入境人员卫生检疫封闭管理集约化工作，检出阳性船员63人次。强化口岸监管服务，健全三级监控指挥中心机制建设，首批试点应用新一代查验异常处置模块，开展口岸危险品治理、进口食品安全、国门生物安全等专项行动，落实促进外贸保稳提质措施方案，优化海运口岸监管模式，进出口货物整体通关时间较2017年分别压缩82.29%、98.20%。审核报关单20.38万份，监管进出口货物1059.65万吨、货值1246.81亿元，监管进出境船舶9246艘次、进出口集装箱57.38万标箱，税收入库60.82亿元。黄埔老港海关查验一科获评广州市“扫黄打非”先进集体，1名同志获评海关总署“百名优秀执法一线科长”。

【党的建设】2022年，黄埔老港海关深入学习贯彻党的二十大精神，研究制订工作方案和具体措施，成立课题组3个，推动党的二十大重要部署落地见效。开展“学查改”专项工作和政治机关建设专项教育活动，推动落实党史学习教育常态化长效化措施，制定防范化解重大、系统性风险措施137条，落实意识形态工作责任制，抓好巡视巡察整改集中清理。提高党建工作标准化、规范化水平，开展党建交叉检查通报，建立支部、科室绩效“双考合一”机制，依托党建实训点开展培训和党员活动56次，深化“一支部一品牌一项目一工作法”建设，开展党员先锋岗、业务突击岗、青年示范岗、巾帼文明岗、志愿服务岗“五岗同创”活动，建成“1+2+2”（1个海关总署培育品牌、2个黄埔海关示范品牌、2个黄埔海关培育品牌）党建品牌发展梯队。

【廉政建设】2022年，黄埔老港海关立足“老港平安建设”，坚持“源头治理、内外兼治”，制定防范腐败风险重点任务430项。净化口岸执法环境，在保持打击违法行为高压态势基础上，强化三级监控指挥中心监控预警功能，建立“海外兵团”、不良中介等不法企业人员动态排查、处置机制。畅通关企沟通渠道，换届聘任特约监督员。强化“职能监控+科室自控”两级内控监督体系，开展非执法领域以权谋私专项整治和执法领域专项整治“回头看”工作，推动“内控示范科室”和“规范执法示范点”建设。加强新时代廉洁文化建设，制定加强机关纪委建设的18条措施，党委书记带头讲授廉政专题党课，开展“家书寄语·共叙清廉”家风助廉活动，提升廉政教育实效。

【队伍建设】2022年，黄埔老港海关弘扬“求实、扎实、朴实”海关文化，健全纪律作风常态检查通报机制，政务服务“好差评”工作好评率达100%。制定加强人才队伍建设措施12条，强化执法一线科长队伍建设，加强专家人才培养，现有8项岗位资质人员228人次。突出青年干部培养，建立青年理论学习小组，开展思想理论学用讲坛暨青年读书分享会，搭建“新风工作室”等实战锻炼平台，组织27名青年参加疫情防控闭环专班。深化精神文明创建，推进“老港家园建设”，制定关心关爱疫情防控一线干部系列措施，开展第二届“老港海关最美奋进者”评选，获评各层级荣誉奖励161人次。

【法治建设】2022年，黄埔老港海关强化依法履职意识，落实“证照分离”改革及注销便利化要求，开展线上审核，提高报关单位备案信息质量，实现企业“零跑腿”，解决“注销难”问题。落实检验检疫行政处罚案件职能调整的工作部署，实现“案件类型化”“流程标准化”“文书模板化”。弘扬法治精神，开展线下普法宣传58次，线上培训16次。对行政许可、行政处罚、行政强制等11个权责类型开展论证，协助完成海关权责清单（第二轮）征求意见工作。

【口岸监管】2022年，黄埔老港海关开展“国门利剑2022”联合专项行动，查发国家禁止进口固体废物2票、1.49吨；濒危野生动植物及其制品走私5票、15.89吨。开展进口食品“国门守护”行动，拦截、处置不符合进口条件的预包装食品、动植物源性食品等10批、163.52吨。开展“国门绿盾2022”行动，截获有害生物5944种次，其中属于全国首次截获的一般性有害生物2种［丽色树蜗牛（*Orthalicus pulchellus*）、延吉塔纳栓果菊（*Reichardia tingitana*）］。完善“吹哨人”预警、问题隐患动态清零等机制，安全生产专项整治三年行动顺利收官。承办黄埔海关口岸监管环节涉恐突发事件应急处置演练。

【优化口岸营商环境】2022年，黄埔老港海关落实促进外贸保稳提质系列措施，实施“重点企业直通车”制度和“问题清零”机制，开展政策宣讲会和企业满意度问卷调查，企业对通关便利化措施满意度为96%。深化海运口岸24小时通关改革，开

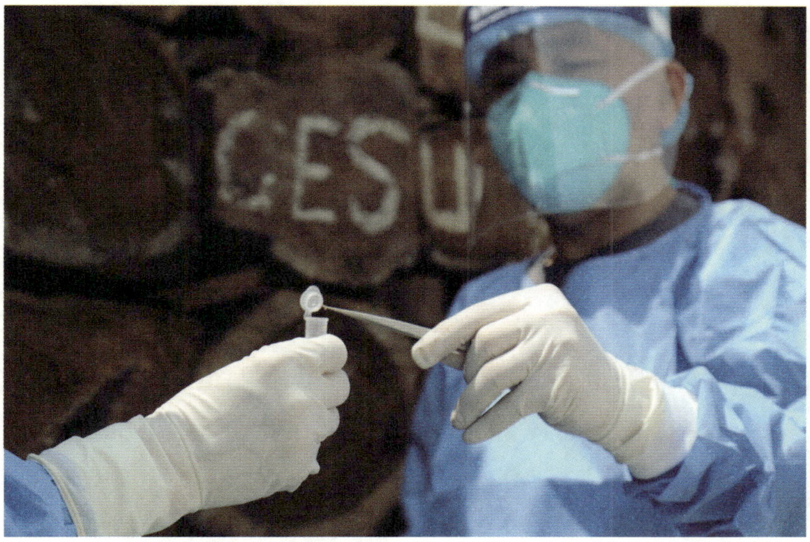

▲2022 年 5 月 10 日，黄埔老港海关关员在进境木材中查获检疫性有害生物中间乳白蚁（黄埔老港海关 供图）

展出口拼箱货物优化查验处置试点，提高口岸物流周转效率。推广“船边直提”“抵港直装”监管模式，监管货物 6.5 万吨。推动“湾区一港通”业务试点，出口标箱 2.8 万个。打造供港民生物资“水运绿色通道”，保障 15.6 万吨供港民生物资快速通关。

【综合治税】2022 年，黄埔老港海关强化税收风险监控，搭建“口岸 + 企业 + 报关单”数据分析监控体系，建立分析模型 48 个，分析税源企业和商品异动情况，提高税收征管质量。加强税源涵养，推广税收担保、自报自缴、税单自助打印等通关便利措施，落实减税降费要求，为重点税源企业提供“一对一”跟踪服务，以优质服务促进税收量质并举。税收同比增长 8.33%，圆满完成年度税收计划。

【知识产权海关保护】2022 年，黄埔老港海关落实“龙腾行动 2022”“净网行动 2022”等专项行动要求，聚焦重点国家（地区）的侵权高风险商品，打击海运渠道进出口侵权违法行为，支持关区中小企业创新维权，查办黄埔海关近年来首宗保护中小企业核心专利权案件。建立“两法衔接”工作机制，通报地方公安侵权案件线索 9 宗。查发侵权案件 46 宗、侵权商品 20.3 万余件。查获案例分别入选 2021 年广东海关、广州市知识产权保护十大典型案例。

【口岸危险品综合治理】2022 年，黄埔老港海关加强进出口危险品监管，重点打击伪瞒报、逃漏检违法违规行为，加强口岸危险品综合治理。推动“口岸危险品综合治理”百日专项行动，优化危险品进场拦截模块系统功能，明确口岸查发涉危货物处置流程，查获危

▲2022 年 5 月 18 日，黄埔老港海关关员在海运渠道查发伪报品名整柜逃检的啤酒（黄埔老港海关 供图）

▲2022 年 7 月 8 日，中国林业科学研究院木材工业研究所工作人员在黄埔老港海关调研 （黄埔老港海关 供图）

险货物 8 票。加强与属地安全监管部门和口岸联检单位协调配合，成功拦截计划出口的危险货物一批。

【口岸疫情防控】2022 年，黄埔老港海关落实新冠疫情防控政策，优化疫情内部防控措施，强化应急值守。承接广州片区入境人员卫生检疫封闭管理集约化工作，完成闭环管理 27 批次 346 人次。巩固“关长走进口岸封管区”跟班指导成果，牵头制作入境船舶登临检疫工作手册及演示视频，推广至全关使用。坚持“人、物、环境同防”“多病共防”，登临检疫进出境船舶 1932 艘次，安全转运移交船员 1070 人次，监管进口高风险非冷链集装箱货物 59 票，筑牢口岸疫情防线。

【三级监控指挥中心建设】2022 年，黄埔老港海关健全常态化口岸分析和专项异动风险分析机制，建立口岸执法规范检查清单，防范口岸监管风险。推动三级监控指挥中心“智慧监控”项目应用，开发集成码头物流、堆场布局等信息的“可视化”系统，提升监管作业场所和货物的监控效能。发挥业务现场“见单、见货、见人”优势，开展现场即决式布控试点，下达即决式布控 58 票，查获移交处置 17 票。

【进口检验检疫单证签发集约化改革】2022 年，黄埔老港海关推动广州片区进口检验检疫单证集约化改革落地，优化集约签证工作流程，设立咨询专窗和热线，对外发布政策解读、业务热点问答 2 期。推进入境货物检验检疫证明电子化，推动检验检疫业务运行管理辅助应用上线试运行，实现拟证出证业务全过程进系统、可追溯，单证电子化率达 100%。签发进口检验检疫单证 2.47 万份，占黄埔关区签发总量的 88%，签证环节平均出证时间稳定在 2 天内。

【RCEP 政策推广】2022 年，黄埔老港海关深化原产地证书审签集约化工作，召开培训会和宣讲活动推介 RCEP 相关政策，更新 RCEP 政策已实施国家（地区）名单、可自助打印出口原产地证国家名单，做好企业享惠规划指导。推广原产地证书“智能审核 + 自助打印”模式，提升签证效率。1 月 1 日，审核签发黄埔关区首票 RCEP 证书。全年签发原产地证书 22.21 万份，其中 RCEP 证书 5712 份，助力企业享惠出口 453.3 亿元。

撰稿人

沈梓岚　施　琼

黄埔新港海关

【概况】黄埔新港海关为隶属黄埔海关的正处级海关，内设正科级机构15个，业务主要以海运进出口货物和进出境运输工具监管为主，关区范围包括3个一类码头（广州港集团新港作业区、广州集装箱码头、广州益海粮油码头），3个二类码头（广东中外运东江仓码头、广州东江口码头、广州广物物资码头）。

2022年，黄埔新港海关深入学习贯彻党的二十大精神，聚焦“铸忠诚、担使命、守国门、促发展、齐奋斗”，凝心聚力、稳中求进，走稳走好高质量发展新征程。监管进出口货物1245.8万吨，审核报关单13.59万份，税收入库206.33亿元。做好口岸新冠疫情防控，开展口岸非冷链物品新冠病毒监测采样作业68票。支援香港抗击疫情，设立“7×24”通关绿色通道，开通“黄埔新港—香港应急保障专线”，验放各类物资1527批次、货值1.6亿元。全面深化改革创新，推进口岸海关业务改革，完善海运口岸“三位一体”智能物流监控体系，拓宽“湾区一港通”“大湾区组合港”改革业务，扩大“船边直提”改革试点范围。服务共建“一带一路”和粤港澳大湾区建设，优化“海铁联运+中欧（中亚）班列”模式。落实减税降费措施，推动RCEP生效落地，助力企业减让税款3354.05万元。强化口岸监管，保持打击“洋垃圾”、濒危野生动植物及其制品走私高压态势，完善固体废物风险研判专家小组机制，重点监管再生塑料颗粒、矿产品等进口货物，查发固体废物案件11票233.63吨，办理涉及濒危物种证件管理案件4宗。开展“口岸危险品综合治理”百日专项行动，实施三级催报催提机制，黄埔新港口岸连续21个月实现危险品动态清零，查发伪瞒报、逃漏检情事10起。

【党的建设】2022年，黄埔新港海关将学习贯彻党的二十大精神作为当前重要的政治任务，发挥五学联动机制作用，细化任务88项，关党委带头宣讲学习研讨29次，各支部撰写心得体会40篇。依托“新港红”党建实训点，以VR模式开展沉浸式学习，完成学习培训45856学时，拓展“导学、领学、交流、点评”新模式，开展“一学一讲一分享”主题学习活动20期，更新“四梁八柱”（以政治功能强、领导班子强、党员队伍强、作用发挥强为4道“主架梁”，落实“两个维护”制度机制、理论武装和思想政治工作长效机制、全面从严治党主体责任落实机制、党的组织生活质量提升机制、准军事化海关纪律部队纪律作风养成机制、“四强”党支部创建机制、党建业务融合机制、党员先锋示范引领机制为8条“顶梁柱”的党建工作体系）、党史长廊及宣传展板19幅，经验做法被关内外载体刊发13篇次。深化政治机关建设，实施基层党建“双提升”行动，抓好基层党建“五个规范”，强化支部品牌培育创建，打造“六会”（支部书记会做党委工作、会讲党课、会依靠组织制度管理和监督党员、会正确处理党内各种关系和矛盾、会开展思想政治工作、会防范和化解风险的6种关系能力）书记队伍，6个支部被评为黄埔海关“四强”党支部，1个党课视频获评海关总署优秀党课。强化队伍作风建设，打造忠诚干净担当的准军事化纪律部队，弘扬“三实”海关文化，以创建全国文明单位为抓手，深化党员先锋岗、战疫突击岗、青年示范岗、巾帼文明岗、志愿服务岗“五岗同创”，完成“好差评”办件177件，好评率为100%。选优配强科级领导班子，加强人才梯队培养，103人取得岗位资质198个；开展纪律督察300余次，常态化纠治酒驾醉驾，落实“以案促改治理年”行动，深化“一案双查”和“红包”“反围猎”综合治理，开展“清风国门”廉洁文化创建，征集创意作品10个，形成“三不腐”课题研究成果13篇。

【法治建设】2022年，黄埔新港海关深入学习贯彻党的二十大精神关于“坚持全面依法治国，推进法治中国建设”的重要论述。参与《中华人民共和国海关法》修订工作专班，开展海关规章立法后评估、海关权责清单编制等专项工作。开展多维普法，有效推进“4·15”全民国家安全教育日、“4·26”知识产权日、“8·8”海关法治宣传日、“12·4”宪法宣传日、“安全生产月”等重要专题普法6次，国家级媒体和海关总署媒体采用普法作品9篇、研究性文章1篇。推进执法争议前段化解，坚持和发展新时代“枫桥经验”，做好行政处罚、职业投诉举报争议案件处置，4宗行政争议事前化解，2宗涉职业打假人的行政复议均胜诉。推进“一口岸一公律”公职律师服务岗建设，发掘重点执法岗位法律专业人才，鼓励年轻干部岗位成才，新推荐1名公职律师取得执业资格，1人获评全国海关优秀公职律师。

【口岸监管】2022年，黄埔新

▲2022年8月3日，新港海关开展“8·8”海关法治宣传日活动（黄埔新港海关 供图）

港海关承接海关总署改革项目，推进智慧监管，完善海运口岸“三位一体”智能物流监控体系，推进海运智能大通关改革，实现4个集装箱码头进口货物100%电子验放；联合广州港开发“直装直提”平台，拓宽“船边直提”适用货物范围，助力43家企业实现189票报关单、92个集装箱的“船边直提”。拓展“湾区一港通”“大湾区组合港”改革试点，业务航线由1条拓展至4条，进出口货物2145票、7371个标准箱，进口货物节省20小时。严厉打击“洋垃圾”、濒危野生动植物及其制品走私。强化对申报价格偏低的敏感商品的现场固体废物排查力度，建立固体废物处置台账，形成固体废物快速退运的机制，从案件线索移交的源头入手，缉私部门提前参与处置环节，做好固体废物查处工作。加大货运渠道濒危物种及其制品的防控力度，强化与濒危物种进出口管理、生态环境保护等部门沟通协调。审核放行报关单13.59万份，货值1602.32亿元，监管进出口货运量1245.76万吨。推进海关知识产权保护“龙腾行动

▲2022年3月11日，黄埔新港海关关员开展粮油码头监管作业工作（黄埔新港海关 供图）

2022”，查获涉嫌侵权案件2批次，货值65.42万元。开展“国门利剑2022”专项行动，刑事立案21宗，办理行政案件145宗。推进三级监控指挥中心实体化运行，自建5大类23项任务的监控工作清单，建立“初核筛疑—复核确认—现场整改—反馈归档—问题通报”闭环工作机制。推进检验检疫行政处罚案件职能调整，推动落实“责任清晰、分离制约”涉检行政处罚后续管理。

【口岸服务】2022年，黄埔新港海关落实党中央“疫情要防住、经济要稳住、发展要安全”决策部署，持续优化口岸营商环境，助力外贸促增长。落实海关总署和黄埔海关关促进外贸保稳提质各项措施，用好“问题清零”台账，解决企业重点难点堵点问题80条。落实集成电路、生物医药等新兴产业优惠政策，支持汽车关键零部件、新能源关键矿物、优质种质资源等进口。服务共建“一带一路”和粤港澳大湾区建设，优化“海铁联运+中欧（中亚）班列”模式，监管集装箱标箱892个，货值约1.52亿元。专班专岗配合推进穗港客运码头复建工程，各类设备安装到位率达98%。实施粮食、矿产品进口“同船两港分卸”“散改集”卸运模式，疏港时间平均缩短3~4天，为企业节约成本1000万元。支持新港二期码头临时开放，做好国际航行船舶临时停靠新港二期码头

监管工作，采取“一船一报”模式监管煤炭2批、11.7万吨，保障冬季华南地区煤电迎峰供应稳定。落实跨境贸易便利化工作部署，加强通关时效监控处置，制定正负面清单，稳定进出口企业通关预期，进出口整体通关时间分别为36.47小时、1.22小时，较2017年分别压缩65.31%、97.63%。

【税收征管】2022年，黄埔新港海关深化综合治税，提高税收征管质量。落实减税降费措施，推动RCEP生效落地，助力企业减让税款3354.05万元。征收税款总计206.33亿元，同比增长5.14%。开展税收风险自主监控，应对化解主要税源企业资金断裂欠税风险，实现2700余万元税款“应收尽收”。

【检验检疫】2022年，黄埔新港海关深入开展“国门绿盾2022”行动，不断提升国门生物安全水平。加强对进口种子、苗木、花卉、粮食等的检疫查验，做好后续监管中的疫情调查和监测。加强检疫监管，做好红火蚁入侵口岸防控工作，维护国门生物安全。截获检疫性有害生物21种243种次，黄埔

▲2022年3月3日，黄埔新港海关关员保障黄埔新港—香港应急保障专线完成首批货物出口（黄埔新港海关　供图）

海关首次检出有害生物德克萨斯黍（*Urochloa texana*）、克侧蜉金龟（*Pleurophorus caesus*）、蓝翅草（*Phacelia tanacetifolia*）、叉枝老鹳草（*Geranium divaricatum*）。开展病媒生物监测，放置鼠笼840个次，智慧鼠笼377个次，捕获老鼠23只，检出4份次阳性标本，全部为钩端螺旋体，携带病原体检出率为17.4%。

【口岸疫情防控】2022年，黄埔新港海关优化调整疫情防控措施，做好口岸新冠疫情防控工作。关领导带头走进口岸卫生检疫封管区，派员参与广州片区“闭环管理”专班工作。处置阳性船员转运，组织疫情内部防控演练获海关总署“双百”督导组肯定。开展口岸非冷链物品新冠病毒监测采样作业68票。

【RCEP政策推广】2022年，黄埔新港海关成立RCEP推广实施领导小组，建立跨部门协调推进工作机制，加强通关、查验、物流等部门协调配合，快速应对通关受阻、无法正常享惠等应急情况。根据疫情防控形势，会同地方政府商务局、贸促会等单位联合开展RCEP线上直播宣讲会2次，重点讲解企业核心关注原产地规则及申请进口通关享惠流程，现场解答企业问题58项，参会企业近180家，收看人数超1.1万人。对接关区汽配企业，对11家重点车企开展研究，帮助企业根据自身产

品、产业链特点，用好企业原产地自主声明、累计规则等原产地规则，降低国内汽车整车生产企业的生产成本。加强对RCEP实施效果进行跟踪评估，与相关部门和企业密切沟通，收集整理关区协定享惠案例，对33家可享受RCEP项下关税减让而未申报协定税率的企业进行政策辅导，扩大企业享惠程度。受理2657份进口享惠报关单，关税减让3354.05万元。

【“口岸危险品综合治理”百日专项行动】2022年，黄埔新港海关落实安全生产专项整治三年行动方案，开展“口岸危险品综合治理”百日专项行动。对超7天未报关危险品完成催报或清理，建立进口超14日未申报危险品催报及提前提取变卖处理工作机制，及时通报安全隐患，规范危险品原始舱单电子数据传输，开展未核注危险品原始舱单电子数据规范传输抽核，检查舱单信息的真实有效性。对已报关未放行危险品全流程跟踪，建立专家小组集中研判制度。对已放行未提离危险品实施三级催提，优化完善危险品全链条分级催报催提机制，完善“红绿灯”预警监测模式。应对集司码头恢复开展3类和6.1类危险品业务，实现连续21个月无超30天堆存危险品。加强与职能部门、地方主管部门联系，明确口岸联防联控框架下的危险品伪瞒报、逃漏检情事通报反馈机制、安全信息通报渠道激活机制、开展安全生产联合检查机制。开展口岸涉危突发事件应急处置桌面推演，模拟查验关员在查验过程中发现夹藏未申报危险化学品情景，演练应急处置流程，提高一线人员涉危突发情况应急处置能力。

撰稿人

许少峰 张 硕 陈晓纯 林梓铭 周彭艳
姚 敏 徐思伟 黄 捷 傅 宇

穗东海关

【概况】穗东海关为隶属黄埔海关的正处级海关，内设正科级机构19个，关区范围为广州市黄埔区，有3个海关特殊监管区域（广州黄埔综合保税区、广州保税区、广州出口加工区）、12个保税场所（保税仓库8家，出口监管仓库4家）、1个海关监管作业场所（广州保税区车检场），代表驻区5个隶属海关与广州市黄埔区委、区政府开展日常对口联系。承接黄埔海关保税监管集中审核作业中心黄埔区作业点、减免税业务集约化办理黄埔区作业点，负责开展黄埔区加工贸易及保税监管业务，办理黄埔区企业减免税业务的审核和后续管理，代表黄埔海关入驻黄埔区政务服务中心，设立海关窗口，负责集中办理黄埔区企业报关单位注册变更等行政审批。截至2022年年底，注册备案企业5161家，世界500强企业及项目299个。

【党的建设】2022年，穗东海关深化“强基提质工程”，开展基层党建“双提升”行动，构建“合格支部—‘四强’党支部—培育品牌支部—示范品牌支部”的支部建设梯次，推动党建业务深度融合。制定学习贯彻党的二十大精神工作措施30项。开展内务规范强化月、警示教育月暨纪律教育学习月和“海关重点项目和财物管理以权谋私”专项整治等活动，巩固“现场监管与外勤执法权力寻租”专项整治成效。聚焦“关键少数”，落实对“一把手”和领导班子监督措施23项，完成全面从严治党重点工作任务30项。推进“学查改”专项工作和政治机关建设专项教育活动，梳理岗位政治要求450项，查找问题296个，完成整改措施37项。深化巡视巡察整改实效，建立与派驻纪检组会商通报机制，完成第六届特约监督员聘任。发挥“先锋在线”为民服务实践平台作用，解决企业、群众急难愁盼问题。穗东海关获评广东省五一劳动奖状，微团课《一代人有一代人的长征》获评广东省省直机关“百年团史青年说”微团课大赛集体项目三等奖，廉政主题海报《说不》获海关总署“清风国门”廉洁文化创意作品三等奖，2名同志分别获评全国海关、黄埔海关“党务之星”。穗东海关综合业务二科获评广东省“三八红旗工作室”、穗东海关综合业务二科党支部通过全国海关党建示范品牌复核、综合组获评“一星级全国青年文明号”。

【队伍建设】2022年，穗东海关加强执法一线科长队伍建设，打造“书记有约”平台，每季度评选“星级”支部书记，提升科长抓党建、带队伍、开展重点工作的积极性和创造性。实施“青年人才成长计划”，推行成长积分机制和轮岗制度，加大优秀年轻干部培养力度，1名干部获评黄埔海关首届“十佳青年关员”。提升队伍专业化水平，新增动植物检疫、进出口危险货物及其包装检验监管等现场一线岗位资质14人次。做好离退休干部工作，办理养老金申领6人次，调整缴费基数246人次。加大干部监督力度，推进领导干部个人事项报告，严格退休或辞职后从业行为管理，开展“裸官”专项排查、违规投资企业及在企业兼职（任职）问题自查整改工作。推进政策研究工作，论文获中国海关学会广州分会三等奖1篇次，获黄埔海关学会二等奖1篇次、三等奖3篇次，关员获评优秀学会会员13人。

【跨境电商监管】2022年，穗东海关落实外贸保稳提质措施，促进新业态健康持续发展。提升非侵入式查验比例，引入海关工作犬加强外来生物及动植物违禁品查验，开展“国门利剑2022”专项行动和“跨境电商寄递‘异宠’综合治理”专项行动，推动“断链刨根”专项行动，运用“五维联动”智慧监管系统开展大数据分析，提高跨境电商监管链条风险防范能力，高压态势打击寄递渠道走私违规活动；启用跨境电商退货中心仓，优化退货监管流程，建立“一企一策”和问题清零机制，帮扶企业拓宽宠物食品网购保税进口业务，落实重大促销期间“7×24小时”通关值守，确保通关畅顺；优化销毁流程，由最初2～3周降低到2～3个工作日，使企业节约退运成本超50%。

【税收征管】2022年，穗东海关开展税收数据分析和税收预测，审核减免额173.05亿元，减免税款5.63亿元，审核征免税确认通知书10017份，同比分别增长1786%、1334%、1111%。建立“一企一策”台账，采取税收征免

▲2022年6月8日，穗东海关关员在跨境电商企业开展安全生产调研（穗东海关　供图）

"一站式"管理模式，助力关区生物医药、集成电路、新型显示器件等产业集群发展。助力华星光电、新锐光掩模、现代氢能源等项目顺利落地。做好RCEP政策宣传，通过RCEP享惠进口企业18家，总货值1.11亿元，减免税款344万元。落实"问题清零"制度，协调解决企业进口通关查验、异地报关归类适用等问题64个。

【通关监管】2022年，穗东海关强化监管优化服务，监管报关单30.73万份，签发进出口证单19387份，办理"互联网+海关"业务15192票，综合处置报关单8016份。落实促进跨境贸易便利化专项工作措施27项，指导企业用好"陆转海"（陆运转海运）、"陆转空"（陆运转空运）等进出口报关模式，进口整体时间为9.40小时，出口整体为时间1.06小时，总体稳中有降，同比2017年分别压缩65.58%、89.28%。保持对"洋垃圾"、象牙等濒危物种及其制品的监管敏感性，拦截固体废物申报出区进口1批，退运非准入食品化妆品7批次。

【加工贸易】2022年，穗东海关推广"企业集团"加工贸易监管改革，关区内4家"企业集团"的8家企业参与，成员企业减免保证金（保函）约2亿元，节省企业物流、报关等费用114.91万元。参与"以企业为单元"加工贸易监管模式改革的企业142家，占关区加工贸易企业总数的96.6%。办理加工贸易残次品销毁5批次，货值10488.86万元，为企业降低税负成本2033.81万元。办理单耗自核资质备案3家。加工贸易进出口货值1140.06亿元，同比下降5.6%；内销征税27.05亿元，同比增长42.3%。

【口岸监管】2022年，穗东海关完成属地查检247票。优化保税存储汽车查验作业流程，建立"新沙港—黄埔综合保税区"保税汽车协同监管合作机制，完成机动车辆查验1069票、8326辆，查出不合格9批。加强跨境电商监管中心安全管理和新冠病毒感染防范工作，升级场内安全设施，首次实行人车分流通道；投入监管工作犬、CT机，加大网购保税查验力度。报送食品安全信息294条，被海关总署食品信息日报采纳30条。

【企业管理】2022年，穗东海关推进"多证合一"改革，共有注册企业5161家，同比增长11.73%。建立跨部门数据互通长效机制，推动企业注销便利化，清理注吊销企业116家。设立政务公开专区，将行政审批等50余事项申请表制作为二维码，便

▲2022年4月26日，穗东海关关员在关区加工贸易企业调研 （穗东海关　供图）

利企业群众扫码下载填写。行政审批事项网上办理率为100%，政务服务“好差评”五星好评率为100%。助力黄埔区古树荔枝首次出口海外，2022年7月23日实现首批荔枝顺利出口新加坡，被广东电视台、《新快报》等多家媒体报道。

【法治建设】2022年，穗东海关推进业务制度“立改废释”，对2019年至2022年制订的制度规范进行清理，保留19份、修订6份、废止4份。落实“谁执法谁普法”责任制，设立公职律师服务岗，开展志愿普法活动。开展线下普法宣传69次，参与企业297家、753人次；线上普法宣传56次，举办线上普法培训班11次，参与企业315家、3427人次。践行新时代“枫桥经验”防范化解复议诉讼风险，设立“枫桥经验”磨法工作室，做好矛盾疏导；建立重点企业“1+1”全流程跟踪辅导制度，执法和普法同开展同推进，化解行政争议。妥善处理检验检疫投诉举报事项2起，成功化解行政复议风险1起。

【查缉走私】2022年，穗东海关强化与缉私部门协作，保持打击走私高压态势。打击“洋垃圾”非法入境，加强固体废物、濒危等禁限、管制货物、物品的监管，严防外来物种入侵，加强进口商品质量安全和进出口食品安全监管。移交缉私刑事立案数量、案值，同比分别下降43%、下降46%。移交缉私行政立案案值同比增长2.3倍，涉嫌偷漏税款同比增长10倍。简快案件取得新突破，案件类型更加多样，办结简快案件15宗，提升监管效能。承接涉检行政处罚案件职能，办结涉检案件2宗。实现1个工作日内办结修撤单事项，办理关区内查验异常处置150单，办理关区外一体化通关修撤单业务155单。加强对外沟通协调，帮助企业解决设备异地通关受阻问题，降低企业通关成本。

【督察内审】2022年，穗东海关围绕维护国门安全、优化营商环境等重大政策措施选题，组织开展督察7项，提出督察意见及建议18条，坚持查发问题与解决问题同步，推动发现问题整改落实到位，提高关区执法和内部管理水平；发挥内控、督察、审计工作的协同效应，结合“三个突出问题”整治情况、“屡审屡犯”“屡查屡犯”问题治理情况，推进全领域自查自纠及迎审自查工作，统筹开展各级各类监督工作，在80项自查重点中查发问题137个；深化内控建设，提高自控水平，制定内控机制建设

▲2022年7月5日，穗东海关开展“关企同期声”企业座谈（穗东海关 供图）

考核评分标准，将内控建设成效纳入党建平时考核，开展“内控示范科室”培育创建，发挥“内控示范科室”的辐射引领作用，深化HLS 2017内控平台应用，应用该平台补证290件，取得专项成果26个，通过黄埔海关监控管理平台开展监控的有效率为46.72%。

【财务及后勤保障】2022年，穗东海关落实“过紧日子”要求，实施关区“过紧日子”实施方案和工作措施9项，落实节约能源资源落实措施42项，从严从紧编制2022年预算，“三公”经费支出同比下降7.13%，办公费、差旅费、维修费同比分别下降40.81%、24.23%、52.51%，实现了节能降耗目标。电费、水费、汽油费、柴油费同比分别节约20.49%、21.68%、19.26%、23.75%，被评为全国第二批“节约型机关”。加强税款入库核销管理职能工作，确保税费资金应收尽收、及时足额解缴，税收入库105.05亿元，同比增长48.1%，累计核销税款76631笔，税款核销率达到100%。退还企业保证金1.87亿元和办理企业退税0.69亿元，同比分别增长66.96%、1280%。做好常态化疫情防控保障工作，规范疫情防控物资采购、申领和资金支出，保障防疫需求。加大缉私保障力度，足额保障缉私警察人员经费及办案所需。建立房产安全自查监测台账，完善安全巡查台账，开展安全自查12次，安全大检查8次，消防、浸水、电梯故障、应急处突等各类演练10次。统筹做好全员核酸检测保障工作，严格办公、生活场所清洁消毒，落实个人防护、外勤防护要求，发放一次性医用口罩、N95口罩等防疫物资97类约60万件。

【疫情防控】2022年，穗东海关强化组织领导，完善疫情防控指挥部、内部防控领导小组、工作专班和综合组等机构运行机制。优化全员核酸检测，培养核酸检测采样骨干15名。加强应急预备梯队建设，实操培训60次，实操考核3次，支援一线口岸封闭工作23人次。推进联防联控，与街道、管委会沟通协作，明确和压实地方政府疫情防控管理方面的属地责任和主体责任。建立联防联控体系，定期召开联络员会议，实现核酸检测联合开展、疫情防控基本设施共享、技能培训互助。

【安全生产】2022年，穗东海关聚焦“发展要安全”，完善安全生产工作领导机构，建立风险隐患信息“吹哨人”预警机制，每季度召开安全生产工作会议。开展安全生产专项整治三年行动、“安全生产月”活动和重大节点安全生产、安全监管大排查，建立安全生产重点问题隐患清单及自查整改清单，逐一销号清零。加入黄埔区应急总指挥部突发事件应急专项委员会，联合黄埔区相关部门开展应急处置演练，提高反恐维稳应急处置水平。推进“口岸危险品综合治理”百日专项行动，查验79票，涉及集装箱31个，货值约642万元。开展“特殊监管区域规范管理强化月”专项行动，指导做好保税区危运车辆停放清理等工作。与穗港智造合作区管委会建立联席会议机制，推进广州保税区及出口加工区内不符合区域功能定位项目清理、卡口进出不规范等问题整改。

【黄埔综合保税区】2022年，穗东海关提升“区港联动”（黄埔综合保税区与新沙港联动）综合服务水平，优化进口汽车监管，打通保税汽车进出

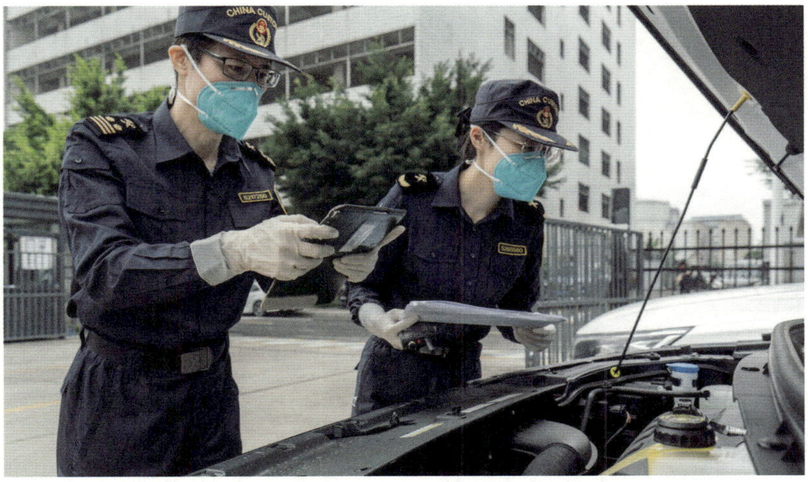
▲2022年4月20日，穗东海关关员对黄埔综合保税区内的汽车进行检查（穗东海关 供图）

口双通道，打造有色金属大宗散货集散中心，推进“仓储货物按状态分类监管”改革，打造全球中心仓，推动保税维修产业稳步发展。支持海关特殊监管区域新业态发展，成功复制推广自贸区创新经验，推动国务院关于促进综合保税区高水平开放高质量发展21项政策措施落地。国务院发布的自贸区复制推广制度和事项中针对特殊区域的16个事项和21条措施，黄埔综合保税区已复制10项、落实11条。截至年底，黄埔综合保税区内海关注册企业144家，开展海关业务的企业61家，其中保税物流企业57家（包含跨境电商企业11家），占比为93.4%，保税加工企业1家，占比为1.6%，保税维修企业3家，占比为4.9%。黄埔综合保税区（一、二线）进出区货值1300.77亿元，同比增长11.89%；其中一线进出区货值279.99亿元，同比增长68.26%；二线进出区货值1020.78亿元，同比增长2.47%。

【广州保税区】2022年，穗东海关复制推广“货物按状态分类监管”“批次进出集中申报”等自贸区创新制度。广州保税区企业通过按状态分类监管模式进出区保税货物货值3.25亿元、同比增长13.75%，货量1.88万吨、同比增长93.14%；非保税货物货值35.98亿元、同比增长14.44%，货量12.2万吨、同比增长41.87%。督促企业规范货物进出仓管理，除存储大宗散货保税仓库外，关区“两仓”企业全部启用“到货确认物流仓库维护”功能。“两仓”一线进出区货物总值44.86亿元，同比下降3.25%；保税仓库一线进出区货值23.31亿元，同比增长9.07%；出口监管仓库一线进出区货值21.55亿元，同比下降13.79%。全年广州保税区进出境总值148.44亿元，进境总值111.22亿元，出境总值37.22亿元。

【关地合作】2022年，穗东海关深化关地合作，与黄埔区商务局、工信局、知识城合作事务办、广州开发区营商环境改革局等部门签订合作备忘录，联合走访半导体、钢铁、电商等头部企业多渠道收集企业诉求，联合穗港智造合作区管委会制作促进外贸保稳提质措施一册通，呈现海关7个方面46项内容、黄埔区6条措施，分发至政府部门、办事企业及报关协会、物流协会、台资企业协会等，拓宽政策宣传覆盖面。

撰稿人

梁　珣

东江口海关

【概况】东江口海关是隶属于黄埔海关的正处级海关，内设正科级机构18个，按照业务集约化和功能专业化的要求，主要承担黄埔海关广州片区的稽查、核查（除增城海关外）和案件计税等业务。

2022年，东江口海关优化管理，提升查发效能，主要业务指标相比同期大幅增长。强化风险分析研判，办结稽查事项230宗。推动探索“大核查”（三个核查外勤科室统筹外勤指令、外勤人员，协同开展作业）工作理念提升核查作业质效。以计税系统升级完善为契机，规范案件计核业务流程，计核各类案件319宗，平均计核时长1.8天，同比缩短70.6%。

【党的建设】2022年，东江口海关加强党的二十大精神学习，通过举办知识竞赛、联合主题党日等多种形式开展党建片区联学共建，依托“东江潮声”广播开设“空中课堂”，“线上+线下”同步联动，开设“党的二十大”专题栏目，制作主题展板、宣传标语，宣传党的二十大精神。落实“三重一大”决策制度，坚持民主集中制。依托党建实训中心分类举办支部书记、委员的实训课堂，提升履职能力。开展思想动态和人力资源调研分析，分管政治工作关领导带队与136名干部逐一开展谈心谈话，全面掌握干部思想动态。深化“强基提质工程”，修订党支部平时考核办法，将党建与业务指标同步考核，推进考核评价标准化，开展党建片区互查、随机交叉检查，提升基层党建水平。坚持集约化党建理念，优化党建片区管理模式，推动品牌提档升级，东江口海关集中审像科党支部复评全国海关党建示范品牌。履行全面从严治党政治责任，落实对“一把手”和领导班子的监督措施。开展警示教育月暨纪律教育学习月活动，党委书记牵头开展课题研究，运用“全周期管理”方式，推进“三不腐”建设。深化廉洁文化建设，组织稽查外勤岗位年轻干部谈廉洁，开展“亲子书廉、共话家风”廉洁文化主题活动。

【队伍建设】2022年，东江口海关强化队伍思想理论学习，开展党的二十大知识竞赛、编发《浪潮》电子杂志党的二十大专刊，结合专项监督工作开展专题学习，引导党员干部学思践悟。采取实战轮训、稽查大讲堂、钉钉课堂等方式发挥专家型人才在研判分析、业务技能方面的传帮带作用，入选海关总署、黄埔海关稽（核）查专家型人才库各3人，在海关总署稽查岗位练兵个人比武中，13人进入全国前100名。常态化组织开展队列训练，涵养准军作风，纠治“四风”，更新“廉洁文化角”，开展家庭助廉。建设图书自助借阅区，开展“书香东江”全民阅读活动，购置图书400余册，线上图书馆访问1457人次；开展全民健身活动，更新健身器材，组织户外徒步运动；组织中秋做月饼暖心活动，提升干部职工幸福感，增强队伍凝聚力战斗力。全年开展志愿服务41次，参与人数272人次，总时长430小时。

【法治建设】2022年，东江口海关打造新时代“枫桥经验”基层工作站，建立行政争议预防化解机制，设置工作台账。推荐2名符合条件人员参加公职律师遴选，壮大公职律师队伍。公职律师参与案件研究或执法业务问题论证19次，对相关法条的理解与适用等问题展开讨论，提出法律意见建议。建立办理检验检疫案件集体讨论机制，依据法律、行政法规和海关规章的有关规定，作出处理决定。优化专家资源共享，构建执法科室、法规科室、职能部门三级联动机制，实现协同执法。深化基层诉源治理，坚持“四化”（主体多元化、环节前置化、过程标准化、决策科学化）工作法，了解企业个性化诉求，改进办案执法方式，形成矛盾纠纷“介入—研判—处置—反哺”全链条预防化解闭合回路。约谈企业50余次，成功化解行政争议33起，东江口海关获评司法部“全国行政执法先进集体”荣誉称号。

【稽查业务】2022年，东江口海关健全研判分析及贸易调查工作机制，强化大数据平台应用，发挥海关总署、黄埔海关两级专家引领作用，开展风险信息联合研判及线索上报，协同二级监控指挥中心探索事中、事后监管联动，优化稽（核）查作业衔接，丰富指令来源形成打私合力。落实全员打私工作要求，开展“国门利剑2022”专项行动，组建专家团队集中研判分析，提升查发率。针对稽查改革后送审案件数、案件类型增多，证据材料批注、取证要求不统一的情况，整理包括电子证据取证、证据材料批注盖章等4类、9种情形的参考标准及模板，制定和完善稽查规范化作业，规范送审标准和证据指导标准。加强涉检法律制度研究，提升涉检的“两简”案件处置水平，办理“两简”案件112宗，同比增长149%。推进涉检行政处罚职能调整，开展“口岸危险品综合治理”百日专项行动，查发危险品逃漏检情事22宗，同比增长267%。5月11日，应南昌海关稽查部门邀请，东江口海关“妙稽查”工作组发挥稽查专家型人才作用，集中优势力量，远程视频协助该关对某科技有限公司的混合特许权使用费进行稽查，强化跨关区联稽联查，提升稽查查发效能。

【核查业务】2022年，东江口海关聚焦“放管服”改革要求，推进核查领域企业自查结果认可模式改革，对10家企业采用“采信第三方报告”方式核查，联合地方监管部门对12家企业开展抽查。开展全程“互联网+稽核查”、远程视频磋商等30余次，开展线上线下宣讲会5次，参加企业超2200余家。探索“大核查”工作机制，整合优化核查资源，统一分派核查外勤作业指令，

▲2022 年 5 月 11 日，东江口海关“妙稽查”工作组云协助南昌海关开展特许权使用费稽查事项（东江口海关　供图）

形成执法错位协同、信息互通共享工作模式。打造“教科书式执法”，细化岗位操作指引，绘制业务流程图，制作核查作业台账，强化办案时效控制和监督管理。完善 VR 核查实训系统，新增覆盖食品、化妆品、出境果园等检验检疫业务，推行分级分类培训，将实训课堂与海关业务现场实景连线，通过“5G+4K”全景摄像机与核查现场实时连线，学员参与“后端会诊”，由专家组引导学员提出核查事项解决方案，并对其进行考评，实现“学战一体”。全年开展 VR 培训 52 期，实景连线 8 次，培训 614 人次。

【政务管理】2022 年，东江口海关守牢安全生产底线，建立安全生产风险隐患信息“吹哨人”预警机制，明确安全生产风险隐患信息报送渠道。细化办公场所内部安全责任分工，落实安全生产责任。定期开展食堂食品安全监督检查。开展安全生产常态化监督检查 50 余次，整改安全生产问题隐患 30 个。完善督办落实工作机制，建立专门台账，定期跟踪落实进度并通报，开展专项督查 6 次，建立督办事项 200 余个。提升信息新闻宣传水平，全年综合呈报等获海关总署领导批示 5 篇次。

【财务及后勤保障】2022 年，东江口海关落实中央关于“过紧日子”要求，紧扣关区中心工作，加强预算精细化管理，优化支出结构，压缩非刚性、非重点、非急需支出，控制会议、差旅、培训及“三公”经费支出，加强节能宣传教育，压缩“三公”经费，办公费、差旅费支出同比分别下降 38.77%、27.67%。加强食堂食品安全监督管理，开展卫生监督及食材抽样送检，规范原材料供应、餐具消毒、场所环境卫生、人员健康检查等环节，保证食品安全。

▲2022 年 2 月 28 日，东江口海关开展审核和简快案件办理业务培训（东江口海关 供图）

【疫情防控】2022 年，东江口海关优化新冠疫情防控措施。抽调骨干力量 29 人组建疫情防控突击队。制定疫情内部防控应急处置要点及流程图，开展内部人员感染新冠病毒处置应急演练复盘，开展进口冷链食品新冠病毒核酸阳性无害化处置演练，有效处置异常情况 100 余次。抽调业务骨干支援口岸闭环作业，对 100 余艘入境船舶进行登临检疫。

【国门利剑 2022】2022 年，东江口海关加强与缉私部门的联系配合，定期召开联席会议，优化稽查部门查发违法线索移交机制，组织专题研讨会学习贯彻新修订的案件线索移交标准，提升案件证据材料规范化水平。协同二级监控指挥中心探索事中、事后监管联动，优化稽（核）查作业衔接，运用属地查检、口岸监管工作成果，丰富指令来源形成打私合力，在打击象牙等濒危动植物及其制品、涉税商品、农产品及涉检类打私方面成效显著。

【VR 实训点】2022 年，东江口海关 VR 模拟实训点承担黄埔海关核查教学培训工作，参训学员通过“VR+5G”可视化形式足不出户参与核查外勤作业场景演练，统一执法尺度，有效规范自由裁量权，参加实训 1500 余人次。通过“VR+5G”技术线上联调，实时实景展现核查外勤作业现场情况，实现专家组远程指导现场核查组完成核查作业，解决一线专业资质专家人员不足问题。实训点投入使用以来，解决一线执法难题32个。推出VR助企活动，运用VR课堂与企业实时连线，面对面开展政策宣传和指引，“一企一策”解决企业问题。全年开展VR助企实训120余家次。

撰稿人

于惠中

萝岗海关

【概况】萝岗海关为隶属黄埔海关的正处级海关，内设正科级机构 11 个。关区范围为广州市黄埔区，下辖广州开发区进出境货运车辆检查场。

2022 年，萝岗海关深入学习贯彻党的二十大精神，落实海关总署和黄埔海关工作要求，推进队伍和业务建设迈上新台阶。围绕促进外贸保稳提质工作要求，发挥广州片区属地查检中心和企业认证中心“双中心”优势，履行监管职责，落实惠企政策，优化营商环境。累计税收入库 7.8 亿元，同比增长 38%；审核放行报关单 2.1 万份，货值 118.6 亿元，监管货运量 74.3 万吨；实施属地查检作业 1.08 万批，涉及企业 2909 家次；审核验放出口新冠检测试剂 3290 批次 5.1 亿人份；精准培育企业 33 家次，新增 AEO 企业 12 家，企业回访满意率达 100%。

【党的建设】2022 年，萝岗海关以习近平新时代中国特色社会主义思想为指引，深入学习贯彻党的二十大精神，推动全员真学深学。党委成员到分管领域、所在支部进行专题宣讲，开设网上学习专栏，开展集中专题学习 15 次，撰写学习感悟 36 篇，政工简报采用 1 篇，报送微信推送稿 2 篇、新闻稿件 2 篇。坚持党建引领，“第一议题”制度落实率达 100%。开展基层党建“双提升”专项行动，改造升级党建实训点，优化实训课程，开拓掌上“云学习”体系，建设党建文化角、宣传墙等红色阵地，开展“思想学用讲坛”座谈会，强化党支部战斗堡垒作用。打造“党员故事说”特色党建品牌，发挥党建示范品牌党支部作用。开展“学查改”专项工作和政治机关

▲2022 年 8 月 22 日，萝岗海关组织开展党员讲坛活动（萝岗海关　供图）

建设专项教育活动，从政治层面检视业务工作，找准问题、剖析根源、制定措施，结合政治机关建设开展“思想学用讲坛”6次。推动“支部建在科上”向“支部强在科上”转变，完善基层党组织建设，建立党支部季度考核制度，完成黄埔海关党建示范品牌复核2个，新申报黄埔海关党建培育品牌1个，开展党建特色品牌“党员故事说”访谈节目3期。持续正风肃纪，开展“海关重点项目和财物管理以权谋私”专项整治工作，制发工作指引20个，发放调查问卷206份，调研企业5家。

【法治建设】2022年，萝岗海关深化法治海关建设，开展制度清理工作，健全规章制度“立改废”常态化机制。落实“谁执法谁普法”要求，建立关企良性沟通机制，了解企业诉求，提高普法针对性，扩大普法覆盖面。打造“海萝号”普法云课堂品牌项目，将普法工作与检验检疫业务、认证培育、志愿服务、政务公开等工作结合，实现普法叠加效应。结合“4·15”全民国家安全教育日、“8·8”海关法治宣传日、全国“宪法宣传周”等节点，开展普法宣传，围绕社会关注热点问题，撰写进出口食品安全管理政策解读等科普类文章，参与“模拟法庭”视频拍摄，制作的普法视频《偷窥》获海关总署“海关影像”和“海关发布”栏目采用。

【检验检疫】2022年，萝岗海关审核出境检验检疫申请单3.1万份，同比增长3%；签发进出口检验检疫证书0.83万份，同比增长5%。发挥广州片区属地查检中心和企业认证中心“双中心”优势，划定5个企业片区，统筹安排外勤查验工作，提供全品类货物非接触约检服务，发挥顺势监管优势，实施属地查检作业1.08万批，涉及企业2909家次，单日单家企业查验量可达78批，外勤等候时间压缩至5个工作日以内。推进“顺势监管”“重点企业直通车”“远程视频查检作业”等改革，探索“以企业为单元”属地监管新模式具体思路和实现路径，推动属地监管提质增效。开展重点企业“一企一策”便利化通关，实施集约检验监管作业，节约企业进口、安装、投产、验放所需时间。开展“口岸危险品综合治理”百日专项行动，构建入境生物安全监测机制、预警体系、源头管控一体化管控体系，筑牢食品安全防线，检验危险化学品及其包装5526批，检出进境水生动物二类疫病3起，查发涉生物安全违规行为2起，销毁退运进口食品4批。

【监管业务】2022年，萝岗海关围绕党中央、国务院“六稳”“六保”决策部署，落实海关总署和黄埔海关促进外贸保稳提质措施。审核放行报关单2.1万份，货值118.6亿元，监管货运量74.3万吨。开展“关助力”专项行动，关领导带队走访挂点联系帮扶企业，深化“重点企业直通车”制度，落实惠企政策，优化口岸营商环境，为企减免税款超2000万元。提高通关效能，进口平均时效18.96小时，出口平均时效0.59小时。新一代电子支付率为99.9%，汇总征税率为77.15%，自报自缴率为98.2%、同比提升19%。推进跨境电商、全球中心仓项目落地开发区车检场，完成选址实地调研及监管方案撰写。完善转关流程，加强“一带一路”进口铁路重要节点沟通协调，对接渝新欧、蓉欧班列，实现货物进口公铁联

▲2022年10月12日，萝岗海关关员在某乳品公司开展实地查验监管（萝岗海关　供图）

运无缝链接，合并执行口岸查验、属地查检指令，核销进口转关车辆577次，货值超6亿元。移交刑事立案案值804万元；移交行政立案案值660万元；办理快速办理案件3宗，案值448.6万元。

【企业管理】2022年，萝岗海关发挥企业认证中心作用，开展视频宣讲会6期，参与企业221家次。聚焦“专精特新”等300余家重点企业，开展高级认证资质申请意向摸查，确定培育目标，开展“一对一”帮扶。发挥信用培育工作室和企业认证业务实训教学点作用，完善培育内容，形成企业预约、情况了解、问题收集、实时授课、互动答疑和效果反馈等的完整培育工作链条。加强多种媒体渠道宣传工作，扩大信用培育工作影响力。获评黄埔海关企业信用管理中级专家型人才3人，精准培育企业33家次，新增AEO企业12家，企业回访满意率达100%。

【政务管理】2022年，萝岗海关优化工作机制，发挥“萝卜快跑”工作室作用，提高信息新闻宣传工作质效，政务信息采用297篇，互联网信息摘要采用44篇，获海关总署领导批示3次。健全安全生产工作领导小组机制，强化应急值守，完善应急预案。开展数字化档案管理工作，举办“萝岗海关的前世·今生”微型关史档案展，撰写同名征文获评广东分署、中国海关学会广州分会“喜迎二十大·档案颂辉煌”主题征文活动二等奖。完善政府信息公开，及时公开“双公示”“双随机、一公开”等信息。建立迎审自查自纠工作专班，完善台账底账，开展专项督查4次，修订非执

▲2022年5月18日，萝岗海关关员在某公司对其进口玩具开展查验（萝岗海关　供图）

法领域制度7项。开展“节约型机关”创建活动，保障重点领域支出，统筹各项资产资源，实现政务、业务平稳运行。

【疫情防控】2022年，萝岗海关严格落实“人、物、环境同防”“多病共防”，强化“岗前检查、工作巡查、全程督查”机制，发挥现场安全防护监督员作用，开展场内互查和场外监督，确保现场查验无违规、无纰漏。加强监管场所、运输工具及人员动态管控，发挥三级监控指挥中心实体化运行效能，对日常查验进行实时监控及全过程回放。根据属地新冠疫情形势和海关总署、黄埔海关要求调整内部防控措施，做好应急人力储备安排。加强防疫物资进出口审核监管，成立党员突击队和防疫物资应急团队，实施24小时应急处置，快速审核验放疫情物资，打造防疫物资“绿色通道”，实现检测试剂“零延时”验放。实施“陆转海”模式，疏解因香港疫情出现的陆路口岸拥堵情况，实现海运“当日达”，运费下降50%。助力全球抗疫，审核验放出口新冠检测试剂3290批次5.1亿人份，输往全球142个国家和地区。

撰稿人

武月婷　和丽娟

增城海关

【概况】增城海关为隶属黄埔海关的正处级海关，内设正科级机构15个，下设副处级机构1个（驻荔城办事处）。关区设有口岸码头、增城铁路物流园、新塘车检场、广东国储增城公用型保税仓库4个海关监管作业场所，业务涵盖海运、铁路、寄递、电商、保税、核查等领域，依法履行监管、征税、检疫、检验、打私等职责。

2022年，增城海关进出口货值203.7亿元，同比增长47.8%；税收入库9.5亿元，同比增长86.8%；推动企业信用管理制度改革成果落地，核查作业有效率达82.9%，查发食品安全行政案件4宗。推进RCEP落地生效、原产地证书自助打印，签发各类原产地证书4.6万份，为关区企业获得6.69亿元关税减免优惠待遇。巩固整体通关时间压缩成效，进出口整体通关时间分别为8.61小时、0.64小时，较2017年分别压缩85.85%、60.98%。

【党的建设】2022年，增城海关加强党的政治建设，通过支部共建、以老带新、以党带群等形式学习贯彻党的二十大精神。推动党史学习教育常态化长效化，打造党建活动中心，整合“1+5+N”（1个增城海关党建活动中心，5个基层党员活动室，N个周边红色资源）党员教育网络，完善党员教育培养机制，开展“同频圆桌派”“青思论坛”等特色活动现场打卡186人次。获评广东省省直机关青年文明号集体1个，获评广东省“最美家庭”1户，获广东省直工委“百年团史青年说”微团课大赛二等奖1人。

【通关监管】2022年，增城海关严密监管链条，完善事前、事中、事后监管协同机制，进口整体通关时间为8.61小时，较2017年压缩85.85%，较2021年增长21.33%；出口整体通关时间为0.64小时，较2017年压缩60.98%，较2021年压缩31.91%。监管进出境（港）船员共1150人次；对第一入境地及最后出境地船员核验健康申明卡591份。实施“两步申报”“提前申报”等通关模式改革，便利企业提前办理通关手续，快速提离进口货物，减少企业口岸通关时间成本。接受申报进出口货值203.7亿元，同比增长47.8%。“两步申报”应用率为21.10%，进口、出口提前申报率分别为82.10%、85.41%。

【企业管理】2022年，增城海关简化注册备案办理流程，编写供港澳蔬菜种植基地及出口食品原料种植场办事指南，落实“重点企业直通车”制度，设立专家咨询热线，“一对一”进行政策宣讲和业务辅导，指导企业全流程网上办理业务。梳理行政许可资质临期情况，提前告知企业到期及延续申请事宜，确保企业业务不断。落实属地查检与核查、企业管理执法联动联系配合办法，认可2家出境水果果园核查结果作为资质延期申请依据，压缩审核时间。全年办理行政许可类事项申请38宗，政务服务“好差评”好评率达100%；办理特定资质类企业备案37宗；完成35家出口蔬菜基地（加工厂）和出口水果果园（包装厂）的年度审核，保障菜心、荔枝、黄皮等名优农特产顺利出口。

【寄递审核中心】2022年，增城海关防范寄递审核单证风险，开展风险“画像”、海量数据风险分析预警、筛查和执法倒查。聚焦高风险企业、团伙、商品和安全准入风险，防范寄递业务系统性风险。寄递集约审核中心人工审核跨境电商进口清单15143票，跨境电商出口清单85907票，邮件出口816票，合计约10.19万票。审核跨境电商进口退单2886票，退运890票，布控转查验100票。审核跨境电商出口退单26082票，即决式布控473票，查获涉侵权商品31件，申报不实36票。退运超限值邮件574票，退单模糊申报邮件172票，申报品名异常邮件布控转查验70票。

【国际班列】2022年，增城海关加强对铁路舱单电子数据审核、放行、核销全过程跟踪，货物发运、电子运抵通关时间压缩到1小时内。发挥“智慧监管”平台优势，对物流、集装箱、货物情况进行线上智能监控，完善以三级监控指挥中心为主导的场所监管、物流服务信息共享建设，优化调整查验场和暂存仓库，促进监管效率提升40%以上，实现中欧班列“天班发运”。与霍尔果斯、磨憨、凭祥、满洲里等出境地海关建立长效联动机制。推进“铁路快速通关”模式，4月15日监管广州首票“铁路快速通关”货物成功发运。全年监管中欧、中老、中亚等国际班列300列，标箱2.7万个，货重16.4万吨，货值73.3亿元，开行班列数分别占广东省、广州市总量的36%、48%，查验报关单118票，货物主要有空调、光伏材料、口罩、新冠病毒检测试剂、玩具、衣服、日用百货等。1月11日，保障首列广州—赫尔辛基中欧班列开行；5月18日，保障首列增城西站始发经满洲里口岸出境中欧班列开行。支持增城西站开通中欧、中亚、中老、中越4大主线11条运行路线，发行班列经霍尔果

▲2022年4月15日，增城海关关员监管广州首票“铁路快速通关”货物成功发运（增城海关　供图）

斯、磨憨、凭祥等口岸出境通达10国18城。主要开往波兰、俄罗斯、乌克兰、老挝、哈萨克斯坦、越南等国家（地区）。

【“组合港”模式】2022年，增城海关开展“组合港”试点业务，6月22日，增城海关与蛇口海关、中外运华南公司、招商港口、新塘仓码等单位联动配合，在新塘口岸码头成功发运“组合港”首航货物，在深圳蛇口港搭载国际货轮出境。全年监管“组合港”货物标箱631个、货重4678.9吨、货值1.45亿元；其中第四季度增长迅猛，出口标箱511个，货值1.33亿元，环比分别增长325.8%、1043.9%。

▲2022年5月30日，增城海关关员监管出口荔枝（增城海关 供图）

【帮扶农产品促外贸发展】2022年，增城海关开展进口粮食检疫初审59票，完成出口粮食、农产品现场查验及抽样109批次，货重463.7吨，货值275.4万元；进境粮食、食品检验77批次，货重3545.3吨，货值9868.9万元。服务粤港澳大湾区“菜篮子”建设，助力获评粤港澳大湾区“菜篮子”生产基地企业35家；帮助出口农产品企业获得落户奖励1655万元；验放供港农食产品1.92万吨、货值1亿元，远洋蔬菜1.2万吨、货值1.5亿元；拓宽供港蔬菜出口渠道，搭建“增城—盐田港—香港葵涌”“增城—大铲湾码头—香港葵涌”水运绿色通道，保障疫情期间香港“菜篮子”顺畅供应。5月12日，首批760千克的荔枝经检疫合格后空运至英国。8月1日，指导韶关结对帮扶点首批500千克的柰李顺利发运香港销售。全年监管放行增城特色荔枝、乐昌黄金柰李17批、15.27吨、货值19.3万元。帮扶增城粤港澳大湾区“菜篮子”项目的相关举措被中央电视台、广东卫视、“学习强国”、《南方日报》等多家媒体相继报道。新增供港蔬菜备案基地4家，新增种植面积694000平方米。

【危险化学品监管】2022年，增城海关加强危险化学品监管，对关区常见危险品实施“一企业一商品一表单”管理，打造标准作业单，构建作业标准化体系，检验监管进出口危险化学品273批，监管货值同比减少13.2%；出具出入境货物包装性能检验结果单109份、出境危险货物运输包装使用鉴定结果单625份。关区现有出口危险化学品属地生产企业6家，同比增长50%，出口危险货物包装生产企业25家，同比增长20%。

【RCEP政策推广】2022年，增城海关帮助企业用好RCEP政策，设置专人、专线接受企业业务咨询，开展

“一对一”政策辅导，指导企业选择适用税率、原产地认定规则。推广原产地智能审核模式，叠加自助打印及个性化快递证书等便利化措施，压缩签证时间。指导并协助企业获得经核准出口商资格。签发RCEP出口原产地证书1361份，货值1.66亿元，为外贸企业获得关税减免优惠约1160.76万元。RCEP出口原产地证书智能审核率为68.03%，自助打印率为91.69%。全年进口使用RCEP原产地证书享惠的报关单85票，货值1839.00万元，关税减免约11.58万元。

撰稿人

王燕梨　刘圣雨　肖志宇　张　程　林　超
易　慧　罗李福　徐　晖

东莞海关

【概况】东莞海关为隶属黄埔海关的正处级海关，内设正科级机构34个，下设副处级机构1个（驻邮局办事处）。东莞海关代表驻莞海关负责与东莞党政机关、司法、驻军等单位及企业协会的日常工作联系。关区范围包括莞城、东城、南城、万江、松山湖科技产业园区等20个行政区。8个业务现场，包括办公大楼、综合实验楼、寮步车检场、东莞南城国际快件中心、东莞国际邮件互换局、广东（石龙）铁路国际物流基地、东莞供港蔬菜监管中心、东莞市民服务中心。

2022年，东莞海关围绕“保安全、带队伍、提质效、强监管、促发展”的工作思路，统筹抓好口岸疫情防控和促进外贸保稳提质工作，推动党建业务深度融合的“星火计划”整体迈上新台阶。实施“关助力”专项行动，对重点企业开展“一对一”帮扶，推广“提前申报”“两步申报”等改革措施，推进“以企业为单元”“企业集团”等重点改革，多形式开展AEO企业信用培育，加强进出口食品安全、危险化学品等监管，依托石龙口岸水铁联运资源优势打造多式联运监管机制，推动跨境电商出口“嵌入式”监管改革。

【党的建设】2022年，东莞海关推动“融合式”党建实现高质量跨越式发展。丰富“星火计划”品牌内涵，星火党建工作室、星火政研工作室、星火抗疫突击队、星火青年先锋队、星火志愿服务队、星火业务攻坚团队、星火读书会、星光点点人文交流载体、星火清廉汇9个项目全面运作，新增项目星火“绿动力”植检专业团队组建运行。“星火计划”相关经验文章获得广东省直机关工委杂志等载体刊发。开展基层党建“双提升”行动，做好基层党建特色实训点试点工作，累计开展各类交流培训3000余人次。运用星火志愿服务队、星火青年先锋队、星火抗疫突击队平台，树立“支部在一线、党员冲在前”的鲜明导向，发挥“两个作用”（党组织的战斗堡垒作用和党员的先锋模范作用），推动疫情防控、外贸高质量发展等工作落实到位。“星火计划”工作获评广东省基层思想政治工作优秀案例二等奖，所属集体获得一星级全国青年文明号、全国海关党建示范品牌、广东省“扫黄打非”先进集体、“广东省职工书屋”等荣誉，36个集体、59人次获得上级各类表彰奖励。

【税收征管】2022年，东莞海关税收累计入库66.12亿元，同比增长12.88%。加大固体废物影子商品监管力度，上报风险参数67条，其中再生料参数获海关总署税收征管局采用。加大对美国原产地瞒骗问题的监管力度，查发瞒报案例2起。探索“体检式”帮扶，梳理剖析主要企业、潜力企业存在的规范申报差错、特殊关系栏申报问题、归类差错等通关问题，并指导企业解决。推动属地企业税收回流，参与海关总署关税征管司内销风险防控课题，承担黄埔海关内销参数改革试点工作。发挥“星火”税政小组攻坚作用，上报税则修订调整建议17条，其中被国务院关税税则委员会采纳2条。支持东莞深化两岸创新发展合作区建设，开展沟通协调、政策研究等工作。

【**知识产权海关保护**】2022年，东莞海关聚焦重点渠道、重点行业、重点商品，组织开展“龙腾行动2022”“蓝网行动2022”“净网行动2022”和粤港澳海关保护知识产权联合执法行动，重点打击邮件、跨境电商渠道的侵权行为，加大对进出口防疫物资的监管力度。参与“双打”（东莞市打击侵犯知识产权和制售假冒伪劣商品）工作机制，与东莞市市场监督管理局召开联席会议，共同举办企业调研座谈会，向公安部门移交涉嫌侵权案件1宗。全年查获涉嫌侵权商品889批，171.16万件。

【**统计分析及政策研究**】2022年，东莞海关依托星火政研工作室推动统计和政策研究工作，对东莞近万家企业开展各类调研逾200次。统筹、参与撰写专题分析76篇，获上级部门采用1篇次，获海关总署采用12篇次；参与海关总署课题1个，完成黄埔海关课题2个，参与撰写贸易分析材料8次，获上级领导批示1次，地方领导批示6次；撰写服务地方外贸高质量发展专题研究报告18篇次，梳理提出促外贸高质量发展建议60余条。发挥统计监督职能，严把东莞市进出口数据质量关；对近1587万条商品记录进行错误信息检控，核查纠正差错数据3.17万条；核查数据1.92万条，制发数据核查联系单106份。

【**检验检疫**】2022年，东莞海关落实总体国家安全观，做好关区进出口危险货物及其包装、食品化妆品、动植物及其产品、特殊物品等监管工作，出具各类涉检证书18856份，其中危险货物及其包装性能检验及使用鉴定证书13584份，其他涉检证书5272份。发挥东莞供港蔬菜监管中心集约化监管效能，保障供港蔬菜安全顺畅供应，监管供港蔬菜2.3万批，24.18万吨，价值2.78亿美元。开展出口竹木草制品企业分类提升专项工作，对优质企业采用远程视频查检作业模式，帮助37家企业通过考核完成升类。截至年底，东莞海关关区出境竹木草企业330家，其中一、二类企业占比为95.76%，一类企业87家，二类企业229家。深化属地查检业务改革，推动多部门协同联动，提升查检效率和效果，承接海关总署属地查检业务管理系统第一批试点工作，顺利生成全国首份电子底账、黄埔海关第一份云签发证书。融入“三应”“三专”工作机制，打造东莞海关星火“绿动力”植检专业团队，与商品检验处共建黄埔海关危险品检验专家工作室，提升关区危险品检验及植物检疫监管效能，推动属地查检工作高质量发展。

【**寄递类物品监管**】2022年，东莞海关聚焦跨境电商行业保稳畅链，针对疫情期间企业粤港陆运通道“司机难找、一车难求”的问题，打通跨境电商出口“陆转水”新通道，验放跨境电商出口“陆转水”货物1021柜，货值6.24亿元。8月1日，东莞国际邮件互换局启动跨境电商出口清单模式“嵌入式”监管改革，通过集约化、智能化、信息化管控等方式在全国率先实现将海关监管无缝嵌入企业物流生产环节，从整车监管细化为按包裹监管，全年验放跨境电商清单6.84万票，货值356.41万元。加大科技应用力度，为企业开通跨境电商出口24小时通关作业模式，提升通关效率。全年监管出境跨境电商车辆2.81万辆次、同比增长9.18%，票数1.37亿票、同比增长30.84%，货值229.36亿元、同比增长72.84%。监管出境邮件351.29万件，总价值1.67亿元。

【海关AEO工作】2022年，东莞海关优化对企服务，开展多形式AEO企业信用培育工作。深化链式培育，对接关区产业链供应链龙头企业，帮扶其商业伙伴提升信用等级，培育通过AEO企业10家。建立重点企业培育库，丰富AEO企业类型，帮扶东莞市电商企业首次通过AEO高级认证。加强协同配合，联合东莞市工信局、部分镇街对地方30多家“专精特新”中小企业开展AEO信用建设主题政策宣讲，协助地方评优评先、财政资金申请、助企补贴发放等信用审查，反馈地方来函196份，涉及企业4.14万家次，筛选出失信企业18家次。截至年底，东莞市共有AEO企业157家，其中东莞海关关区71家。

【核查工作】2022年，东莞海关完善核查部门制度机制建设，以“低干预、高效能”为原则实施精准监管，提升核查监管效能。推广“互联网+”核查模式，与地方监管部门开展联合抽查，推行核查部门“四环嵌套”内控工作机制（在内控文化、执法管理、对企服务、考核奖惩四个环节构建嵌套运作的“阳光理念”“阳光执法”“阳光服务”“阳光考核”工作机制），规范权力运行，降低企业配合成本。发挥缉私、核查部门联系配合机制效能，自海关总署企业管理和稽查司9月份要求考核核查查发大案要案指标以来，查获黄埔海关首宗核查领域大要案。办结“多查合一”核查事项579宗，占黄埔关区核查总量的29.1%。办结非“多查合一”核查事项283宗，主动披露作业10宗，企业实地

▲2022年12月1日，东莞海关关员在腊肠出口企业开展核查（东莞海关 供图）

认证外勤作业26宗。全年核查作业按时办结率100%，核查作业查审分离率100%，核查有效率91.19%。办理核查部门自主查发的快速办理案件3宗，与地方监管部门开展部门间联合抽查工作15次。

【疫情防控】2022年，东莞海关落实海关总署、黄埔海关和东莞市工作要求，做好口岸监管场所跨境司机和接驳司机管理、监管作业现场新型冠状病毒环境监测等工作，统筹推进疫苗接种，组织核酸检测。建立一线、应急、预备3支队伍，组织业务应急预备梯队开展“每周一训”，依托“钉钉”视频、莞关大课堂、实操演练等方式，线上线下相结合，做好日常培训演练，与地方专班开展联合应急处置演练3次。组建新冠疫情防控专项监控检查“挑毛病”专家组，开展每日视频抽查和每月实地检查，做好疫情防控督导，开展实地检查48次，发现并整改问题24个。联系地方卫健、公安、边检、海事等相关部门，强化联防联控工作机制，与东莞市商务局签署关于建立东莞市应对口岸公共卫生事件协作机制的合作备忘录，提升东莞片区口岸公共卫生联防联动工作效能。

【优化营商环境】2022年，东莞海关将优化口岸营商环境与坚持疫情防控、促进外贸保稳提质工作相结合，深入推进“关助力”专项行动，关领导“一对一”挂点企业27家，带队深入企业、机构调研27次，解决急难愁盼问题133个。成立东莞海关报关单结关时效监控与处置领导小组，强化各部门联系配合，提高通关效率。专人专岗落实日常监督工作，重点关注长时间未放行报关单，建立核查台账，逐票核查分析原因，研究应对措施，提升异常报关单处置效能。全面摸底影响进出口整体通关时间的主要因素，加强与重点企业的协同沟通，通过微信群、重点企业“一对一”辅导等方式，向企业宣传海关“提前申报”“两步申报”等改革措施，释放政策红利。落实企业“问题清零”机制，畅通关企沟通渠道，解决企业通关过程中存在的问题，确保通关运行顺畅。

【优化石龙口岸监管服务】2022年，东莞海关推广“铁路快速通关”“二次转关”等多种便利化通关模式，打造以铁路站点为枢纽、串联各类场所的多式联运监管机制，监管中欧班列30班次、标准集装箱2916个、货运量2万吨、货值8.18亿元。保障珠三角优势产品扩大出口，发挥

▲2022年1月3日，东莞海关关员在种苗出口企业生产车间进行生产工艺指导（东莞海关　供图）

中欧班列安全性高、运载量大、受天气影响小等优势，指导企业扩大家电等优势产品出口规模，对优质企业提供定制化专列监管服务，支持“中国制造”通过中欧班列走向全球。石龙国际班列出口空调、洗衣机、扫地机器人等家电产品44.22万件，货值4.11亿元。推动“东莞石龙—深圳蛇口”组合港于5月18日成功落地并稳定运行，发挥石龙口岸水铁联运资源优势，吸引长株潭、莞惠等地货物通过组合港出口，支持东莞国际邮件互换局跨境电商商品通过组合港出口，监管发运组合港驳船90船次，标准集装箱1664个、货运量1.34万吨、货值2.12亿元。

▲2022年7月20日，东莞海关关员在高温下对中欧班列货物进行监管（东莞海关　供图）

【加工贸易监管改革】2022年，东莞海关推进“以企业为单元”“企业集团”等重点改革，新增“以企业为单元”账册597本，共有账册1440本，实现关区符合条件企业全覆盖的工作目标。加强对企政策解读和业务指导，通过发放“企业集团”加工贸易改革宣传手册、制作“码上办”二维码等方式，引导关区4家企业集团的11家企业参与改革，帮助企业用好用足改革红利，成员企业减免保证金（保函）约1.4亿元，节省企业物流、报关等费用267万元。推动加工贸易残次品销毁处置管理改革，试点企业处置残次品2批次，为企业减少税费约3.2万元，压缩处置时间约85小时。开展东莞地区企业问卷调查，收集精准监管新思路，通过实地座谈、电话调研、发放问卷等方式，引入“保政通”“码上办”服务平台，组建覆盖资质准入、手账册管理、核注清单审核、外勤核查、企业认证培育等领域的保税业务专家团，打通服务企业的“最后一公里”。

撰稿人

乐雨豪　李园媛　杨园园　张晓仪　张肇聪　岳新颜
赵　媛　徐　莉　康停标　温铁军　蓝俊龙

新沙海关

【概况】新沙海关为隶属黄埔海关的正处级海关，内设正科级机构16个，承担广州港新沙港区和东莞港麻涌作业区的船舶、货物、物品检查，船员检疫、税收征管以及部分属地查验工作，关区内有水运监管作业场所4个（广州港新沙港务有限公司港区、东莞市虎门港深赤湾散杂货码头、东莞虎门港海昌煤炭专用码头、东莞玖龙码头有限公司），汽车堆场3个（广州港新沙港务有限公司滚装汽车堆场、东莞中海龙仓储有限公司汽车堆场、东莞市桦德仓储有限公司）。

2022年，新沙海关围绕学习贯彻党的二十大精神，深刻领悟“两个确立”决定性意义，坚决做到“两个维护”，按照“疫情要防住、经济要稳住、发展要安全”重要要求，结合海关重点工作形成贯彻落实措施，把学习成果转化为守国门、促发展的实际成效。验放进口粮食1130.5万吨，进口煤炭1622.9万吨，进口汽车30.2万辆，出口汽车9.4万辆；税收入库599.5亿元，同比增长18%。截获有害生物27种、2.1万种次，上报海关总署发布风险警示通报、警示公告占同期全国同类风险预警总数的66.7%；巩固“口岸危险品综合治理”百日专项行动成效，危险品在场时间压缩47.5%，查获涉危伪瞒报、逃漏检情事9宗；保持打击“洋垃圾”走私态势，退运2021年查获固体废物5.2吨；报送调研报告获得上级领导、海关总署领导、广东省领导批示。

【党的建设】2022年，新沙海关坚持以习近平新时代中国特色社会主义思想为指导，全面学习、全面把握、全面落实党的二十大精神，关党委学习研讨48次，支部书记讲授“实景式”“互动式”专题党课85次，引导党员干部把握核心要义、实践要求，用党的二十大精神引领全关工作高质量发展。树牢政治机关意识，坚持“第一议题”制度，扣紧传达学习、工作落实、督促检查、结果报告闭环链条，各支部开展“第一议题”学习395次。加强先进典型培育，获评2021年度黄埔海关“四强”党支部7个，黄埔海关示范品牌2个，1个黄埔海关培育品牌通过复核，“党建工作我来讲”“支部建设我来讲”“三板斧”融合式党建等8篇案例被黄埔海关采用，1名干部被评为黄埔海关“党务之星”。贯彻落实中央八项规定精神，抓住“关键少数”，对“一把手”和领导班子开展监督。开展配偶子女从业情况核查、违规投资企业及在企业兼（任）职问题、“裸官”和离职人员从业情况等排查。推进“海关重点项目和财物管理以权谋私”专项整治，查摆问题5个，排查廉政风险隐患3项，完善财物管理制度机制7项，深化“现场监管与外勤执法权力寻租”专项整治综合效果。推进全领域自查自纠、迎审自查、审计整改工作，发现并整改问题100个，优化工作流程17项，建立业务操作指引24项。主动认领巡视整改集中清查审核意见问题3个，制定整改措施6条，对巡察“回头看”发现的共性问题，开展5个方面11个问题的自查整改。开展“反围猎”“红包”治理，制定防范化解腐败风险重点任务分工14项，开展廉政回访139次。用好监督执纪“四种形态”，特别是“第一种形态”，开展提醒谈话24人次，约谈2人次。强化外部监督，发挥特约监督员作用，加强政务服务“好差评”管理，总体好评率达100%。

【队伍建设】2022年，新沙海关抓好干部管理，组织内务督察20次、队列训练750次，常态化开展酒驾醉驾整治，强化“八小时外”监督管理。开展业务培训38次，业务应急预备梯队培训19次，17名干部考取专业资质，建立“三专”工作机制，成立专班5个，揭榜领题10个。关心关爱一线人员，强化后勤保障和“一对一”结对帮扶，选派11名干部支援闭环工作，增加健康体检12人次，举办心理讲座6期，开展心理辅导30余次。办好青年理论学习小组和“妇女学苑”，组织志愿服务活动10余次。践行“三实”海关文化，构建“三应”运行机制，落实新沙海关实施“踔厉”工程提振队伍精气神措施19项，宣传“新沙之星”“我们的榜样”先进典型事迹，1人获海关总署通报表扬。

【综合治税】2022年，新沙海关落实促进外贸保稳提质措施要求，细化促进外贸保稳提质措施32条，优化口岸营商环境，税收入库599.5亿元，同比增长18%。开展税收影响度专题研究，测算重点商品量、价、税率变化情况对整体税收水平影响度。开展汽车产业链供应链调研，引导企业用好“提前申报”“汇总征税”通关便利化举措。打造“关口前移+过程跟踪+源头管控”监管链条，将日常监控项目纳入税收“跑冒滴漏”风险防范管理，修正规范申报问题数据219条，报送专项成果7篇。加大税收优惠政策宣传力度，推动RCEP、对美加征关税商品市场化排除、煤炭进口零关税调整等政策落地，指导企业用好用足汇总征税、多元化税收担保、自报自缴、电子支付等税收征管便利化措施，实现关税保证保险保单“零出险”。

【集约验估】2022年，新沙海关优化集约验估作业模式，完善监控体系，优化风险防控，探索多源信息融合交互印证分析方法，优化“口岸+属地”风险交互分析，挖掘涉税要素异动风险，与风控、缉私、稽查等部门建立常态化协作机制，多形式开展验估会诊。聚焦重大决策部署，找准企业需求点，完成税政调研任务，提炼总结延续性补税商品、关联企业交易、后续结算等贸易风险参数，形成闭合管理。推动实体样板间建设，打造关区验估实训基地，对集约验估机构组织架构、职责分工、指标排名和业务数据等日常工作状态和成效进行评估展示。

▲2022 年 5 月 23 日，新沙海关关员对进口危险化学品环氧树脂进行查验 （新沙海关 供图）

全年验估风险排查及时率100%，处置有效率达99.5%，被国务院关税税则委员会采纳税则建议2条。

【口岸疫情防控】2022年，新沙海关抓好常态化新冠疫情防控工作，把好外防输入关口，加强进出境船舶风险分析研判，登临检疫入境船舶818艘次，检疫入境船员1.8万人次，实施核酸采样1394人次。坚持“人、物、环境同防”“多病同防”，做好海关监管作业现场及人员封闭管理场所新冠病毒环境监测工作，检出肺炎克雷白杆菌、流感嗜血杆菌、铜绿假单胞菌合计43例。夯实业务能力，加强一线检疫关员、疫情防控预备梯队人员业务知识培训，全年共开展新沙口岸应急演练3次、集中交流学习5次和培训6次，安全防护和核酸采样技能培训25次。强化联防联控，向地方疫情防控专班转运、移交船员97批次、768人，加强与联检单位的联系对接，协同应急救治伤病船员4人次。

【危险品综合治理】2022年，新沙海关开展“口岸危险品综合治理”百日专项行动，关党委委员每周开展涉危作业场所及危险品监管领域实地检查，派驻纪检组开展嵌入式监督。构建数据分析模型，形成“影子商品”清单、高风险企业名单，防范涉危不报及危险品夹藏风险。压实三级监控指挥中心“牵头抓”责任，建立危险品“专窗—专岗—专人”指导提前申报和催报催提机制，压缩危险品口岸滞留时间。加强人工查验甄别和取样送检，加大出口空箱及在场集装箱抽核比对，堵塞监管漏洞。强化联防共治，与地方政府、

▲2022 年 10 月 9 日，新沙海关关员首次试运行高危类别危险品“直卸直提”模式 （新沙海关 供图）

口岸管理部门形成齐抓共管格局。全年口岸危险品堆存时间压缩47.5%，查验危险品3082批次，检出安全数据单、标签等不合格情事325批次，检出率为10.6%，查获涉危伪瞒报、逃漏检情事9宗。

【保障粮食安全】2022年，新沙海关强化进口粮食全链条监管，筑牢国门生物安全防线，保障进境粮食安全。开展“国门绿盾2022”行动，严防外来物种入侵；加强与地方政府部门联系沟通，建立植物疫情联防联控工作机制，开展杂草等检疫性有害生物监测。加强进境粮食下脚料处理监督，严格进境船舶散装粮食登临检疫，从1057批进境粮食中检出有害生物2.1万种次、检疫性有害生物2427种次，多次检出小麦线条花叶病毒（*Wheat streak mosaic virus*）、玉米褪绿斑驳病毒（*Maize chlorotic mottle virus*）、向日葵黑茎病菌（*Leptosphaeria lindquistii*）、玉米矮花叶病毒（*Maize dwarf mosaic virus*）等重大植物疫情病害。设立进境粮食绿色通道，推广“两段准入”，落实“即报即检”加快验放速度，监管进口粮食1130.5万吨。设置进口粮食通关专用窗口，对检疫风险较低的装载进境散装粮食船舶直接靠泊检疫。全年直接靠泊进口粮食船134船，741.7万吨。

【保障煤炭、矿产品供应稳定】2022年，新沙海关优化监管模式，助力进口煤炭、矿产品高效通关，保障能源资源供应稳定。对进口煤炭推行“提前介入、快速检查、快速验放”工作模式，实施边卸货边采样，协调实验室加快检测速度，检测合格立即放行。全年监管进口煤炭253船，1622.9万吨，通关时长同比压缩60%。强化与黄埔新港海关联动配合，优化进口铁矿检验监管模式，实施“同船两港分卸”，实现进口铁矿分批报关、分单放行、分段提货，整体疏港时间缩短4～5天。叠加矿产品“先放后检”和铁矿“依申请检验”政策红利，加快货物提离速度，全年监管进口铁矿30船，264.1万吨。

【促进汽车进口】2022年，新沙海关监管进口小汽车30.2万辆，征收税款507.6亿元。建立“三专”研究机制，成立汽车工作专班，解决汽车通关过程中出现的问题。协调解决汽车仓储不足问题，保障4~5月新增的2.1万辆集中转港汽车快速通关。加强进口汽车检验监管，发挥关区进出口机动车质量安全风险一级监测点作用，构建

▲2022年5月18日，新沙海关关员为进口铁矿办理现场检验检疫手续（新沙海关　供图）

▲2022年5月7日，新沙海关关员开展进口汽车查验作业（新沙海关 供图）

事前、事中、事后全链条监测体系，采集进口汽车质量安全风险信息1210条，检出不合格386批次、5000辆，其中“奔驰冷却液泄露”“宝马MINI选挡杆故障”等重大风险案例获海关总署采用并发布警示通报。

【护航汽车出口】2022年，新沙海关优化口岸营商环境，助力国产汽车出口。实现出口汽车“即约即查、抵港直装”，助力企业降本增效，吸引上汽名爵、江铃福特、奇瑞、沃尔沃等品牌经新沙口岸开辟出海新通道。建立与新能源车企互联互通机制，协助拓展口岸出口运力资源，新增汽车出口大洋洲菲律宾方向航线2条，新增舱位近万个，出口汽车9.4万辆、同比增长23.7%，货值85.3亿元、同比增长43.9%，其中新能源汽车0.87万辆、同比增长593.3%。

【“节约型机关”建设】2022年，新沙海关坚持厉行节约，建立落实“过紧日子”长效机制。执行“三公”经费预算。加强财务审核把关，执行国家支出政策和支出标准；对办公用品、技术耗材等进行量化管理，加大对国有产品、绿色产品、节能产品的采购力度；加强报损报废管理，提高闲置资产使用效率；制订节约资源能源实施方案，落实节电、节水、公务用车节油等措施，对食堂采购量进行成本核算。全年物业费、差旅费、饭堂费用同比均大幅下降。获评国家机关事务管理局“节约型机关”称号。

撰稿人

詹 瞻

常平海关

【概况】常平海关为隶属黄埔海关的正处级海关，内设正科级机构11个，关区范围包括东莞市常平镇、桥头镇、横沥镇、东坑镇和企石镇5个行政区，有海关监管作业场所2个（广深铁路股份有限公司常平车站、东莞市世通国际快件监管中心）、公用型保税仓库1个（东莞市盛鑫市场经营管理有限公司）、免税商店1家（东莞市中免免税品有限公司）。业务主要包括铁路口岸监管、快件电商业务监管和企业属地监管等。

2022年，常平海关坚持以习近平新时代中国特色社会主义思想为指导，按照海关总署党委“铸忠诚、担使命、守国门、促发展、齐奋斗”工作部署和黄埔海关党委要求，各项工作取得新成效。党委会、月度例会等开展“第一议题”学习35次，督办事项178项。学习贯彻党的二十大精神相关经验做法被海关总署和黄埔海关载体推送20篇次。制定落实党史学习教育常态化长效化具体措施23条，开展“学查改”专项工作和强化政治机关建设专项教育活动。抓好疫情防控工作，获得海关总署“双百”督查组肯定。促进外贸保稳提质，深化通关便利化改革，进出口通关时间较2017年分别压缩11%、91.9%。落实稳外贸稳外资系列措施，解决企业问题18个，相关经验做法获“学习强国”、《中国国门时报》、《南方日报》等媒体报道14篇次。支持外贸新业态发展，优化市场采购全链条监管体系，推动小额小批量业务新政落地见效，全年市场采购出口16.9万票，货值725.1亿元，同比增长29.2%。推进属地查检与稽（核）查、企业管理和风险管理协同联动执法，实施联合作业32宗。落实属地查检远程作业改革，完成视频作业1062批次。助力加工贸易提档升级，推动关区611家企业获得“以企业为单元”资质，覆盖率达到99.8%。梳理重大风险、政治管理风险和业务风险点29个，落实具体措施及任务分工91项。推进综合治税，吸引属地企业回流申报增加税收5000万元，全年开出税单7928份，入库5.35亿元。开展“口岸危险品综合治理”百日专项行动，完善安全生产监管机制，关领导每月带队检查，设置安全生产岗位31个、责任人102人次，全年安全事故“零发生”。推进法治海关建设，开展法治宣传活动，审核民事法律合同40份。落实“过紧日子”要求，推进“节约型机关”建设，物业费、办公经费同比分别下降32.37%、15.13%，发挥科技支撑作用，做好网络安全保障，完成国产设备替换工作。做好教育培训工作，完成线下培训42期、支部培训146期，组织51人次参加8次资质培训，全关共212人次取得各类资质。全年无违纪违规情事发生。

【党的建设】2022年，常平海关把学习贯彻党的二十大精神作为首要政治任务，党委委员带头开展专题研讨5次、科室宣讲28次。开设学习专题，机关党委、各支部、群团组织专题研讨68次，交流发言363人次。开展“书画绘盛世　共话二十大”“与‘先锋’同行　学思践悟二十大精神”主题团日等特色活动，开设宣传专栏，推送学习资料135份。经验做法被海关总署和黄埔海关推送14篇次。制订学习贯彻党的二十大精神工作方案，细化具体工作措施81项。开展基层党建“双提升”（基层党组织强化政治功能，组织力、凝聚力提升行动；党组织书记和党务干部强化政治意识，党建工作能力提升行动）行动，落实“五个规范”要求，打造“党建实训点—党建宣传阵地—党员活动室”三级基层党建阵地。推进基层党建标准化规范化建设，修订党建工作平时考核实施细则，制定党建责任清单，开展“党支部书记能力提升月”活动，建立支部结对共建等制度。下发组织生活指引7期，实行季度、专项考核，提升基层党建标准化规范化水平。开展党建检查3次，提出问题建议246个，规范发展党员2名。创新党建、科室双重考核机制，推进“融合式”党建。搭建党建品牌培育梯队，推动12个支部品牌再提炼再完善。加强党建带群建，完善“四建融合”（党建带团建、带妇建、带工建）机制，建好心灵驿站。开展“巾帼女神　绽放芳华”妇女节活动、“疫情之下，如何缓解职场压力”心理辅导，组织431人次参加“青年大学习”主题团课30期。加强精神文明创建，4个集体和52人次获黄埔海关及东莞市表彰。做好驻镇帮镇扶村工作，提供对口资金帮扶。开展全领域自查自纠及迎审自查工作，打造“内控示范科室”。开展“重点项目和财物管理以权谋私”专项整治，深化“制度＋科技”源头治理，强化警示教育和廉洁文化建设，拍摄廉政教育短视频《算账》获海关总署二等奖。加强与第九派驻纪检组的沟通联系，深化“五个强化”（强化双责贯通、强化沟通联系、强化风险研判、强化检查监督、强化问题整改）工作机制，一体推进“不敢腐、不能腐、不想腐”。

【属地监管】2022年，常平海关加强对市场采购出口钢铁制品、出口危险化学品和食品等商品监管，联合约谈企业59家，暂停违规企业资质6家。做好进出境动植物检疫、危险化学品、食品化妆品检验检疫等工作，受理出境检验检疫单证3.68万票，出具各类检疫证书（单）4049份，同比增长35%。完成进口目的地查验440批次、查发问题45批次，完成出口申报前监管查验2858批次、查发问题67批次。做好后续监管，办结风险类核查110宗，查发75宗。办结定期管理类核查165宗，指导企业规范整改150宗，有效率90.9%。开展“国门利剑2022”“龙腾行动2022”等专项行动，办结简快案件35宗，同比增长16.7%。

【进出口食品监管】2022年，

▲2022 年 8 月 31 日，常平海关关员对关区内出口服装企业进行监管（常平海关　供图）

常平海关开展“国门守护”行动，做好单证审核，落实进口食品安全监督抽检和风险监测工作及布控指令要求，做好进口不合格食品的后续监管处置工作。实施目的地进口食品检验 7 批，取样送检 4 批，检出不合格 1 批，实施退运 1 批。强化出口食品安全全链条监管，实施出口食品出口前检验 21 批次，取样送检 17 批次。建立进出口食品安全工作协调机制，开展食品安全监管应急处置演练。加大普法宣传力度，开展线下食品安全监管政策宣讲会。加大对供港食品生产企业核查力度，保障供港澳食品安全。核查食品企业 7 家，监管供港食品 948 批、1.87 万吨、货值 1.15 亿元。加强供港蔬菜种植基地监管，指导供港蔬菜种植基地企业优化质量管理和强化自检自控体系。

【危险化学品监管】2022 年，常平海关加强业务培训，进出口危险货物及其包装检验监管资质增至 35 人。开展危险品属地查检 2058 批次，查发出口危险化学品不合格 3 批次，危险货物包装使用鉴定不合格 50 批次。推进“口岸危险品综合治理”百日专项行动，落实进出口商品质量安全风险预警工作，上报查发情况 43 条。开展进出口危险品检验监管业务学习培训 76 人次，提升一线查验人员检验监管水平。与关区 5 个镇签订合作备忘录。通过“线上 + 线下”召开危险化学品管理政策宣讲会，参会企业 224 家次，督促企业履行危险品管理主体责任。

【竹木草企业监管】2022 年，

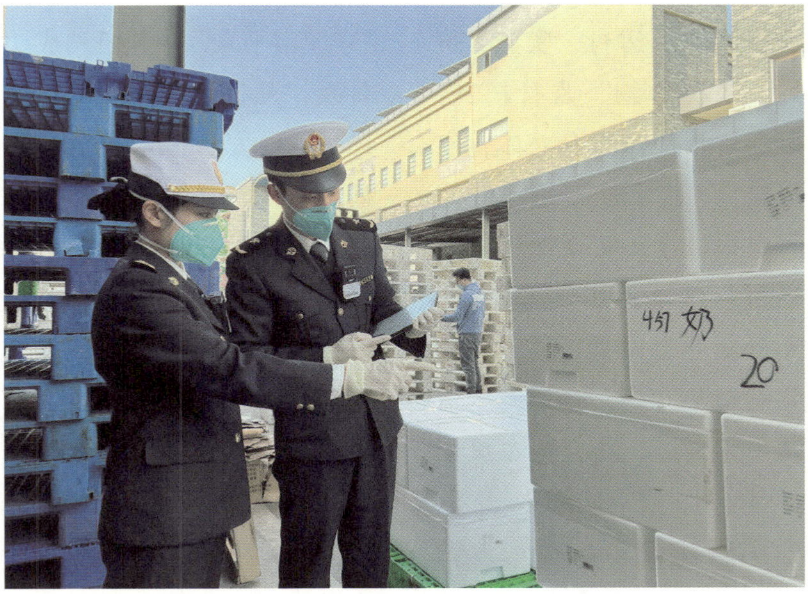

▲2022 年 3 月 23 日，常平海关关员在关区供港食品企业进行出口前监管（常平海关　供图）

常平海关做好竹木草企业监管工作，制订提升出境竹木草制品企业分类管理类别培育工作方案，办理出境竹木草制品生产加工企业注册登记72份，提升29家出境竹木草制品企业的管理类别。指导企业规范质量管理体系与防疫体系，助力中小微企业提升抗风险能力。开展不符合项目整改督导，防范安全生产风险，办结124家竹木草企业监管定期管理类作业。完成出境竹木草企业注册登记备案现场审核作业60宗，开展企业分类考核24次，提升22家企业的分类等级。

▲2022年11月17日，常平海关关员对中欧班列进行监管（常平海关　供图）

【国际班列】2022年，常平海关主动服务“一带一路”共建，支持“东莞常平号”中欧班列业务运行，实施“班列＋保税货物”监管模式，班列货物从监管仓一体化申报出口，专人实时跟进物流与申报进度，实现保税监管场所与铁路口岸高效衔接。支持新业态发展，开设“东莞制造”专列，畅通“莞货莞出”渠道，助力拓宽班列货源。跟进“两仓”及监管场所建设，开展实地调研，指导场所设计。“东莞常平号”国际班列全年发运43列（中欧41列、中亚2列），同比增长13.15%。共计申报报关单2106份、标箱4140个、货重2760.02万千克、货值10.81亿元，同比分别增长11.43%、9.64%、26.71%、62.08%。4月2日，“东莞常平号”中越班列成功首发，开行路线为常平—凭祥—越南安员，年内发运班列2列次、标箱140个、货重122.26万千克、货值0.47亿元。

【市场采购贸易】2022年，常平海关贯彻落实海关总署、黄埔海关支持中小微企业开展市场采购贸易的相关要求，优化市场采购贸易监管服务模式，监管采购贸易出口16.9万票、货值725.1亿元，同比分别增长44.2%、29.2%，涉及家具、日用百货、金属制品及纺织服装等，出口辐射至201个国家和地区，出口货值占东莞市全年外贸出口总值的7.84%。开展出口预包装食品等市场调研，制定风险防控措施，撰写专题监控分析报告12期。设立海关专线专窗，开辟“绿色通道”，推动企业用足用好小额小批量、简化申报等便利政策。召开促进外贸保稳提质海关政策宣讲会8次，参会企业900余家，为120余家企业开展专题培训。协助地方政府打造出口商品价格资料库，建立前期人机协同价格审查机制，防范市场采购贸易价格风险。

推动市场采购与中欧班列对接，助力中小企业拓展俄罗斯、德国等国家市场。运用HLS 2017、“云擎”和智慧监管系统等科技平台，建立智能监控分析模型14个。梳理市场采购制度，开展风险隐患排查，健全制度规范6项，优化业务流程8个。健全与东莞地方政府的联系配合机制与通报反馈机制，签订合作备忘录，实现协同监管、综合治理。向地方商务部门通报价格水平偏高商品158项，涉及企业31家，通报查获率较高企业35家，夹藏危险品企业4家，违规出口钢铁制品企业24家。联合地方商务部门开展重点约谈企业25家，对5家企业暂停市场采购贸易经营资质。

【反恐备勤】2022年，常平海关贯彻落实总体国家安全观，守牢国门口岸安全。牵头反恐专业队日常运作，组织关员备勤1629人次，实操培训3次，参加地方拉练1次。全年实施一级备勤23天、二级备勤1天、三级备勤25天，顺利完成春节、冬奥会等重要节点的备勤工作。组建“最小应急单元”，总结核生化反恐专业队建设及运作经验，参加黄埔海关“理论+分类”实操考核，获得2个满分1个优秀的优异成绩。9月22日会同常平口岸分局、常平缉私分局与黄埔海关连线开展桌面演练，模拟东莞铁路口岸旅检现场旅客携带疑似生物战剂入境突发事件处置。参加黄埔海关口岸监管“比拼大讲堂”联学联建活动，分享核生化反恐备勤工作经验。落实重要监管设备“一机一人”使用管理机制，做好旅检现场大中型监管设备的开机联网、日常保养工作。

【疫情防控】2022年，常平海关贯彻落实习近平总书记重要指示批示精神，落实海关总署、黄埔海关关于做好新冠疫情防控工作的各项部署要求，开展疫情防控应急演练6次。畅通与地方疾控中心、定点医院、所在村委等单位的联系，通报海关防控措施，形成防控合力。通过黄埔海关口岸核心能力建设考核。开展“个人安全防护月”活动，培训考核90余次。建立疫情防控“一线—应急—预备”三级梯队81人。做好寄递渠道疫情防控，严格粤港跨境货车监管，督促经营单位履行好场所疫情防控主体责任。做好外勤执法人员、窗口工作人员安全防护，严格执行安全防护监督制度，利用“互联网+”形式开展属地查检和定期管理类远程视频监管作业。加强个人安全防护，对公共区域环境定期消毒，落实医疗废弃物管理。动态更新疫情防控检查“三个清单”，优化核酸混采检测工作方案。

【属地查检改革】2022年，常平海关推进属地查检业务改革，开展属地查检与稽（核）查、企业管理、风险管理协同联动机制改革。实现“进一次门、办多项事”，减少外勤作业频次，提升企业“获得感”。推进资源统筹调配，降低执法成本和廉政风险。通过视频连线开展多形式、多维度联合作业，推进企业差别化监管，提高风险研判精准度。实施属地查检与核查联合作业32个，减少外勤作业35次，查发5批次，作业统筹叠加585次，涉及指令2266批次。推进属地查检远程作业改革，开展远程视频查检作业，参与属地查检系统改革试点测试，开展内部培训13人次，做好系统上线运行准备。

【加工贸易改革】2022年，常平海关推进加工贸易监管改

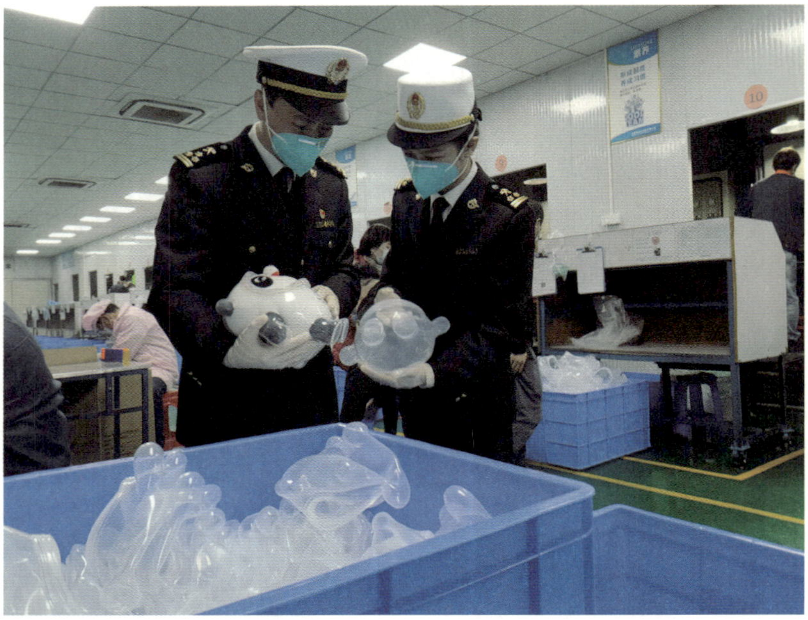

▲2022年2月21日，常平海关关员在关区“冰墩墩”生产企业调研（常平海关 供图）

革，对关区5镇加工贸易企业开展加工贸易改革政策宣讲，引导企业通过改革融入“一带一路”“国内国际双循环”发展大局。参与“以企业为单元”改革企业515家，覆盖率为84%，有实际进出口“以企业为单元”的账册473本，有实际进出口“以企业为单元”账册占有在执行手（账）册加工贸易企业总数比例为77%。完成自贸区海关监管创新制度复制推广14项工作。

撰稿人

王　强　叶子健　吴家伟　林　斐　周启宇
郑涵禧　钟静雯

太平海关

【概况】太平海关为隶属黄埔海关的正处级海关，内设正科级机构16个，作为东莞片区稽查中心，主要执行东莞地区企业稽查职能，同时负责旅客行邮物品监管、综合业务管理2项业务。

2022年，太平海关贯彻海关总署、黄埔海关党委部署，落实“铸忠诚、担使命、守国门、促发展、齐奋斗”工作要求，深化稽查业务改革，统筹发展与安全。聚焦政治安全、国门安全、税收安全，提升查发效能，查获违反一个中国政策情事6宗，被海关总署纳入专项行动成果。落实上级有关保稳提质决策部署，细化工作措施8项，引导企业主动披露，维护市场主体稳定。落实简快案件办理和涉及检验检疫行政案件职能调整要求，实现简快案件平均作业时效1天。规范执法，建立稽查结果通报和优化监管建议反馈机制，严密监管链条。

【党的建设】2022年，太平海关深化政治机关建设，落实“第一议题”制度，将“两个维护”落实到筑牢国门安全防线、抓好口岸疫情防控、促进外贸保稳提质等各项工作中，完成全年重点工作任务51项。全面学习、全面把握、全面落实党的二十大精神，关党委带头领学促学，开展集中学习40余次、各层级专题研讨20余次，提交心得体会200余篇，邀请党校教授开展讲座，制作党的二十大精神主题展示及宣传板报海报50余幅，设立专栏实时更新学习资料，组建政策研究小组，围绕12个方面38道思考题开展课题研究，在国门安全、稽查改革等领域提出具体措施。加强政治教育和党史学习教育，组织党委专题学习、党支部集中学习等280余次。开展强化政治机关建设专项教育和“学查改”专项工作，梳理岗位政治要求，检视查摆问题15个，落实整改措施50项。落实意识形态工作责任制，抓教育、管阵地、把导向，筑牢思想防线。坚持党建引领，突出强基提质，强化“四强”党支部建设和党建品牌创建。推广实施党支部“书记项目”16个。发挥党建考核标尺作用，结合重点工作细分党建考核评分项目，对支部工作进行全方位考核，通报考核结果。用好党建实训点，每月组织“思想理论学用讲坛”“平关学堂”等活动，加强分层分类培训，推动基层党支部工作创新。聚焦高质量发展目标和高素质专业化人才队伍建设，以注重实效为目标，开展集中轮训、岗位比武练兵等培训活动，建立各类业务资质人才库192人次，入选黄埔海关政研、稽查、疫情防控等专家人才库31人次，2名干部进入全国海关稽查岗位练兵个人技能全国百强。

【队伍建设】2022年，太平海关坚持全面从严主基调，加强党委班子建设，发挥党委“把方向、管大局、保落实”作用。落实中央八项规定精神，严格“八小时内外”监督管理。开展“海关重点项目和财物管理以权谋私”专项整治，整理出3类40个重点项目，发现问题20个，制定整改及风险防控措施33条，均整改完成。一体推进“三不腐”建设，强化“制度+科技”运用，制定廉政风险防范措施165项，深化内控机制建设，加强廉政回访，聘请特约监督员15名，形成打击违法违纪行为合力。深化清廉海关建设，加强纪法和警示教育，注重廉洁文化和家风建设，评选“平关榜样”8名，获评黄埔海关“巾帼建功先进个人”1人，黄埔海关“最美家庭”1户。关心关爱职工干部，组建心理健康服务队，为外勤作业人员配置急救药箱，建立干部荣誉退休工作制度，制定关心关怀退休干部措施6条，开展上门慰问活动3次。

【法治建设】2022年，太平海关推进法治建设，落实行政执法公示等“三项制度”，开发运行规范化智能管理平台，立改废业务制度规范10份，编写工作制度实用手册20项。开展稽查执法过程“嵌入式”普法，与地方教育管理中心签订国门安全进校园合作备忘录，共同编制国门安全教育校本课程3大类9课时。落实民事法律服务工作，审核合同31份。践行新时代“枫桥经验”，发挥公职律师作用，合理合法、提早化解处置矛盾争议，为企业开展一线执法疑难咨询100余次。

【稽查业务】2022年，太平海关推进以查发为主导的稽查理念，加强对重点行业、重点企业、重点商品、重点领域的分析研判，打击违法违规行为。办结稽查作业542.5宗；查获大要案27宗，成功查获东莞市某企业内销低报价格走私案件。建立稽查作业“突击”监督指导机制、联合机动稽查机制、规范化智能管理平台，破解业务体量大、人才发展不平衡、防控风险任务重的现实难题，实现资源整合、效能提升。强化自主分析，利用“云擎”、新海廉等系统平台，打造数据“收集、加工、提炼、运用”的风险信息运用链，提炼行业共性风险，上报行业性稽查建议，被海关总署、黄埔海关采用12条，查发苹果连接器等一批有代表性的大案要案。落实“口岸危险品综合治理”百日专项行动要求，加大对危险化学品逃漏检、伪瞒报打击力度，查发问题9起。组织开展出口危险货物包装使用鉴定、进口商品质量安全等专项稽查，查发问题企业20家，涉及货值1.2亿元。

【综合业务】2022年，太平海关提升计税业务综合效能，统筹协调案件计税与稽查送审安排，就疑难案件开展业务磋商，规范计税业务标准流程及文书制发签收方式，办理稽查事项计税318宗，同比增加28.2%。以结果为导向做好关税业务认定工作，梳理价格、归类、原产地认定的相关规定，加强与关税部门的沟通协作，办理稽查事项关税疑难业务认定267宗，平均用时2.58个工作日，同比下降22.7%。强化后续补税时效管控，建立欠税风险排查和台账管理制度，设立专窗和热线及时帮助企业解决补税申报和税费减免等疑难问题，提高入库时效和办结效率，办理稽查后续补税执行事项220项。

【全员打私】2022年，太平海关围绕“中央关注、社会关切、群众关心”的突出走私问题，开展“国门利剑2022”专项行动，查获违反一个中国原则等案件。健全“三应”运行机制，与缉私部门建立联络员制度，定期召开联席会议，加强业务合作与信息共享。强化与地方商务局等部门的联系配合，推动地方政府落实主体责任，深化反走私综合治理。移交缉私刑事立案案值8.17亿元。

【安全生产】2022年，太平海关贯彻总体国家安全观，完善安全生产工作领导小组机制，明确成员职责，健全安全生产责任制。聚焦重大风险、政治管理风险和业务风险，全面梳理风险点40个，制定防范措施121条。推行“吹哨人”做法，修订完善稽查领域、口岸监管等应急处置预案9个，开展值班应急、疫情防控等演练20余次。推进安全生产专项整治三年行动圆满收官，密切与地方应急部门联防联控，顺利完成变压器迁移、加装电动车集中充电桩等项目。

【政务管理】2022年，太平海关贯彻落实督查督办工作制度，组织督办关党委会、形势分析及工作督查例会、月度例会、疫情防控和安全生产领导小组会议等议定事项及领导批示180余件。发挥“三专”研究机制作用，在疫情防控、国门安全、稽查改革等领域开展研究，报送各类征文9篇，获评黄埔海关优秀关级课题论文1篇。压紧压实保密管理主体责任，严格涉密人员、涉密载体、涉密设备日常管理，做好文书档案、专业档案的收集、归档和利用工作，开展保密宣传教育，拍摄的微视频《无声的功勋》被“中国保密在线”采用展播。加大信息工作统筹推动力度，明确任务，强化技能培训，定期通报，报送信息获海关总署相关信息载体采用5篇，上级机关采用1篇，黄埔海关相关信息载体采用223篇。

【财务及后勤保障】2022年，太平海关提升财务后勤保障水平，落实“过紧日子”要求，压减非刚性、非重点、非急需支出，盘活闲置资产提高使用效益，食堂食材支出同比下降26.5%，获评全国“节约型机关”。优化后勤保障，规范开展市场监测及价格调研，累计保障用餐

▲2022年9月26日，黄埔海关稽查处与太平海关联合广东黄埔报关协会举办进出口危险品、危险货物海关监管专题培训（太平海关　供图）

▲2022年6月8日，太平海关关员对东莞企业开展实地调研，宣讲海关促进外贸保稳提质相关措施与主动披露政策（太平海关　供图）

18万人次。强化用车保障，制定公务用车申请与调度指引，优化人员安排和车辆调度，保障用车1545次。提高日常技术保障效率，做好各类会议调试，提供技术服务1324次。

【疫情防控】2022年，太平海关落实“外防输入、内防反弹”工作要求，新冠疫情防控专班实体化运作，优化调整疫情内部防控措施，与驻地社区、地方部门形成联防联控合力。坚持停航不停工，不断完善口岸突发公共卫生事件应急处置指挥体系，开展“盲演+实战”无脚本应急演练，强化口岸卫生检疫能力。选派25人次参与支援其他口岸一线1417天。

【智慧稽查】2022年，太平海关深化“智慧海关”建设，搭建稽查智能指挥中心。整合大屏幕设备、音视频单兵终端和VR直播设备，实现外勤位置实时定位、工作场景实时展现、远程指挥实时传达的“三项实时”功能。通过指挥中心平台与单兵通信终端连接，实现“一对多”扁平化指挥模式，完善“行动指令直达一线、多线行动联合推进、行动结果及时反馈中枢”的闭环机制，提升稽查行动的有序调度能力和快速反应能力。发挥隐形监督作用，通过卫星定位和后台调用单兵通信终端音像功能，实现无感实时监督，加强对稽查小组作业规范性和廉政纪律性的监督。

【优化简快案件处置流程】2022年，太平海关贯彻落实海关总署、黄埔海关决策部署，优化稽查简快案件处置业务流程，组建专项工作小组，紧抓办案能力建设，确保衔接顺畅。推行审核标准化作业，制发简快案件办理工作指引和审理标准化项目表，理顺简快案件办理流程，提升案件办理质量。全年自主办理简快案件202宗，同比增长162%，平均办案时间1天。

【优化营商环境】2022年，太平海关落实党中央、国务院决策部署，制定促进外贸保稳提质措施8条。坚持优化营商环境，实施稽（核）查指令叠加等措施，减少重复下厂34次，推动企业应用“互联网＋稽查”723次。联合地方政府开展“线上＋线下”政策宣讲590余次，编发海关政策解读及对外宣传报道60余篇次。推进政务公开标准化规范化，召开政策宣讲会11场，新增受理主动披露24宗，为企业减免滞纳金900余万元。坚持普法与执法同步，加大对拟上市企业、AEO企业、东莞市“倍增企业”（东莞市政府选取一批存量优势企业进行重点培育，推动试点企业实现规模和效益的倍增）等市场主体普法力度，帮助其规范经营，实现精准释法。

撰稿人

关恩红

凤岗海关

【概况】凤岗海关为隶属黄埔海关的正处级单位，内设正科级机构17个，关区范围包括东莞市凤岗镇、清溪镇、塘厦镇、樟木头镇、谢岗镇5个区，1个保税物流中心［清溪保税物流中心（B型），以下简称“清溪B保”］和南方中集新造集装箱堆场。

2022年，凤岗海关贯彻习近平总书记重要指示批示精神，落实党中央“疫情要防住、经济要稳住、发展要安全”决策部署，按照海关总署党委“铸忠诚、担使命、守国门、促发展、齐奋斗”工作要求，统筹推进口岸疫情防控和促进外贸稳增长各项工作。监管进出口车辆19.45万辆，货值1528.9亿元，货运量180.96万吨，税收入库31.57亿元；打击“洋垃圾”、象牙等濒危野生动植物等走私，刑事立案32宗，案值1.51亿元；推进落实“7×24小时”通关、分送集报等改革举措，吸引龙头企业入驻开展业务，清溪B保一、二线进出区货值1031亿元，同比增长16.6%。

【党的建设】2022年，凤岗海关强化政治机关建设，严守政治纪律、政治规矩和党内各项法规，履行党风廉政建设责任制和“一岗双责”要求。落实意识形态责任制要求，动态分析掌握队伍思想动态。党委班子带头学原著读原文悟原理，通过理论学习中心组学习、党委集中学习、支部“三会一课”、主题党日、青年理论学习小组等方式开展学习宣传贯彻，聚焦海关总署党委提出的12个方面重点课题、38个方面深入思考，党委委员牵头开展5个专项课题调研，推动“铸忠诚、担使命、守国门、促发展、齐奋斗”在基层落地生根。强化对党忠诚教育，推动党史学习教育常态化长效化，组织制作青年关员《二十大一起学》《坚决执行命令》等音视频作品。开展“学查改”专项工作和政治机关建设专项教育活动，制定整改落实措施。推进基层党建“双提升”行动，严格落实黄埔海关“五个规范”要求，加强基层党建实训点建设。深化“四强”党支部建设和党建品牌创建，增强基层党组织政治功能和组织功能，综合业务二科党支部“四微集结号”获评全国海关党建示范品牌。优化青年理论学习小组、“创想”新媒体、“新候鸟”志愿服务等品牌，综合业务二科获评一星级全国青年文明号，办公室获评第21届广东省青年文明号。

【队伍建设】2022年，凤岗海关坚持“严”的主基调，按照“管好关键人、管到关键处、管住关键事、管在关键时”要求，制定从严从紧管理干部队伍措施、内务督察和“八小时外”管理办法，严肃整治酒驾醉驾，严防“失常、失控、失效”情事发生。开展“凤关讲坛”“展翅计划”28期，干部考取各类岗位资质57人次。关心慰问一线人员，办好电单车停车棚增建、宿舍地砖修缮、配发速干衣等民生实事。注重家庭家教家风建设，获评广东百户“最美家庭”1户。开展全领域自查自纠、“海关重点项目和财物管理以权谋私”专项整治工作。加强新时代海关廉洁文化建设，开展警示教育月、青“廉”读书会等活动，运用监督执纪“四种形态”与科室负责人进行全覆盖式工作约谈。推动巡视巡察整改常态化长效化，推进“反围猎”“红包”综合治理。

【法治建设】2022年，凤岗海关加强立法保障工作，参加海关总署《中华人民共和国海关法》修订论证研讨，提出修订意见4条。对黄埔海关业务制度提出修订意见11条，编发“新法速递”栏目推稿1篇，“以案说法”栏目推稿1篇。推进“双随机、一公开”工作，细化行政检查随机抽查事项清单，开展全面性信息公开辅导培训，规范行政执法信息公开工作流程，打造阳光海关形象。践行新时代“枫桥经验”加强诉源治理，化解行政争议风险。完善重大行政处罚案件决策机制，细化海关负责人集体讨论制度，召开行政处罚案件海关负责人集体讨论会议2次，案件审理委员会工作会议1次。开展“谁执法谁普法”情况调研，制定普法责任清单，开展普法宣传覆盖2535家企业，4163人次，编发各类普法稿件被“学习强国”、《中国海关》门户网站、《中国国门时报》等各级媒体采用22篇次。

【风险管理】2022年，凤岗海关建立防范化解重大、系统性风险任务清单。设立清溪B保风控小组，重点关注新出现异地企业、出口额大幅增长等异常情况。完成“口岸危险品综合治理”百日专项行动，开展常态化综合治理，及时处置涉危隐患2个，清理车检场暂扣仓货物。完善安全生产工作领导体制，建立“吹哨人”工作机制，强化与地方政府联防联控，完成安全生产专项整治三年行动。严密全链条监管，强化三级监控指挥中心日常运作，优化取样送检流程，提升H986、辐射探测门等智能监管设备应用效能。

【税收征管】2022年，凤岗海关落实税收优惠措施，向企业推广关税保证保险、汇总征税、自报自缴、两步申报

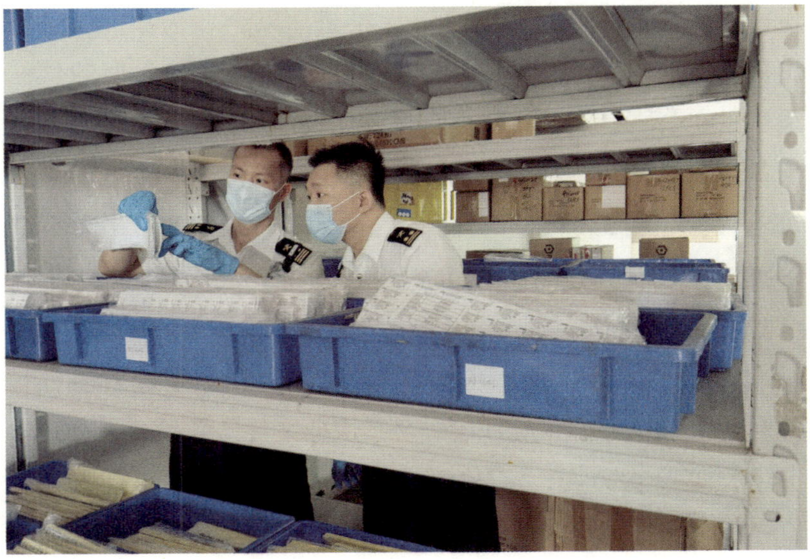

▲2022年6月29日，凤岗海关关员对一批货物实施后续监管（凤岗海关　供图）

等各项便利措施。制定实施RCEP落地措施和“一企一策”个性化通关方案，涵养回流税源企业，开展预归类、价格预审核、规范申报指导等服务。深化综合治税，发挥属地纳税人管理优势，建立纳税企业底账和“双特”价格台账。加强与职能部门、一线口岸间的沟通及联系配合，形成综合治税合力。全年税收入库同比增长6.05%。

▲ 2022年2月28日，凤岗海关关员对一批供港蛋制品实施监管（凤岗海关 供图）

【检验检疫】2022年，凤岗海关严把食品安全关，完成进出口食品查验送检37批次，水产品专项检测7批次，被海关总署采用进出口食品安全风险信息11条，查获并销毁“非洲猪瘟疫区”进口猪肉制品3.4吨。加强商品检验日常监管，出具危险货物包装使用鉴定结果单4649份，同比增长102.1%，监管出口锂电池4060批次，同比增长130%，关区新增锂电池出口企业60家。强化进口旧机电检验监管，加大不合格处置力度，实施进口旧机电产品查检61批次。打击进出口危险化学品伪瞒报、逃漏检行为。加大动植物和口岸卫生检疫监管力度，审核木质包装《国际植物保护公约》（IPPC）标识940次，实施竹木草藤企业特殊资质实地考核23家次。出具兽医（卫生）证书378份，植物检疫证书210份，熏蒸/消毒证书25份。严格落实国境口岸卫生监督计划，完成储存场地卫生监督4次。

【属地监管】2022年，凤岗海关优化特殊资质企业管理。推进“以企业为单元”改革试点，参与试点企业824家，占关区加工贸易企业总数的96.6%。完成出口竹木草企业的类别升级管理工作16家，一类企业占比由2021年的5.6%增至15%。提高案件办理质效，推进核查自主办理“快办案件”新模式，办理核查快办程序案件7起，主动披露作业9起，“两简”案件27宗。

【政务管理】2022年，凤岗海关开展基层调研和政策研究，编发凤鸣之声四期，在海关总署广东分署、中国海关学会广州分会联合主题征文评比中获得二等奖、三等奖各1篇，在黄埔海关学会评比中获得一等奖1篇、二等奖4篇、三等奖7篇，被中国海关学会广州分会评为“优秀基层学会小组”，获评黄埔海关优秀学会小组；获评优秀学会会员31人，优秀学会工作者3人；婴童产品进出口、分送集报改革等亮点工作被“海关发布”“学习强国”、广东卫视等省级以上媒体采用73篇次；落实“过紧日子”要求，有序开展值班应急、机要保密、政务公开等工作。

【疫情防控】2022年，凤岗海关落实新冠疫情防控要求，召开疫情防控指挥部会议，优化调整疫情防控措施。协助地方妥善处置园区粤港跨境运输司机涉疫情事14起，选派业务骨干支援口岸疫情防控一线14人次。开展疫情内部防控应急演练及复盘总结，多次对一线防控工作开展“四不两直”检查，常态化开展自查自纠，通过海关总署“双百”、黄埔海关疫情防控检查。

▲2022年5月7日，凤岗海关关员对区企业开展外贸形势大调研（凤岗海关 供图）

【优化营商环境】2022年，凤岗海关落实国务院、海关总署、黄埔海关稳外贸稳外资系列措施，成立RCEP工作专班，推动12家企业成为经核准出口商，减免进口关税340万元、增值税44.2万元。推动2家企业参与“真空包装”布控查验模式试点。落实减税降费，退转保证金额近亿元，保证金按时销案率为100%。打通企业通关难点，引导跨境电商企业、入场查检企业利用车检场预约通关，监管电商出口车辆749车次、货值2.71亿元。引进优质物流企业开展“陆转海”集拼转关出口业务，解决关区中小企业出口运输难题。推动莞企莞货外贸数据回流。现有注册企业7373家，办理新企业备案559家。设立“直通车+专精特新”企业服务台账，跟踪企业诉求，开展信用培育12家次，关区AEO企业总数量达28家，同比增长12%。推动关区105家企业办理“信用修复”业务。

撰稿人

陈晓芝

东莞长安海关

【概况】东莞长安海关为隶属黄埔海关的正处级海关，内设正科级机构12个，管辖长安、大岭山2个镇区的通关查验、电商出口、企业管理、加工贸易、核查业务，长安、大岭山、虎门3个镇区的检验检疫业务及厚街的部分检验检疫工作。

2022年，东莞长安海关坚持以习近平新时代中国特色社会主义思想为指导，深入学习贯彻党的二十大精神，落实全国海关、黄埔海关各项工作部署，强化政治机关建设，夯实党建基础，提升党建质量。统筹发展和安全，统筹疫情防控和促进外贸保稳提质，强化监管、优化服务，深化综合治税，优化口岸营商环境，保持打击走私高压态势，筑牢国门安全防线。从严管理队伍，强化干部日常管理监督，加强纪法教育和廉洁文化建设，提升队伍精气神。做好服务保障，推进法治建设，深化内控监督。

【党的建设】2022年，东莞长安海关学习贯彻习近平新时代中国特色社会主义思想和党的二十大精神，建立党委会专题研学机制，开展集体学习11次，各党支部、群团组织开展专题学习研讨60余次，关党委委员、党支部书记开展主题宣讲24次。广泛宣传工作动态和亮点，相关经验做法获广东分署、黄埔海关各类载体刊发6篇次。围绕海关总署党委、黄埔海关党委工作部署，细化5方面239项具体措施，把党的二十大精神落实到具体工作中。落实“第一议题”制度，研究贯彻落实习近平总书记对疫情防控、安全生产等指示、批示精神的具体措施，召开党委会24次、月度例会12次、理论学习中心组学习6次。深化“密切关注、动态整理、即时研究、督办落实”机制，督办落实习近平总书记重要指示批示精神126项。开展“学查改”专项工作和政治机关建设专项教育，推进党史学习教育常态化长效化，开展“我为群众办实事”实践活动37个项目的跟踪问效。开展基层党建“双提升”行动，强化党支部政治功能和组织力。结合“五个规范”完善党建考核标准，提升党支部标准化规范化水平。深化支部品牌创建，综合业务二科党支部通过全国海关基层党建培育品牌复核认定。

【队伍建设】2022年，东莞长安海关强化干部队伍建设，加强执法一线科长和优秀年轻干部培养使用，加强正面典型培树，连续16年开展“长安之星”评选活动。获各类表彰奖励162人次，覆盖全关干部的63%。推进“海关重点项目和财物管理以权谋私”专项整治工作，巩固“现场监管与外勤执法权力寻租”专项整治成果。加强廉洁文化建设，细化并落实新时代廉洁文化建设具体措施53条。加强干部日常教育管理，开展内务督查、队列训练，强化纪法教育、警示教育，参与严禁酒驾醉驾、“红包”治理、“反围猎”整治教育学习300余人次。

▲2022年4月26日，东莞长安海关关员对出口食品开展监管（东莞长安海关 供图）

【业务改革】2022年，东莞长安海关推进保税和加工贸易业务改革，参加“以企业为单元”改革企业增加至377家，覆盖率达82%，2家集团参与“企业集团”加工贸易监管模式改革。推进检验检疫行政处罚案件职能调整工作，会商缉私部门做好职能调整交接，明晰职责分工，理顺运作流程。做好开展跨境陆路运输协同监管测试准备工作，对接粤港跨境货车“点对点”运输模式调整。

【国门安全】2022年，东莞长安海关落实总体国家安全观，履行监管职责，推进海关维护国门安全工作，服务国家安全大局。对照海关总署、黄埔海关防范化解重大、系统性风险任务分工，梳理重大风险、政治管理风险和业务风险，制定涵盖50个风险点的重大系统性风险防范措施170项，紧盯重点领域、重点环节、关键时段，强化动态排查、科学排序、精准排除。完善安全生产工作机制，建立安全“吹哨人”预警机制和内部安全管理制度。强化安全生产联防联控，与长安、大岭山、虎门3个镇区的应急管理分局和长安口岸分局分别签订进出口危险化学品安全监管合作备忘录，建立关区“1+1+3”（东莞长安海关+长安口岸分局+长安、大岭山、虎门3个镇区的应急管理分局）进出口危险化学品突发事件联合应急处置机制。推进安全生产专项整治集中攻坚，加强风险研判、定期评估、隐患整改，实现全年安全事故“零”发生。深化全员打私，保持打击走私高压态势，其中木薯淀粉案获评海关总署2022年缉私十大典型案例。

【口岸监管】2022年，东莞长安海关推进“口岸危险品综合治理”百日专项行动，建立与关区政府部门联防联控机制，危险化学品监管能力有效提升，实施进出口危险化学品监管124批次。属地查检工作不断加强，实施进出口货物监管2550批次。核查效能持续提升，办结核查作业245起。

【综合治税】2022年，东莞长安海关统筹做好通关便利与依法科学征管，税收入库182.79亿元。加强属地

▲2022 年 8 月 8 日，东莞长安海关关员对危险货物及其包装实施检验监管（东莞长安海关　供图）

纳税人管理，属地纳税率为 92.15%。落实减税降费措施，做好 RCEP、对美加征关税市场化采购排除等政策宣传。

【综合保障】2022 年，东莞长安海关围绕中心、服务大局做好综合保障，提升服务保障水平。落实“过紧日子”要求，制定具体落实措施 14 条，控制日常运维成本，保运转保发展。聚焦民生需求，严把质量关、安全关，提升饭堂保障、物业保障、车辆保障、技术保障能力。

【法治建设】2022 年，东莞长安海关推进法治建设，做好制度“立改废”，修订、废止制度 21 份。加强民事事务法律审核，完成合同审核 55 份。推动公职律师参与执法疑难问题研讨，开展法律论证，防范执法风险。强化行政复议及诉讼源头预防，开展“送法上门”活动，组织各类法治宣传 23 次。

【政务保障】2022 年，东莞长安海关做好“三办三服务”（办文、办会、办事，服务发展、服务决策、服务落实工作），完善督促检查工作机制，督办落实各类会议议定事项 209 件、重点工作任务 169 项。提升机要保密和档案管理规范性。发挥“三专”作用强化课题研究，撰写研究论文 9 篇。加强值班管理，优化值班保障。加大应急演练力度，组织开展各类应急演练 11 场次，提升整体应急处置水平。

【内控监督】2022 年，东莞长安海关深化内控机制建设，增强内控主体责任意识。坚持“月度制度执行专项分析”特色做法，开展专项分析 12 次，发现并整改问题 37 个。配合完成原主要负责同志离任审计工作。开展“内控示范科室”创建，相关经验做法获广东分署采编。

【疫情防控】2022 年，东莞长安海关深入贯彻落实习近平总书记关于疫情防控重要指示批示精神，贯彻“外防输入、内防反弹”总策略、“动态清零”总方针，坚持“人、物、环境同防”，做好疫情防控工作。增强疫情防控主体责任，加强综合研判、部署安排、督促检查，召开党委会、疫情防控指挥部会议、专题会议等研究疫情防控工作 76 次，优化防控措施，下发疫情防控制度文件及措施通知 122 份。畅通与地方联防联控机制，督促口岸部门做好口岸工作人员个人防护、垃圾处理、消杀、搬运等日常监督管理和定期检测工作。规范业务操作，加强业务应急预备梯队建设，组织应急梯队能力培训 75 期。优化疫情防控支援机制，开展对外支援 18 人次。加强外勤执法防护，通过电话、视频等“不见面”方式核实企业所在地疫情防控情况，研判风险后实施外勤作业。强化人员出差出行管理，督促落实疫情防控要求。强化疫情防控物资管理，配发物资18.6万件。强化应急处置，完善疫情防控方案、预案9份，组织应急处置演练6次。建立5个层级检查机制，开展监督检查22次，整改问题36个，内部疫情防控工作获海关总署“双百”督导组肯定。

▲2022年10月25日，东莞长安海关关员对保税仓库开展调研（东莞长安海关 供图）

【促进外贸保稳提质】2022年，东莞长安海关落实促进外贸保稳提质一揽子政策措施，围绕关区外贸特点、企业需求，细化23项63条具体措施，保市场主体、保市场份额、保产业链供应链稳定。发挥“三应”运行机制作用，建立“重点企业直通车”制度，落实“关长送政策上门”，关领导牵头对39家重点企业开展精准帮扶。开展外贸调研，党委委员带头深入28家企业开展调查研究，收集诉求和问题建议，研究解决企业反映问题42个。监管进出口货物总值3240.58亿元，占黄埔海关进出口总值的18.89%。

【优化营商环境】2022年，东莞长安海关开展促进跨境贸易便利化专项行动，加大“两步申报”“提前申报”推广力度，巩固通关时间压缩成果，进口、出口货物整体通关时间分别压缩至2.74小时、0.45小时。推进关检深度融合，落实属地查检与稽核查、企业管理协同联动，压缩外勤作业频次。服务外贸市场主体，新增注册企业706家，同比增长30%。加强海关信用培育，关区内AEO企业共28家，进出口货值占该关区总值的72.7%。优化保税监管服务，支持保税仓库发展，依托“互联网+”对涉及进出仓、变更、延期等事项施行便利化服务，保税仓进出仓货值2772亿元。

【粤港澳大湾区供应链安全通关便利化试点】2022年，东莞长安海关推进粤港澳大湾区供应链安全通关便利化，构建“以供应链为单元”风险防控体系，打造供应链“嵌入式、可视化”监管模式，创新“由企及企”监管理念，试点企业报关单查验率、车辆查验率持续下降，保障产业链供应链安全稳定。《全国首创粤港跨境通关新模式 加速智能手机产业集群迈向世界级》荣获广东省“先锋杯”工作创新大赛一等奖。

撰稿人

张俊豪

沙田海关

【概况】沙田海关为隶属黄埔海关的正处级海关，内设正科级机构20个，负责监管东莞市沙田镇、虎门镇内22个水路运输类海关监管作业场所、东莞虎门港综合保税区、东莞虎门港启盈国际快件监管中心，负责监管东莞市沙田镇全类型企业和虎门镇、厚街镇保税物流企业及非生产型企业共2400余家。

2022年，沙田海关聚焦迎接和学习贯彻党的二十大精神，落实"疫情要防住、经济要稳住、发展要安全"重要要求，构建"响应、呼应、反应"机制，践行"求实、扎实、朴实"海关文化，聚焦"铸忠诚、担使命、守国门、促发展、齐奋斗"，落实海关总署、黄埔海关工作部署，监管进出口货值2557.4亿元、同比增长26.4%，税收入库99.2亿元、同比增长2.5%。落实常态化疫情防控措施，监管进出境船舶7539艘次，抽调27批162人次参与高风险岗位工作人员封闭管理工作。构建安全生产检查、通报、整改闭环机制，守牢安全底线。推进"口岸危险品综合治理"百日专项行动，查发危险品伪瞒报、逃漏检9起8.1吨。开展"国门利剑2022"联合行动，保持打击"洋垃圾"、濒危野生动植物及其制品走私高压态势，查发禁止进口固体废物54吨、退运327吨。实施进出境动植物检疫，截获禁止进境有害生物1902种次。提高后续监管质量，查发洋酒走私案件货值1.2亿元，不实贸易情事货值7.2亿元。支持"陆改水"，开辟跨境电商"陆转海"模式，解决因疫情影响粤港跨境陆路运输受阻的困境。助力莞港水运专线运力提升，专线全年进出口货值超千亿元。扩大"直装直提"应用范围，推进"盐田—东莞组合港"运行，成功试点"东莞—蛇口组合港"新航线，东莞—香港国际空港中心实现常态化试运行。支持虎门港综合保税区发展，区内首个国际服务外包业务落地。

【党的建设】2022年，沙田海关将学习贯彻党的二十大精神作为首要政治任务，党委带头学、支部跟进学，围绕"12个必"、38项思考题开展专题研究，推动党的二十大精神落地生根见效。推进政治机关建设专项教育活动和"学查改"专项工作，梳理岗位职责和政治要求，党委检视查摆问题15个，完成整改措施35项。落实"五个规范"要求，优化党建考核机制，制作示范片、专题党课等视频课件4个，其中入选海关总署"钉钉"课程2个。深化党建品牌创建，获评“四强”党支部8个，核查外勤科党支部“‘核’心守护 锚定莞港”复评黄埔海关党建示范品牌，船舶检查科党支部“‘疫’线卫士”复评黄埔海关党建培育品牌。落实全面从严治党主体责任清单、党委“三重一大”决策制度和议事清单，完成重点任务31项。开展“重点项目和财物管理以权谋私”专项整治和“现场监管与外勤执法权力寻租”常态化整治，完善制度机制、流程指引85项。开展“拒腐防变”和“从严整治酒驾醉驾”2个专项工作，发布“沙田廉风微享”39期、违纪违法曝光台学习提醒10次，获“清风国门”廉洁文化创意作品展展示作品9个。深化“反围猎”“红包”综合治理。严肃队伍纪律作风，实地督查40次，点名通报17人次，组织全员脱产集中队列训练及考核2期，“好差评”系统139个办件满意率达100%。打造“春雨”志愿服务品牌，参与志愿活动308人次，设立“文体活动日”开展毽球、拔河、合唱等健康活动。强化正向激励，通报表扬511人次，评选“沙田榜样”20人，获黄埔海关层级以上奖励和荣誉称号集体和个人128个，核查外勤科被评为“一星级全国青年文明号”。助力乡村振兴，实地调研帮扶镇村并组织捐款。

【法治建设】2022年，沙田海关强化法治保障，建立新时代“枫桥经验”基层工作站，加强诉源治理，实现前端化解行政执法争议27起，通过行政复议成功化解重大行政执法争议1起，1起行政诉讼案件获得一审法院胜诉判决。规范公正文明执法，深入推行“三项制度”，开展规章制度清理，废止文件10件，修改19件，确认现行有效38件。关党委每月集体学法，开展“以案说法”讲座1期。推行嵌入式普法，举办线上普法培训班2次，发布政策解读微信稿30篇，开展“8·8”全国海关法治宣传日和“宪法宣传周”等现场普法宣传活动73次，2000余人次参加。

【口岸监管】2022年，沙田海关贯彻总体国家安全观，推进海关“智慧监管”建设。深化海运智能大通关，实现关区7个码头出场智能卡口验放正常率97%以上。利用舱单前哨预警，建立船舶清关、监控管理、查验、物流等全链条信息共享、风险共防机制，查发违规情事22宗。运用现场即决式布控手段强化实货监管，高质量查获占比80%。常态化开展监管作业场所监督管理，查获

▲2022年8月10日，“木兰”台风期间，沙田海关关员在东莞港码头开展安全巡查（沙田海关 供图）

码头擅自装卸货、船舶擅自驶离等物流领域违规情事21宗。发挥三级监控指挥中心监控监督作用，处置疫情防控、安全生产、规范执法等问题66个。强化关警联动推动全员打私，办理行政处罚简易程序和快速办理案件265宗。落实“国门利剑2022”行动要求，查发进口固体废物20票、54.03吨，查验环节查获违规进口濒危木材11.92吨，查获冻品走私1起、54.16吨。

【知识产权保护】2022年，沙田海关落实“龙腾行动2022”“蓝网行动2022”部署，强化一般贸易和跨境电商重点领域侵权风险研判，优化寄递渠道侵权商品查发快速通报程序和机制，办理侵权案件7宗，查扣侵权商品549批6.99万件。深化“两法”（行政执法与刑事司法）衔接协作，加强与市场监督管理、公安等地方相关部门联系配合，建立信息资源共享与违法线索处置机制，移交公安部门立案1宗。首次完成侵权案件行政争议实质性化解。

【动植物检疫】2022年，沙田海关严防非洲猪瘟、高致病性禽流感等境外重大动物疫情疫病传入，封存来自疫区肉类21.35吨。严防外来物种入侵，在木材、燕麦粒等货物中截获外来有害生物1902种次，包括检疫性有害生物125种次，其中，美雕齿小蠹（*Ips calligraphus*）、南方松齿小蠹（*Ips grandicollis*）等多种检疫性有害生物为黄埔海关首次检出；在从松材线虫疫区进口的松木中截获松材线虫（*Bursaphelenchus xylophilus*）。利用木材检验检疫业务教学实训点开展检疫处理业务实操、进口木材常见树种识别、进口木材法律法规解读等业务培训6期428人次。针对东莞港开通进境水果业务，制订相应监管方案，严把进口水果产品质量安全关，验放新鲜水果26批次、重533.3吨、货值297.3万元。

【食品监管】2022年，沙田海关完善进出口食品安全管理制度，加强进出口食品监管，监管进口食品3861批次、15.08万吨，进口化妆品8607批次、3528.91吨；检出不合格进口食品44批次、60.68吨。落实年度进出口食品安全监督抽检和风险监测计划，开展跨境电商食品安全专项监测。协助海关总署开展境外通报食品安全信息风险排查，处理突发食品安全应急事件3起。参与海关总署西亚七国食品安全监管法律法规标准跟踪收集研究工作，完成土耳其、以色列、阿塞拜疆、格鲁吉亚食品安全监

▲2022年11月9日，沙田海关关员在东莞港9、10号码头对申报木材实施查验（沙田海关　供图）

管体系研究报告；承担海关总署“进出口食品安全监管史沿革”课题研究中“进出口食品安全监管的历史贡献”部分的编写任务，收集整理新中国成立以来进出口食品安全监管重要历史时期、重大事件、国家重大活动、关区特色等史实资料共计11万字。

【商品检验】2022年，沙田海关开展进口旧机电产品检验专项行动，查发旧机电产品夹带旧压力容器情事1起。开展年度跨境电商进口消费品质量安全风险监测工作，抽检跨境电商监管仓库商品10批次。落实“2022清风行动”，打击商品假冒伪劣、伪瞒报等违法行为，综合运用视频监控系统、H986等监管装备，检出氟素涂剂、锂离子电芯、真空吸尘器等商品不符合国家标准13批次，不合格水泥1.2万吨、涂料12.6吨。

【危险化学品监管】2022年，沙田海关监管进出口油气化工品612.4万吨，货值354.0亿元。采取预约查验、预约通关方式，完成进出口危险化学品及其包装查检2892票，查发异常及检出不合格71票。提高危险化学品验放效率，液化丙烷、液化石油气船舶靠泊卸货作业“零等待”，货物取样及放行时间压缩至3天。开展“口岸危险品综合治理”百日专项行动，推动进口散装危险品100%提前申报，对危险品实施“货到即查、合格即放”，防范口岸滞留风险。发挥保税仓检验政策优势，对入仓进境时已实施检验的危险化学品出仓进口时不再重复实施检验，加快保税仓储危险化学品验放。

【企业管理】2022年，沙田海关推进“智慧企管”，应用“多证合一”“单一窗口”“互联网+”等平台，协助企业线上全程办理备案作业249宗、变更作业371宗、注销作业143宗。推动关区44家企业纳入“以企业为单元”加工贸易监管改革，覆盖率达97.78%，帮扶3家竹木草家具生产型企业成功提升分类。推进报关企业综合治理，梳理形成报关企业治理措施18条。关区备案报关单位2440家，同比增长20%，其中AEO企业6家。

【后续核查】2022年，沙田海关建立查验一线与后续核查信息互通、风险互报机制，提升查发实效。开展打击低报价格、濒危动植物走私等专项核查行动，查发小众洋酒一般贸易低报价格走私案件货值1.2亿元；查发走私濒危木材刑事案件3宗，涉及奥氏黄檀572立方米、货值923万元。推进属地查检协同联动机制改革，试行属地查检及核查作业指令3类7种叠加方式，作业指令叠加45次，减少下厂87次。承接快速办理案件工作，自办行政处罚案件20宗。

【保税监管】2022年，沙田海关支持关区内1个海关特殊监管区域、13个保税监管场所［其中，保税仓库12个（4个危险化学品保税仓库），1个出口监管仓库］，45家加工贸易企业发展。提升综合保税区卡口监管效能，启用卡口货物重量比对自动拦截功能，叠加区内全方位视频监控，实现全类型业务异常车辆管理“一卡触发、二卡拦截”，累计监管进出区车辆34.77万车次、同比增长21.66%。防范保税监管场所重点业务风险，在保税仓库启用“到货确认物流仓库”模式，监管保税监管场所进出库货值978.29亿元，同比增长7.86%，其中一线进出境货值608.69亿元、同比下降0.9%。落实保税监管领域重点改革项目，帮扶44家企业参加“以企业为单元”加工贸易业务改革，覆盖关区内97.78%的加工贸易企业。

【口岸服务】2022年，沙田海关进一步优化营商环境，进口整体通关时间21.09小时，出口整体通关时间0.81小时，比2017年分别压缩73.3%、91.8%。支持“莞货莞进”“莞货莞出”，开展百企大调研，建立“问题清零”台账，解决企业通关监管疑难。推动港区多元发展，支持东莞港开通至中东迪拜、欧洲利物浦、俄罗斯海参崴、越南海防港4条新航线。支持东莞港一体化运营及东莞—香港水运专线高效运作，东莞—香港水运专线从每周3个班次拓展为日均17个班次，全年运行班次5083个，服务企业超2400家，进出口标箱26.8万个。推动东莞港开发关港直装直提平台，实现“即到即放、快速提离”，办理“直装直提”522航次、报关单739票、货物94万吨、货值12.2亿元。“盐田—东莞组合港”“东莞—蛇口组合港”常态化运行，全年监管“组合港”模式下货物1012票、1550柜、货值2.5亿元。

【政务管理】2022年，沙田海关践行“两个维护”，推动习近平总书记重要指示批示精神和党中央决策部署在沙田海关落地落实，提升政务服务管理水平。全年开展专题督办171件。聚焦中心工作提升信息、新闻工作效能，政务信息获海关总署采用8篇次，获海关总署领导批示3篇次、黄埔海关领导批示8篇次，获评“全国海关优秀信息员”1人；新闻稿件获《中国国门时报》、“海关发布”、《南方日报》等各级媒体采用130篇次。试点基层政务公开标准化规范化工作，梳理编制涵盖8个一级事项、54个二级事项的政务公开标准目录，完成政务公开专区建设。落实精减文件要求，全年发文数量压缩42.2%。严格规范保密档案管理，开展保密工作自查督查9次，完成文件归档437件。开展政策理论研究，1篇论文获得海关相关信息载体刊发并获海关总署主要领导批示，部分研究成果被海关总署相关部门吸收转化。规范值班应急值守工作，全年未发生重大突发事件。

▲2022年10月1日，沙田海关关员在东莞港9、10号码头对包船出海集装箱实施安全巡查（沙田海关 供图）

【财务及后勤保障】2022年，沙田海关落实“过紧日子”要求，获评海关系统第二批“节约型机关”。严控“三公”经费管理，办公费、差旅费、物业费同比分别下降4.17%，54.26%，10.62%。规范固定资产管理，确保权属清晰、账实相符。

【疫情防控】2022年，沙田海关落实国务院疫情防控优化措施，筑牢口岸检疫防线。落实“三查三排一转运”，核验进出境船员健康申明卡6.94万人次，登临检疫进境船舶1083艘次，监测入境人员体温1.68万人次。加强联防联控机制，形成监管闭环，办理“外贸转内贸”船舶46艘次，协调处置伤病船员就医29人次。坚持“多病共防”“人、物、环境同防”，严防埃博拉、鼠疫、黄热病等重大烈性传染病传入，检出甲型流行性感冒、呼吸道结核病等传染病10例，完成进口非冷链物品新冠采样48批次，开展环境监测采送样90次。依托黄埔海关船舶登临检疫实训点，开展高风险岗位工作人员实训162期。落实“关长走进封闭管理区”，3名关长进入封闭管理。建立闭环生活制度，开展“一人一书一席话”读书分享会14期。做好内部疫情防控，落实“应检尽检”和疫苗接种要求，开展核酸、抗体检测3.46万人次。联合地方专班开展新冠疫情突发事件应急演练3次，提升应急处置水平。

【促进虎门港综合保税区发展】2022年，沙田海关优化监管服务促进海关特殊监管区域高质量发展。支持电子元器件集散贸易中心建设，落地芯片预烧录国际服务外包增值项目，电子元器件进出口货值924.74亿元。支持检测维修中心建设，发展保税维修项目，保税维修进出口货值1.48亿元。引导手机生产企业全球生产物料统一运到国内、区内进行研发分析，提高海外产品质量。推动全国首个直达机场空侧的

▲2022年1月27日，沙田海关关员在东莞港5、6号码头登临检疫（沙田海关 供图）

跨境海空联运项目东莞—香港国际空港中心常态化试运行。东莞虎门港综合保税区进出区总货值2445.96亿元，同比增长31.7%；其中一线进出口货值953.2亿元，同比增长48.8%。

【跨境电商业务】2022年，沙田海关支持跨境电商网购保税进口业务和跨境电商零售出口业务持续发展，监管网购保税电商进口清单数和货值同比分别增长30.3%、44.51%。针对疫情导致跨境陆路物流受阻情况，通过“陆转海”和“全接驳”新模式保障跨境电商出口物流链畅通，监管跨境电商出口车次17326辆，其中“陆转海”模式1154车次、“全接驳”模式7666车次。

撰稿人

方楚杰　尹　球　罗朝鲜　骆玉珍　黄炜昇
喻　洋　廖　昕

黄埔海关风险防控分局

【概况】 2022年，黄埔海关风险防控分局践行“两个维护”，坚决贯彻落实习近平总书记重要指示批示精神，开展“套代购”、固体废物、濒危、危险化学品等专项风险防控取得阶段性成效，筑牢国门安全防护网；深化大数据应用，增强风险动态感知能力；健全“一口对下”指令协调处置机制，提高应急处置能力；外贸保稳提质作用充分显现，加大助企纾困力度，提升企业获得感。

【海南离岛免税“套代购”走私风险防控】 2022年，黄埔海关风险防控分局打击治理海南离岛免税“套代购”走私，查发套代购走私案件13起，打掉8个走私团伙，涉案货值1484万元，在海关总署风险司组织的套代购专题会议上介绍经验。

【固体废物风险防控】 2022年，黄埔海关风险防控分局强化日常监控，开展查发案例回溯分析，更新高风险敏感商品、影子商品参数库。构建“职能+风控+现场”三位一体防控机制。畅通风险联合研判渠道，强化全链条监管，协调推进口岸查验与后续稽（核）查的联动，筑牢固体废物入境风险防控防线。构建固体废物防控规范化作业模式，布控查获废矿渣、废塑料盒等固体废物28起295.9吨，移交“洋垃圾”专项稽核查高风险企业5家，涉及低值塑料等1.6万吨，货值约1.25亿元。固体废物查发有效率从2.8%提升至3.33%，环比提升0.53个百分点，固体废物识别能力稳步提高。

【濒危物种风险防控】 2022年，黄埔海关风险防控分局

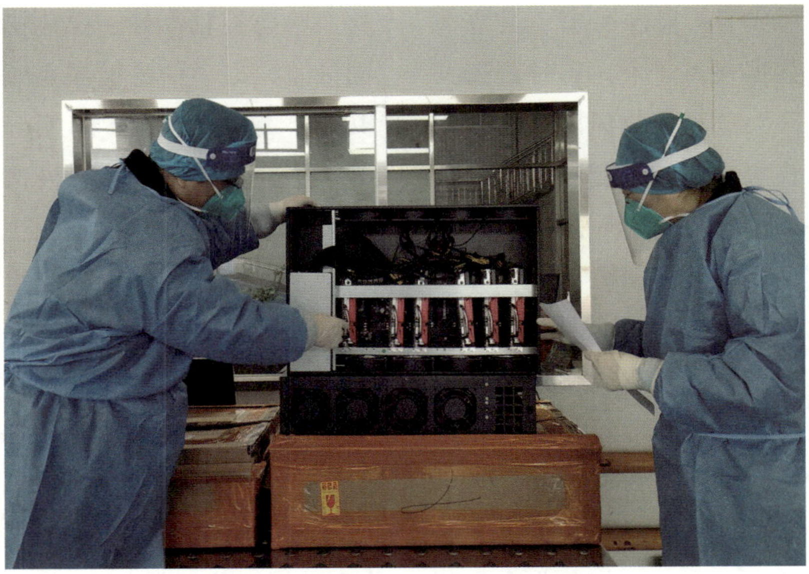

▲2022年2月17日，经黄埔海关风险防控分局布控，东莞海关查获违规出口全新虚拟货币显卡矿机（黄埔海关风险防控分局 供图）

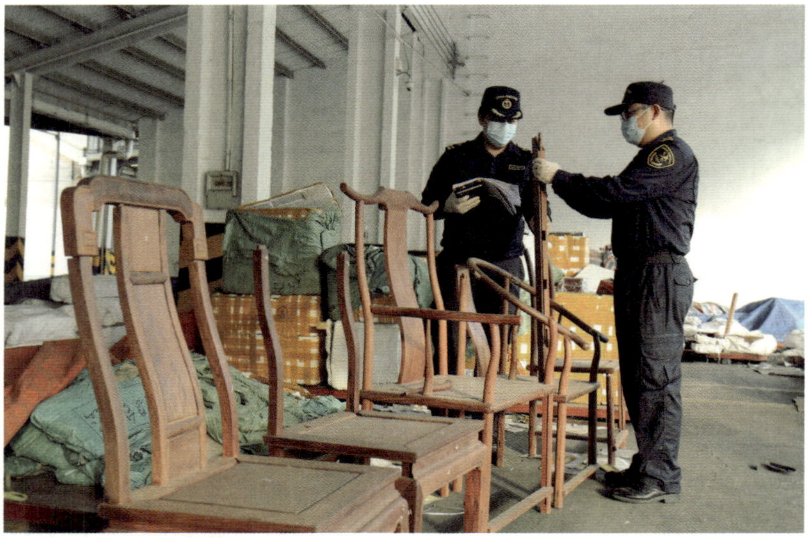

▲2022年11月9日，经黄埔海关风险防控分局布控，黄埔老港口岸查获某公司申报进口的濒危物种奥氏黄檀家具存在夹藏和少报多进情事（黄埔海关风险防控分局　供图）

加强风险回溯，形成回溯、排查、对比的工作制度，每日回溯查找问题，改进分析方法和手段。形成风险量化体系，每月对关区濒危物种总体风险态势进行深入分析，降低已验证风险的布控比例，形成态势报告12篇，建立大数据模型4个，实时监控关区濒危动植物风险动态。查获象牙钢琴琴键贴片、交趾黄檀伪瞒报等濒危物种18票合计89.6吨。

【危险化学品风险防控】2022年，黄埔海关风险防控分局加强进出口危险化学品业务风险动态监控，总结危险化学品“逃漏检”的主要表现形式，重点防范企业逃避危险化学品检验等风险。建立危险化学品查发信息收集转换机制，设置高风险企业参数58条、高风险商品参数216条。采取“风险预警+人工分析”的风险防控模式，优化危险化学品预警模型2次，提升打击伪瞒报、逃漏检风险防控精准性。强化协同处置，推动信息情报有效共享，形成全链条管控合力，移交后续稽查线索4次涉及32家企业。落实安全生产部署要求，查获危险化学品伪瞒报、逃漏检情事36起380.08吨。关区企业目录内进口危险化学品的检验检疫申报准确率为93.36%，同比增加13.59个百分点。

【大数据岗位练兵】2022年，黄埔海关风险防控分局开展常态化海关大数据业务辅导，增强风险监测预警能力，提高授权人员应用水平。组织152人参加练兵业务培训，116人参加考核，满分率超80%。全年构建模型7487个，发布平台级和站点级应用1093个。

【大数据模型】2022年，黄埔海关风险防控分局承办的“报关单综合风险甄别模型”攻关项目模型查获率大幅提升，高于同期试点口岸人工布控查获率9.05个百分点。利用模型构建口岸事中预警规则体系，预警规则布控有效率达17.7%，高于关区人工分析布控1.2个百分点，查获固体废物2宗、濒危2宗、侵权6宗、危险化学品7宗、出口夹藏8宗、进口伪瞒报6宗、未获准入食品1宗。收集整理监管工作中的风险点，实现信息共享，优化模型风险特征29个，5个监测指标被海关总署风险业务监测指标（“云擎”）目录采纳。

【“一口对下”指令协调处置机制】2022年，黄埔海关风险防控分局健全“一口对下”指令协调处置机制，接收指令执行问题数量从2021年3月高峰的188个逐步减少至

2022年10月的30个，基本达成指令执行问题逐步减少的既定目标。2022年，共收集涉及指令协调问题500个，推动关级层面解决风险问题9个，向海关总署提出建议25条。

【促进外贸保稳提质】2022年，黄埔海关风险防控分局研发“属地指令叠加自动提示”小程序，避免重复下厂，在9月全关全面推广使用以来实现指令叠加作业12起。建立“以供应链为单元”风险防控机制，开展核心企业的供应链试点工作，进行单证流与实货流的数据对碰、印证。建立供应链口岸风险验证常态化工作制度，提高监管效能，试点企业口岸查验率明显下降。积极向企业提供政策支持，推进真空包装类货物布控查验模式试点工作，纳入试点属地企业12家。自8月26日试点工作开展以来，申请真空包装类货物278票，查验3票。成立固体废物风险专家组，开展货物理化特征联合研判，取样送检作固体废物鉴定148票，同比下降44.36%，送检有效率18.92%，同比提高9.01个百分点，提高通关效率及企业获得感。

▲2022年2月16日，经黄埔海关风险防控分局布控，在东莞海关查发侵权手机壳（黄埔海关风险防控分局 供图）

撰稿人

黄铃珊

第八篇

所属事业单位、社会团体

黄埔海关后勤管理中心

【概况】黄埔海关后勤管理中心是黄埔海关所属事业单位，主要职责是为海关机关办公与职工生活提供后勤服务，内设部门9个，统筹管理独立法人事业单位2个，下设经济实体1个。

2022年，黄埔海关后勤管理中心围绕黄埔海关党委重大决策部署，推进后勤管理提质增效，抓好衣食住行服务保障。黄埔海关食堂保障各类用餐近55万人次，完成衣物、布草洗涤6.83万件（套），开展物业零星维修项目1178项，完成货物和服务类采购任务305项。落实“过紧日子”要求，制定“勤俭持家”措施17条，物业管理费同比下降24%，全关区食材支出同比下降9.6%，黄埔海关用水、用电量同比分别下降35.27%、14.74%。

【党的建设】2022年，黄埔海关后勤管理中心把学习贯彻党的二十大精神作为首要政治任务，采取“线上+线下”“集中学习+个人自学”等多种方式，印发学习贯彻党的二十大精神工作方案，党委集中学习7次，党支部学习40次。落实“第一议题”制度，召开党员大会2次、党委会20次、党委理论学习中心组6次。开展捍卫“两个确立”、做到“两个维护”、强化政治机关建设专项教育活动，明晰具体任务19项，梳理问题12项，制定整改措施25条，党委委员、支部书记围绕“国之大者”“走好第一方阵”讲授专题党课，开展“巾帼新建功、青年跟党走”等思想理论学用讲坛。推进模范机关创建，获评黄埔海关2021—2022年度党建培育品牌党支部2个，获评黄埔海关“四强”党支部4个。推进基层党建标准化规范化发展，采取工作指引、换届提醒、季度考评等一系列措施，开展党支部书记及党务干部轮训，组织学习党建知识应知应会“每周一学”活动41次。

【队伍建设】2022年，黄埔海关后勤管理中心制定党建和绩效融合考核实施细则，将党建检查、日常管理、人均支出、信息宣传等方面纳入平时考核指标并动态调整。聚焦防风险保稳定，围绕“有热情、有责任、有能力，以实际行动迎接党的二十大胜利召开”主题，开展党员群众恳谈活动，制定恳谈提纲37条，开展“一对一”谈心谈话324人次，召开恳谈会17场次。发挥正面典型的激励作用和反面典型的教育作用，每月发布“我身边的后勤力量”光荣榜与纪委监督检查情况通报，表扬后勤保障领域好人好事216人次，通报具体人和事306件。

▲2022年10月25日，黄埔海关后勤管理中心在黄埔海关机关准军事化训练场组织开展队列训练（黄埔海关后勤管理中心 供图）

建立非在编人员信息管理系统，组建示范队开展队列训练20余次，强化酒驾醉驾整治，建立酒驾醉驾风险排查清单及机动车保有量相关台账，开展酒驾醉驾专项检查13次、291人次，巩固广州市2020年第五批“零酒驾”示范机关单位创建成果。党建带动群团建设，推进妇委会成立，办好文娱体育活动。

【安全生产】2022年，黄埔海关后勤管理中心坚持“人民至上、生命至上”理念抓好安全生产工作，调整安全生产组织架构，成立安全生产工作专班，建立安全责任到人到岗制度，完善安全生产风险隐患信息“吹哨人”机制。落实月度议事研究、督导检查、整改落实、报告总结工作机制，召开安全生产领导小组会议7次。开展“安全生产月”“安全生产万里行”活动，完成问题隐患整改46项，增加黄埔海关机关监控摄像头32个。组织开展应急演练培训5场，制作“主播讲安全”短视频6场，举办消防知识云课堂培训，参与人数500余人。

【监督审计】2022年，黄埔海关后勤管理中心坚持“严”的主基调不动摇，加强内部廉政风险防控，认真履行日常监督审计职责，参与采购监督，严把工程审核关，加强各类合同审计，审核合同599份。开展“海关重点项目与财物管理以权谋私”专项整治，抓好违规收受礼金、“红包”问题专项整治及“反围猎”等工作，推进巡视巡察整改、巡察“回头看”工作，对发现的问题坚决整改，完善制度10项。深化内控机制建设，落实署级、关级和中心级“三级”的内控体系，动态调整内控清单，建立风险点自控清单。

【物业管理】2022年，黄埔海关后勤管理中心做好节能减排工作，开展“节能宣传周”“全国低碳日”“绿色生活月”等主题活动，倡导全关节约用水用电文明行为，运用物业巡查机制及时发现并处理渗漏水、长流水、长明灯问题。落实办公场所、公有住房和仓储库房消防系统及电力系统定期检查、维护保养制度，保障各项设施设备正常运作。建立机关大院常态化巡查、公有住房安全巡查机制，优化物业零星维修服务，开展爱国卫生运动，对公共场所消毒近4000场次，常态化开展灭“四害”活动，保障办公区域安全环境。加强应急预案管理，组织应急安全演练，开展环境消毒业务培训，增强突发事件应急处置与组织协调能力。

【生活管理】2022年，黄埔海

▲2022年9月22日，黄埔海关后勤管理中心工作人员组织开展国庆节前公务车辆安全检查（黄埔海关后勤管理中心　供图）

关后勤管理中心推进“厉行节约、反对浪费”工作，推动就餐“光盘”行动，落实“过紧日子”要求，严控支出预算，规范食堂管理，餐费支出持续下降。打造“两突出四融合”（突出政治统领、党建引领，将党建与膳食管理、服务态度、厉行节约、健康安全融合）党建品牌，推进保运转、优服务、强保障取得实效。打造温馨贴心的职工食堂，做到配餐营养科学、菜品多样，做好孕妇专餐、清真窗口等特色服务，增开减脂窗口，定期研制推出地域特色小菜和创新菜品，提高用餐体验感和满意度。

【采购管理】2022年，黄埔海关后勤管理中心打造“阳光”采购，加强采购活动规范化管理，制定政府采购管理规定、货物和服务采购操作规程、验收操作规程等采购管理制度3项。强化层级审批控制，重点把控紧急特殊项目和重点项目，加强对抽取招标代理机构、采购文件编制、合同签订等各环节的过程控制，确保采购项目执行合法依规。开展廉洁教育，利用谈心谈话和违法违纪案例学习，督促干部员工以案为鉴，规范采购行为。

【涉案财物管理】2022年，黄埔海关后勤管理中心加强涉案财物存储管理，落实“四防五查”（防火、防盗、防潮、防腐，查监控、查堆位、查异常、查封条、查安全）要求，做好精品仓升级改造，重新整理划分4个仓库168个堆位，动态调整货物和标识，常态化做好货物清点工作。坚持把创新作为引领发展的第一动力，“3D扫描成像”“AI智能识别”“智能货柜”“电子围网”“RFID电子标签”“全景数据分析”等高端科技协同应用，形成一套覆盖入库、保管、出库3大环节的智能化管理标准流程。提升仓储管理专业能力，运用“巡更系统”落实24小时值班巡查。助力关区打击走私“国门利剑2022”行动，在库保管货物187票。

【经营管理】2022年，黄埔海关后勤管理中心履行出资人职责，加强经济实体管理，推进经营改革工作，依法合规拓展经营业务。重新搭建经济实体组织架构，完成国有资产产权登记，注销冗余分公司。加大资产盘活力度，成功出租一批闲置物业，实现国有资产保值增值。优化志诚公司“丹水”品牌饮用水服务水平和质量，拓展拓宽销售渠道，销售收入突破200万元。

【疫情防控】2022年，黄埔海关后勤管理中心为关区防疫大局提供坚强后勤保障。

落实佩戴口罩、测量体温、扫场所码、验健康码等防控措施，完成体温监测23.39万人次、来访登记工作5135人次，推演制订黄埔海关机关突发情况应急预案，组织开展后勤保障实操演练，配合保障黄埔海关机关全员核酸检测82场、7.2万余人次。采购防疫物资212批次。抓好人员管理，开展26轮2013人次抽查，组织4轮61人次疫情防控应知应会知识抽测，优化疫情内部防控措施，强化应急值班值守。加强封闭管理保障工作，优化封闭管理场所管理，改善居住环境，保障1.06万人次开展封闭管理工作。

撰稿人

何伟峰

中国电子口岸数据中心黄埔分中心

【概况】中国电子口岸数据中心黄埔分中心（以下简称“数据分中心”）为海关总署所属事业单位，由海关总署委托黄埔海关管理。下设经济实体1个（广州志正口岸信息科技有限公司）。

2022年，中国电子口岸数据中心黄埔分中心提升科技服务能力，推进科技成果向支持海关服务能力转化，提升经营管理能力，拓展业务增长点，服务保障关区外贸企业，优化口岸营商环境。抓好自身能力建设，拓展市场经营，队伍团结稳定，完成全年各项工作任务。

【党的建设】2022年，数据分中心贯彻落实“第一议题”制度，落实“三会一课”“主题党日”等组织生活制度，组织学习贯彻党的二十大精神。召开领导班子会议和月度工作例会20次，支部开展“第一议题”学习36次，召开党员大会4次，支委会21次，开展主题党日活动12次，领导班子上党课4次。结合支部“三会一课”、党员志愿服务等形式，开展“走好第一方阵，我为二十大作贡献”“喜迎二十大·书香忆征程”等主题活动。围绕“铸忠诚、担使命、守国门、促发展、齐奋斗”工作要求开展学习讨论；采取“自主+集中”深入学、“线上+线下”全面学的方式，学习党的二十大精神及习近平总书记重要讲话精神，制作党的二十大精神宣传板报，设立网上学习专栏。落实关于治理收受红包、严防酒驾醉驾、反围猎、建立“亲”“清”新型政商关系等文件精神，与干部员工签订廉政承诺书67份。打造数据分中心文化品牌，通过“通关突击队”“82130013”等对企服务品牌，提升队伍整体凝聚力和向心力。

【队伍建设】2022年，数据分中心将专业能力与个人职业发展、薪酬待遇和单位业务发展相联动，完成2名专业技术人员岗位评聘、24名新聘员工招聘及培训、16名员工管理岗位续聘。组织干部员工参加ISTQB资质及计算机技术与软件专业水平考试，获得高级工程师资格2人，获得中级工程师资格1人。以能力、质量、实效、贡献为导向，修订绩效工资分配和考核相关制度，完成管理八级岗位领导干部选拔任用和专业技术五级、专业技术七级人员聘任工作。

【综合管理】2022年，数据分中心狠抓内部规范化，做好内控建设，执行“三重一大”决策制度。召开领导班子会26次、工作例会16次；制定和完善工作管理制度9项，形成内控清单17个；强化统

▲2022 年 8 月 31 日，数据分中心开展安全生产月消防知识主题讲座 （数据分中心　供图）

筹工作安排，推进文明单位创建活动。

【疫情防控】2022 年，数据分中心完善应急处置演练方案，加强电子口岸窗口大厅新冠疫情防控，严格管理外来办事人员，引导电子口岸制卡业务“网上办”和“扫码预约办”。做好常态化内部防控工作，建立人员健康台账，组织开展核酸检测 76 次 2685 人次，动态更新防疫储备物资，细化数据分中心防控措施，确保精准防控。

【提升科技服务能力】2022 年，数据分中心承接稽（核）查系统应用系统修改完善和信息系统运维、海关监管装备智慧管理应用项目、黄埔海关抽（取）样送检管理等 4 个署级和 14 个关级重大工程项目的研发、测试和推广应用工作。推进区块链、人工智能、大数据等先进技术的探索与应用创新类实践。完成 2021 年黄埔海关关级课题结题工作，推进关级课题研究工作。参与广东省科学技术厅 2023 年度“省社会发展科技协同创新项目”省级课题申报，“进出口新能源汽车动力电池全生命周期碳足迹风险监测及溯源的研究”项目成功纳入省社会发展科技协同创新重点项目指南。探索通关改革和区块链新技术应用，参与关级课题业务信息化环节工作。协助申报促进经济高质量发展专项资金（口岸方向）项目，推进科技成果向支持海关服务能力转化。成立数据分中心“项目管理工作组”，打造“学习型、研究型、创新型、智库型”项目团队。推进计算机软件著作权申报，成功申报 4 项，推进 9 项。

【服务关区外贸企业】2022 年，数据分中心与地方电子口岸建立点对点沟通机制，做好“单一窗口”运维服务管理平台的运维保障及系统应用推广工作，优化地方电子口岸“单一窗口”数据传输通道，协调解决企业通关疑难问题。“618”“双 11”期间加强人员配备和技术保障，加大对跨境电商业务支持。优化“互联网 + 网上制卡”服务，累计制卡 26265 张，网上无纸化制卡率达 95%。“82130013”热线累计接听企业咨询来电 19581 通，一次性解决率达到 98% 以上。推动“企业 + 政策”，精减企业进出口收发货人备案回执等非必需上传资料，为企业减负。加强服务窗口制卡热线的作风建设，对热线反映问题的立即整改。用好“黄埔口岸通关服务”微信公众号，为 2 万余家企业和 3.2 万关注用户发布政策法规、新闻动态和电子口岸业务网上办理指引 100 余篇。

【拓展经营性业务】2022 年，

数据分中心承接署级项目4个、关级项目14个。对接地方政府、电子口岸信息化开发运维项目，承接东莞—香港国际空港中心项目。加大与关区优质企业联系合作，完成深圳市南方电子口岸有限公司、中国检验认证集团广东有限公司黄埔分公司等企业系统改造及运维服务等合作项目落地。

撰稿人

龚盛玮

黄埔海关技术中心

【概况】黄埔海关技术中心是黄埔海关直属正处级事业单位，内设部门12个，统筹管理独立法人事业单位1个，下设经济实体1个。黄埔海关技术中心作为出入境执法技术保障机构，承担黄埔海关出入境产品法定检测、公共技术委托检测和科研等任务，并向社会提供食品、粮谷、纺织服装、轻工产品、化矿产品、动植物产品、电子电气产品的实验室委托检验检测、大宗散货委托鉴定、卫生除害检疫处理等业务及相关培训、咨询。

2022年，黄埔海关技术中心坚持以习近平新时代中国特色社会主义思想为指导，开展政治机关建设专项教育活动和“学查改”专项工作，统筹推进巡察整改、迎审自查、“海关重点项目和财物管理以权谋私”专项整治、“口岸危险品综合治理”百日专项行动等工作，抓实常态化疫情内部防控和安全生产工作，加强队伍管理，推进全面从严治党，围绕黄埔海关党委工作部署和关区重点工作，细化目标任务，狠抓推进落实，提升业务能力和管理水平，推动技术中心工作全面高质量发展。助力进境粮食快速通关，进境粮食专项检测时长由3.6个工作日减少到1.8个自然日。全年受理法检业务1.54万批次24.25万项次，检出不合格311批次1347项次，检出外来有害生物2.94万种次，有毒有害物质98种次。为打击“洋垃圾”、濒危野生动植物及其制品走私提供技术支撑，协助执法部门查证固体废物7259吨，濒危植物135吨。全年检出检疫性有害生物2852种次，全国首次检出有害生物6种次，黄埔关区首次检出17种次，同比增加70%。

【党的建设】2022年，黄埔海关技术中心围绕学习贯彻党的二十大精神主线，坚定拥护“两个确立”、坚决做到“两个维护”。落实“第一议题”制度，坚持以习近平新时代中国特色社会主义思想武装头脑，指导实践，推动工作。黄埔海关技术中心党委开展专题研讨24次，党委中心组组织专题研学6次，各党支部研学161次。组织党员干部集中收看党的二十大大会实况，党委领学开展专题研讨，支部促学开展学习交流，撰写学习心得体会文章。制订学习贯彻党的二十大精神工作方案，推动党的二十大精神在黄埔海关技术中心落地落细。推进“学查改”专项工作和政治机关建设专项教育活动。认真落实黄埔海关党委部署要求，立足技术中心实际，统筹推动两个专项工作，建立“学查改”专项工作问题清单和整改清单台账2个，明确专项教育任务23项。查摆6个方面问题，制定并完成整改措施18项，其中3项转化为常态化措施。总结党史学习教育经验做法，持续巩固“我为群众办实事”成果，细化制定措施25条，推动党史学习教育常态化长效化。落实海关总署、黄埔海关党委新时代海关廉洁文化的建设要求，培树先进典型。开展“年轻干部谈廉洁”活动，入选黄埔海关“清风国门”廉洁创意作品展作品3个。开展警示教育月暨纪律教育学习月活动，细化具体措施8项，组织纪法教育专题学习，全员观看警示教育片，强化廉政警示教育。开展支部书记讲廉政党课，教育干部职工以案为鉴、警钟长鸣。严抓纪律作风，常态化开展队列训练。建立与纪检组会商通报机制。落实党风廉政建设主体责任，加强对“一把手”和领导班子监督，开展提醒谈话8次。夯实基层党建基础，推进融合式党建，推动支部品牌创建，加强党务干部能力培训。

【队伍管理】2022年，黄埔海关技术中心成立技术中心党委人才工作领导小组，推进人才工作和人才队伍建设，培养青年科研骨干。优化队伍结构，开展专业技术职称聘任工作，择优晋升22名专业人员岗位等级。推进实施绩效工资，运用绩效考核的指挥棒，激发人员干事创业的热情。

【实验室能力建设】2022年，黄埔海关技术中心围绕关区重点工作任务，提升法检自检率，组建工作专班，制定落实措施4项，聚焦关区法检需求，重点攻关危险化学品危险货物包装、固体废物鉴定、涉税化验、物种鉴定等领域。建立长效机制，定期通报进度，将工作实效纳入绩效考核指标。全年新增检测能力588项，法检自检率从年初80.1%提升至90.2%，其中进境粮食、供港蔬菜、刹车片等实现全部自检。建立实验室管理制度3项，完善样品管理制度，修订过程控制程序，优化检测流程。完善检测时长监督管理办法，优化外送检测样品管理，剖析超期原因，制定整改措施，全年法检检测平均时长7.8天。成立法检能力提升和检测时长监控工作专班2个，制定具体措施6条，优先安排检测重点企业的送检样品，强化多方联动，建立应急值班制度，实现“7×24小时”预约检测。加强质量体系建设，定期召开质量管理评审会议，推进17020检验机构质量管理体

▲2022年5月19日，黄埔海关技术中心实验室工作人员开展化妆品中二噁烷项目检测（黄埔海关技术中心　供图）

系建设。开展实验室复评审工作，通过CNAS和CMA二合一评审，获得认可检测项目3299项。

【科技发展】2022年，黄埔海关技术中心组建科学技术委员会，全年组织申报海关总署和东莞市科研项目各2项，获批技术规范制修订项目14项，完成广东省地方科技项目结题3个，获海关总署科技成果评定二级成果1项。开展技术性贸易研究工作，毛织产品技术性贸易措施研究评议基地通过标法中心年度考核。全年开展通报评议22项，配合世界贸易组织国际会议定期提交TBT/SPS特别贸易关注2项，协助发布风险预警65条，编写的技术性贸易信息获海关总署及上级部门采用1篇，入选海关总署技术性贸易措施工作典型案例1篇。

【安全生产】2022年，黄埔海关技术中心完善安全生产工作领导小组机制，压实安全生产责任。健全实验室化学品安全风险识别管控机制，完善实验室危险废弃物管理机制，落实化学品安全生产主体责任。成立黄埔海关技术中心两级实验室安全监督员队伍，实现实验室监督全覆盖。落实安全生产季度工作例会制度，推动重点场所和领域的安全管理责任到岗到人，签署安全责任书108份。开展实验室安全应急演练，提升应急处置能力。上线试剂耗材管理系统，提高实验室安全管控效率。定期开展安全生产自查，发现并及时整改问题隐患16条，开展风险隐患排查、问题整改“回头看”。

【综合管理】2022年，黄埔海关技术中心不断规范管理工作，出台样品管理办法、危险废弃物处置管理办法等制度10项。落实常态化疫情内部防控工作，严格人员出行管理，落实“日报告、零报告”制度。落实“过紧日子”要求，压缩一般性公用经费支出，全年压缩约200万元。对照巡察反馈意见3个方面14个问题，细化整改措施62条，建立整改台账，全部整改完成。对照黄埔海关下发的迎审自查清单，确定迎审自查重点201项，开展全面自查，发现问题22个并及时整改。组织“海关重点项目和财物管理以权谋私”专项整治工作，开展问卷调查265份，组织参加测试164人次，对中层管理干部开展主体责任谈话13人次，撰写个人剖析材料60份，梳理2012年以来档案资料，形成重点项目清单12项，完成问题整改3个。开展“口岸危险品综合治理”百日专项行动工作，加快样品流转、优先安排检测、增加实验人员，保障工作成效。建立应急机制，实施24小时、“5+2”预约检测工作模式，落实“检的出、检的准、检的快”的工作要求。专项行动期间，优先安排检测样品107批次，检测平均时长由15天压缩至10天。

撰稿人

杨　阳

黄埔海关国际旅行卫生保健中心

【概况】黄埔海关国际旅行卫生保健中心（黄埔海关口岸门诊部）（以下简称“保健中心”）是直属黄埔海关领导的正处级事业单位，内设部门4个。

2022年，保健中心深入贯彻党的二十大精神，将捍卫“两个确立”、做到“两个维护”落实到履职尽责全过程各方面，落实习近平总书记关于“疫情要防住、经济要稳住、发展要安全”的重要指示，围绕“做保障、稳经营、保安全”的主线抓好全年各项任务，确定“固化基础、优化管理、稳中求进、自信自强”的工作主题，推动各项工作发展。

【党的建设】2022年，保健中心深入学习贯彻党的二十大精神，压实全面从严治党政治责任，开展政治机关建设专项教育和“学查改”专项工作，组织学习研讨17次，查摆8个方面突出问题，制定整改措施24项。抓好融合式党建，“战疫医线”党建品牌获评2021—2022年度黄埔海关支部党建培育品牌，推进文明单位创建工作，建立“党建+文明创建”工作机制，开展党员示范岗、巾帼文明岗、学雷锋志愿服务等活动。

【技术支撑】2022年，保健中心发挥专家委员会作用，优化专业技术队伍结构，完善全员绩效考核工作，在传染病检测、传染病监测，医疗保障等方面发挥积极作用，提升其他传染病检测能力。规范实验室管理系统使用，将储备口岸传染病病原检测技术转化为检验项目，助力“多病共防”，新开展蚊类携带病原体检测，提高口岸传染病检出率，完成病媒生物学形态鉴定667份，

▲2022年5月12日，保健中心开展护士节慰问活动 （保健中心　供图）

▲2022年5月30日，保健中心医学检验中心项目开工仪式（保健中心 供图）

新冠以外的其他传染病检测2.97万项次，检出各类传染病病原191例，其中肺炎克雷伯菌、EB病毒为黄埔海关首次检出。强化实验室检测质量控制，完善实验室管理体系，通过实验室17025复评审，3次新冠核酸检测及其他项目室间质评均满分通过。加强出入境人员传染病监测，提升传染病筛查质量，完成出入境人员监测体检3361人次，受理其他出入境业务1.07万人次。加强口岸卫生检疫技术保障，开展一线人员采样、医疗废弃物处理等技术培训，采集和检测口岸一线人员新冠抗体1368人次，协助兄弟单位做好医疗废物处置工作。破解设备、人手、专业方面的瓶颈短板，为关区干部职工提供上门体检，完成干部及员工体检1570人次。医务室获得“医疗机构执业许可证”，开展“家庭医生”式服务，为封控人员实行远程问诊、邮寄慢性疾病治疗药品。医学检验中心正式开工建设，项目涉及改造面积4940平方米。

【经营服务】2022年，保健中心构建以“法检业务为基础、体检业务为重点、特色项目为拓展、租赁业务为补充”的经营服务格局，做好新冠检测业务，拓展核酸业务；改善环境设施，加强业务宣传，开拓健康体检业务；盘活现有物业。推进绩效工资改革，建立“两头发力”经营机制（“宏观稳住、微观激活”“干部保收、员工增收”），成立经营管理委员会，制定经营创收管理实施办法和创收贡献核定细则，打破“大锅饭”。采取市场化合作方式解决设备、人员不足问题及科目不全问题，通过“合作方采样—中心检测检验”的模式提高实验室检测量。经营服务收入同比增长12.75%，收入结构进一步优化，本关委托业务占比从2021年的90%下降至48%。

【风险防控】2022年，保健中心严肃队伍纪律作风，密切与派驻纪检组联系配合，形成执纪监督合力。推进巡察整改、“海关重点项目和财物管理以权谋私”专项整治、全领域自查自纠和迎审自查工作，专项整治梳理出重点项目清单10个，查摆纠治全领域风险点22个，解决历史遗留问题3个，完成2021年巡察发现问题的整改；建立内控节点体系，梳理内控节点24项，形成自控清单29项。完善安全生产工作领导小组机制，建立“吹哨人”制度，发现并整改安全风险隐患14项，处理汛期积水、电力故障等安全生产突发事件。组织消防安全培训演练，抓好物业、人财物、交通用车等安全管理。加强医学检测中心项目施工质量管理，安排专人每日巡查，督促落实安全措施和防疫措施。制定非执法领域制度9个，规范中心采购、车辆使用，公有住房管理、物业零星维修等管理，编制“五强”（党建引领强、检测能力强、专家队伍强、运营服务强、风险防控强）保健中心制度汇编，健全保健中心规范体系。完成资产报废手续，规范内部资产领用保管手续，完善与其他单位资产交叉借用手续，挖掘设备潜力，盘活闲置资产，实现国有资产增收创收。

【疫情防控】2022年，保健中心落实疫情防控各项要求，完成核酸检测任务。对接全关各单位，接入粤核酸平台，实现在信息收集、采样、接样、检测、结果反馈等环节的紧密衔接。调配检测人力，优化检测流程，加强仪器设备配置使用，核酸检测能力由2021年的1500管/日提升至5000管/日。全年完成新冠核酸检测83.42万份，同比增长479%。落实实验室检测操作规范，做好个人安全防护措施，执行“3+2”安全防护监督制度（岗前检查、工作巡查、全程督查，双人作业、相互监督）。落实海关总署、黄埔海关关心关爱一线人员措施，择优晋升5名专业技术人员岗位等级。执行预检分诊制度，坚持“人、物、环境同防”“医患同防”，实施感控督导员制度，杜绝防控盲区。针对所在区域可能出现的封闭、封控情况，从应急组织体系、情景预设、方法程序、综合保障等方面做好预案，开展应急演练5次，确保极端情况下保健中心的业务运转。

撰稿人

刘真真　梅玉枝

黄埔海关学会

【概况】黄埔海关学会是黄埔海关内部专门从事政策理论研究、学术性、非营利性的群众团体，行政上受黄埔海关领导，业务上接受中国海关学会和中国海关学会广州分会指导。黄埔海关学会共有42个理事会成员单位，未设常务理事会，相关职能由会长会议统一负责的方式进行管理，日常工作由秘书处组织实施。

2004年2月，黄埔海关学会召开第一次会员代表大会，并按规定以“广东黄埔海关学会”名义在广东省民政厅进行注册，性质为社团组织。第一任会长为原关长王祖兴。2008年6月，经第二次会员代表大会选举产生第二届理事会。第二任会长为原副关长、巡视员方美广。2016年7月，为落实中央巡视组和海关总署人事教育司关于海关在职和退休干部不得担任法定代表人的要求，向广东省民政厅注销社团法人登记。2017年5月，经第三次会员代表大会选举产生第三届理事会。第三任会长为原副巡视员王庆华。2020年5月，进行届中调整。2021年8月，经第四次会员代表大会选举产生第四届理事会，现任会长为原副关长、一级巡视员陈胤瑜，副会长为原统计分析处二级巡视员杜妍，秘书长为办公室二级调研员周泽升。

黄埔海关学会以马克思列宁主义、毛泽东思想、邓小平理论、“三个代表”重要思想、科学发展观和习近平新时代中国特色社会主义思想为指导，坚持党的基本路线，坚持理论联系实际，贯彻百家争鸣的方针，推动和促进黄埔海关群众性理论研究与交流，为黄埔海关改革发展服务。

【理论研究】2022年，黄埔海关学会共征集论文191篇，向上级学会推荐的各类论文均取得优异成绩。在中国海关学会“服务新发展格局，更好发挥海关在国内国际双循环交汇枢纽作用”主题征文评选中，获评优秀论文2篇、入选论文2篇。在中国海关学会广州分会综合类征文评选中，获一等奖2篇、二等奖3篇、三等奖4篇。在广东分署、中国海关学会广州分会“全面深化改革，推进海关制度创新”联合主题征文评选中，获一等奖1篇、二等奖3篇、三等奖6篇。海关史征文获二等奖、三等奖各1篇。分别邀请中山大学马克思主义学院教授、中国海关学会广州分会专职副会长为学会会员授课，提升理论研究能力和水平。

撰稿人

常立丽

第九篇

荣誉·名录

2022年黄埔海关获省部级及以上表彰名录（集体和个人）

1. 机关党委（政工办）陈腾辉同志获评海关系统“党务之星”。

2. 法规处蔡红宇同志获评2016—2020年全国普法工作先进个人。

3. 黄埔老港海关肖航同志获评全国海关百名优秀执法一线科长。

4. 穗东海关吴洁同志获评海关系统“党务之星”。

5. 东江口海关冼妙颜同志获评广东省三八红旗手。

6. 萝岗海关胡进平同志获评全国海关百名优秀执法一线科长。

7. 增城海关吕燕青家庭获评广东省“最美家庭”。

8. 沙田海关张文辉同志获评2021年广东省“扫黄打非”先进个人。

9. 东莞海关黄妍家庭获评2022年广东百户“最美家庭”。

10. 机关党委（政工办）闫乃石同志获评广东省青年文明号星级导师。

11. 12360热线工作室获评一星级全国青年文明号。

12. 穗东海关综合业务二科综合组获评一星级全国青年文明号。

13. 穗东海关综合业务二科获评广东省三八红旗工作室。

14. 穗东海关获评广东省五一劳动奖章。

15. 东江口海关获评全国行政执法先进集体。

16. 东莞海关保税监管三科获评2022年度复核认定的全国海关党建示范品牌。

17. 东莞海关保税监管三科获评一星级全国青年文明号。

18. 东莞海关驻邮办邮件监管科获评2021年广东省“扫黄打非”先进集体。

19. 东莞海关团委系列主题团日活动获评广东省优秀主题团日活动。

20. 东莞海关《创新实施推动基层海关整体提升的“星火计划”促进思想政治工作深度嵌入模范机关创建全程》获评广东省基层思想政治工作优秀案例二等奖。

21. 东莞海关星火图书角获评广东省职工书屋。

22. 凤岗海关综合业务二科党支部党建品牌“四微”集结号获评全国海关党建示范品牌。

23. 凤岗海关综合业务二科获评一星级全国青年文明号。

24. 沙田海关核查外勤科获评一星级全国青年文明号。

2022 年黄埔海关获“光荣在党 50 年”纪念章名单

陶天钦　　陈世积　　冯广尧　　邬云华　　李满娣　　王志华　　滕永发

2022 年黄埔海关获三等功以上奖励名录

张 胜	袁 峰	丁钰坤	杨 宇	邢 运	薛文卿	衡 林	徐 莹
陈燕来	谭力民	王 挺	莫志鹏	洪晓峰	曾 涛（5225480）		张龙浩
马 利	王方杰	王 征	文均毅	林煜超	邓郁琼	张敏杰	吴 宽
曾旺添	楼明亮	王 猛	陈 静	袁嘉雯	钟 俊	陈 颖（5244040）	
温作锋	邵 丹	张 程	吴 彬	郝 刚	杨 波	庄晓升	张坤孝
肖 晖	叶茜林	杨文俊	李晓曦	王卫东	王龙飞	何 鹏	邱奕林
张 玲	房志坚	顾春龙	叶 翃	韩 聪	吕永才	陈祖森	尹继先
贺姬平	胡进平	谢 锐	刘 曜	钟静雯	张文磊	魏伟健	王 旸
华 丽	汤国谦	胡 滨	邹海滨	沈方操	姚柏辉	童顺立	游志华
王 东	黄成凯	黄 巍	卢 笙	区惠捷	林绮文	肖 航	于 冰
韩 斌	王勇（5219880）		钱 明	赵 莹	荣 珊	李 明（5225390）	
陈晓纯	王美音	陈 光	余冠英	谢海容	杨冠星	陈 玲（5212550）	
吴湛端	朱跃鹏	朱业平	郭 庆	汤杰峰	谭智君	马雯琴	刘圣雨
陈旭军	朱浩文	秦小杰	伍广潮	陈海京	丁素玲	倪黎明	陈 华
谭 樱	黄凯斌	康停标	郭志勇	李 莹	李 洋	麦凤仪	温彦灵
岳新颜	李凯扬	罗建宏	黄 翀	程 旭	王艺娱	蒋洪波	鲁庆军
蔡辉锐	孙福海	谢初波	谭 晋	彭向明	陈志结	李海飞	陈应南
许 宝	李炳松	周子勋	林海波	李帮森	刘方家	范俊杰	吕维佳
陈建军	吴志刚	张治友	黄炜升	陈 翀	崔 健		

2022年黄埔海关调整为三级关务监督及以上人员名单

一、以下同志由二级关务监督关衔晋升为一级关务监督关衔（1人）

林利忠

二、授予以下同志二级关务监督关衔（3人）

吴敬艳　　何汉能　　匡维华

三、以下同志由三级关务监督关衔晋升为二级关务监督关衔（3人）

魏明华　　刘化冰　　贺韶辉

四、授予以下同志三级关务监督关衔（11人）

吴险峰　　郑育洪　　吴　晖　　麦詠梅　　张　瑞　　田月今　　全小莹
林先准　　刘　坤　　周丽芳　　黎永强

五、以下同志由一级关务督察关衔晋升为三级关务监督关衔（1人）

薛永磊

六、以下同志由一级关务督察关衔选升为三级关务监督关衔（7人）

周泽升　　焦义兵　　孔令瑜　　李　兵　　梁晓冬　　蔡文彦　　倪小祥

第十篇

海关统计资料

2022 年黄埔关区进出口商品月度总值表

月份	进出口		出口		进口	
	人民币（亿元）	同比（%）	人民币（亿元）	同比（%）	人民币（亿元）	同比（%）
合计	17172.0	–3.4	8524.1	–0.2	8647.9	–6.3
1 月	1548.4	9.4	757.6	16.0	790.8	3.7
2 月	1035.3	1.9	473.4	–0.4	561.9	4.0
3 月	1394.0	–3.4	641.2	1.2	752.7	–7.0
4 月	1600.4	9.8	773.2	15.1	827.2	5.3
5 月	1551.6	8.2	787.6	21.7	764.0	–2.9
6 月	1579.9	1.6	812.3	10.3	767.6	–6.2
7 月	1538.6	–2.5	785.1	3.3	753.5	–7.9
8 月	1462.2	–10.6	809.3	0.1	652.9	–21.0
9 月	1583.4	–9.9	788.9	–15.9	794.5	–2.9
10 月	1250.5	–9.0	606.0	–13.5	644.5	–4.3
11 月	1331.2	–16.1	664.7	0.0	666.5	–17.3
12 月	1296.4	–14.6	624.8	–15.4	671.6	–13.8

2022 年黄埔关区进出口国别（地区）前 30 位总值表

进口原产国（地） 出口最终目的国（地）	进出口		出口		进口	
	人民币（亿元）	同比（%）	人民币（亿元）	同比（%）	人民币（亿元）	同比（%）
美国	1721.1	–6.2	1232.0	–7.0	489.1	–4.1
中国香港	1692.3	–4.2	1670.5	–4.4	21.7	15.3
中国台湾	1559.8	–6.4	183.4	–7.8	1376.5	–6.2
日本	1463.7	4.7	461.3	8.9	1002.3	2.9
中国	1064.1	–26.1	0.0	—	1064.1	–26.1
韩国	986.7	–31.8	191.5	–44.7	795.2	–27.8
德国	720.7	5.9	210.9	–8.1	509.8	13.0
印度尼西亚	540.7	6.9	212.3	0.0	328.4	11.9
越南	505.2	3.1	334.8	17.1	170.4	–16.5
马来西亚	499.1	7.5	221.3	49.7	277.8	–12.2
印度	470.8	6.3	434.6	19.9	36.2	–54.8
泰国	421.8	–1.6	192.5	–2.1	229.3	–1.1
菲律宾	317.0	0.3	199.1	–0.3	117.9	1.3
巴西	292.8	25.4	70.7	0.5	222.1	36.2
新加坡	278.4	1.0	145.0	30.5	133.4	–18.9
澳大利亚	276.4	13.9	134.6	–4.6	141.8	39.7
荷兰	266.6	1.6	243.4	4.9	23.2	–23.7
墨西哥	265.5	–9.1	239.5	–5.9	26.0	–30.9
英国	246.6	1.2	157.8	3.6	88.8	–2.8
俄罗斯	235.5	35.6	162.7	55.1	72.7	5.7

续表

进口原产国（地） 出口最终目的国（地）	进出口		出口		进口	
	人民币（亿元）	同比（%）	人民币（亿元）	同比（%）	人民币（亿元）	同比（%）
沙特阿拉伯	209.5	33.4	96.2	68.4	113.3	13.4
法国	166.6	–12.7	105.0	–13.3	61.6	–11.6
斯洛伐克	166.5	36.2	7.5	–28.9	158.9	42.4
意大利	161.9	–7.4	117.4	–7.7	44.5	–6.8
智利	155.1	11.0	49.6	–10.4	105.4	25.0
加拿大	153.4	–7.2	71.7	–18.9	81.7	6.2
阿联酋	151.0	10.8	98.0	10.6	53.0	11.3
刚果民主共和国	148.7	88.8	3.5	177.0	145.1	87.3
西班牙	103.5	–11.6	93.2	–9.3	10.4	–27.9
秘鲁	90.4	14.2	23.4	7.3	67.1	16.8
秘鲁	90.5	14.2	23.4	7.4	67.1	16.8

2022 年黄埔关区进出口贸易方式总值表

贸易方式	进出口		出口		进口	
	人民币（亿元）	同比（%）	人民币（亿元）	同比（%）	人民币（亿元）	同比（%）
总值	17172.0	–3.4	8524.1	–0.2	8647.9	–6.3
一般贸易	8631.0	3.3	4006.9	0.3	4624.2	6.1
国家间、国际组织间无偿援助和赠送的物资	0.3	–20.6	0.3	2.3	0.0	–100.0
其他捐赠物资	0.1	124.2	0.1	124.2	0.0	—
加工贸易	4490.3	–14.5	2836.5	–13.1	1653.8	–16.7
来料加工贸易	396.0	–27.6	235.7	–24.4	160.3	–31.8
进料加工贸易	4094.3	–12.9	2600.8	–11.9	1493.5	–14.7
加工贸易进口设备	2.3	66.0	0.0	—	2.3	66.0
对外承包工程出口货物	17.3	–44.9	17.3	–44.9	0.0	—
租赁贸易	0.9	–84.1	0.9	54.0	0.0	–100.0
外商投资企业作为投资进口的设备、物品	18.2	–18.1	0.0	—	18.2	–18.1
出料加工贸易	0.0	–99.0	0.0	–99.6	0.0	–92.6
保税物流	3279.4	–7.6	934.8	33.0	2344.6	–17.6
海关保税监管场所进出境货物	2074.3	–25.0	460.8	8.0	1613.5	–31.0
海关特殊监管区域物流货物	1205.0	53.9	474.0	71.7	731.0	44.2
海关特殊监管区域进口设备	0.7	–69.0	0.0	—	0.7	–69.0
其他贸易	731.4	32.7	727.3	32.5	4.2	58.9

2022年黄埔关区进出口企业性质总值表

企业性质	进出口		出口		进口	
	人民币（亿元）	同比（%）	人民币（亿元）	同比（%）	人民币（亿元）	同比（%）
合计	17172.0	–3.4	8524.1	–0.2	8647.9	–6.3
国有企业	1131.2	–1.9	347.9	17.1	783.3	–8.4
中外合作企业	37.2	–4.4	30.3	–0.8	6.9	–17.9
中外合资企业	1887.7	38.2	405.4	4.8	1482.4	51.4
外商独资企业	6407.7	–10.7	3029.5	–14.2	3378.3	–7.3
集体企业	67.2	53.5	35.7	101.0	31.5	21.1
私营企业	7630.8	–4.3	4671.4	9.3	2959.4	–20.1
个体工商户	1.7	18.2	1.4	39.3	0.3	–27.3
其他	8.5	–39.2	2.6	–60.9	5.9	–19.7

2022 年黄埔关区进出口商品收发货人所在地总值表

收发货人所在地	进出口		出口		进口	
	人民币（亿元）	同比（%）	人民币（亿元）	同比（%）	人民币（亿元）	同比（%）
合计	17172.0	–3.4	8524.1	–0.2	8647.9	–6.3
广东省	13196.2	–7.4	7517.1	–3.8	5679.1	–11.8
北京市	1256.5	0.9	168.7	22.2	1087.8	–1.7
上海市	635.0	18.6	45.8	87.7	589.2	15.3
福建省	385.1	5.0	76.8	37.2	308.3	–0.8
浙江省	270.1	43.9	68.4	59.4	201.6	39.3
江苏省	218.8	–1.0	62.8	2.5	156.0	–2.4
湖南省	202.9	36.7	89.2	30.5	113.7	41.9
江西省	183.4	42.4	143.1	49.1	40.3	22.8
天津市	113.4	8.6	9.5	120.1	103.9	3.7
重庆市	104.2	286.5	88.0	606.7	16.2	11.7
广西壮族自治区	98.6	–4.9	75.1	–6.6	23.6	0.8
山东省	78.9	–5.6	14.4	–27.4	64.6	1.1
陕西省	77.2	32.5	3.9	–24.2	73.4	37.9
云南省	55.1	16.9	49.7	23.1	5.4	–19.9
吉林省	49.8	–36.9	0.1	–16.0	49.6	–36.9
湖北省	47.4	47.1	32.7	66.5	14.7	16.9
四川省	46.2	1.2	21.1	–7.0	25.1	9.4
安徽省	33.7	35.3	9.6	24.9	24.1	40.0
海南省	33.6	40.6	9.0	115.4	24.6	24.7

续表

收发货人所在地	进出口		出口		进口	
	人民币（亿元）	同比（%）	人民币（亿元）	同比（%）	人民币（亿元）	同比（%）
贵州省	20.8	97.7	12.0	20.2	8.8	1562.5
黑龙江省	16.3	514.6	3.4	418.6	12.9	546.2
辽宁省	15.4	50.0	7.3	190.5	8.2	4.9
河北省	13.6	–7.8	6.5	–12.1	7.1	–3.6
河南省	10.1	50.0	6.7	116.5	3.5	–5.5
新疆维吾尔自治区	5.2	57.6	0.6	–11.7	4.6	74.4
甘肃省	1.8	257.3	0.9	332.4	0.9	203.7
山西省	1.5	54.7	1.3	323.7	0.1	–79.6
内蒙古自治区	1.0	187.7	0.3	40.9	0.7	440.9
宁夏回族自治区	0.2	–72.4	0.1	–39.5	0.1	–78.4
青海省	0.0	41.4	0.0	1.0	0.0	—
西藏自治区	0.0	—	0.0	—	0.0	—

2022 年黄埔关区进出口商品关别总值表

关别	进出口		出口		进口	
	人民币（亿元）	同比（%）	人民币（亿元）	同比（%）	人民币（亿元）	同比（%）
合计	17172.0	–3.4	8524.1	–0.2	8647.9	–6.3
黄埔老港海关	1230.3	4.9	754.9	3.9	475.3	6.4
黄埔新港海关	1569.0	–1.3	159.3	–15.6	1409.7	0.6
增城海关	203.0	47.3	141.5	34.6	61.5	88.4
东莞海关	2571.7	–4.5	1808.6	1.5	763.1	–16.2
太平海关	0.0	1633.8	0.0	—	0.0	1633.8
凤岗海关	1634.1	–17.0	1227.9	–13.9	406.2	–25.0
穗东海关	1230.5	6.5	460.8	–1.4	769.7	11.9
东江口海关	0.0	–100.0	0.0	—	0.0	–100.0
新沙海关	1921.2	11.0	109.5	53.8	1811.7	9.1
东莞长安海关	3233.2	–27.2	1719.2	–23.3	1514.0	–31.1
常平海关	866.4	20.6	810.0	25.6	56.4	–23.5
沙田海关	2587.0	27.9	1261.3	57.4	1325.7	8.5
萝岗海关	125.8	–11.5	71.0	–20.0	54.8	2.6
东莞海关	2571.7	–4.5	1808.7	1.5	763.1	–16.2
太平海关	0.0	1633.8	0.0	—	0.0	1633.8

2022 年黄埔关区进出口商品运输方式总值表

运输方式	进出口		出口		进口	
	人民币（亿元）	同比（%）	人民币（亿元）	同比（%）	人民币（亿元）	同比（%）
合计	17172.0	–3.4	8524.1	–0.2	8647.9	–6.3
水路运输	10014.5	26.6	4860.6	42.1	5153.8	14.8
公路运输	6425.9	–30.4	3195.5	–32.1	3230.4	–28.7
航空运输	555.4	29.5	297.7	34.2	257.7	24.4
铁路运输	89.7	69.5	83.8	64.0	5.9	220.1
其他运输	54.9	–54.8	54.9	–54.9	0.0	277.0
固定设施	29.4	92.2	29.4	92.2	0.0	—
邮件运输	2.3	–65.8	2.3	–65.9	0.0	268.3

2022 年黄埔关区进出口商品类章总值表

商品类章	进出口		出口		进口	
	人民币（亿元）	同比（%）	人民币（亿元）	同比（%）	人民币（亿元）	同比（%）
总值	17172.0	–3.4	8524.1	–0.2	8647.9	–6.3
第一类 活动物；动物产品	34.4	1.7	0.2	–20.4	34.2	1.8
第 1 章 活动物	0.0	—	0.0	—	0.0	—
第 2 章 肉及食用杂碎	0.0	–77.0	0.0	–77.0	0.0	—
第 3 章 鱼、甲壳动物、软体动物及其他水生无脊椎动物	0.0	–92.0	0.0	—	0.0	–93.9
第 4 章 乳品；蛋品；天然蜂蜜；其他食用动物产品	34.0	3.5	0.1	–45.6	33.9	3.8
第 5 章 其他动物产品	0.3	–52.0	0.1	651.1	0.3	–61.2
第二类 植物产品	587.9	7.6	16.7	72.0	571.2	6.4
第 6 章 活树及其他活植物；鳞茎、根及类似品；插花及装饰用簇叶	0.6	0.4	0.6	9.6	0.0	–72.6
第 7 章 食用蔬菜、根及块茎	22.6	39.6	0.5	–18.3	22.1	42.0
第 8 章 食用水果及坚果；甜瓜或柑橘属水果的果皮	1.1	–8.9	0.1	–67.8	1.1	0.1
第 9 章 咖啡、茶、马黛茶及调味香料	4.5	–0.9	3.3	–4.3	1.2	9.1
第 10 章 谷物	222.9	–14.7	0.0	75.3	222.9	–14.7
第 11 章 制粉工业产品；麦芽；淀粉；菊粉；面筋	21.0	42.7	6.2	92.3	14.8	28.6
第 12 章 含油子仁及果实；杂项子仁及果仁；工业用或药用植物；稻草、秸秆及饲料	308.8	26.3	1.2	212.9	307.6	26.0

续表 1

商品类章	进出口		出口		进口	
	人民币（亿元）	同比（%）	人民币（亿元）	同比（%）	人民币（亿元）	同比（%）
第 13 章 虫胶；树胶、树脂及其他植物液、汁	5.9	160.5	4.6	311.2	1.3	10.7
第 14 章 编结用植物材料；其他植物产品	0.4	–66.2	0.2	–2.8	0.2	–77.3
第三类　动、植物或微生物油、脂及其分解产品；精制的食用油脂；动、植物蜡	138.7	–3.8	14.2	33.6	124.5	–6.8
第 15 章 动、植物或微生物油、脂及其分解产品；精制的食用油脂；动、植物蜡	138.7	–3.8	14.2	33.6	124.5	–6.8
第四类　食品；饮料、酒及醋；烟草、烟草及烟草代用品的制品；非经燃烧吸用的产品，不论是否含有尼古丁；其他供人体摄入尼古丁的含尼古丁的产品	296.6	25.0	60.1	20.4	236.5	26.3
第 16 章 肉、鱼、甲壳动物、软体动物及其他水生无脊椎动物、昆虫的制品	3.4	21.1	3.2	23.1	0.2	–6.9
第 17 章 糖及糖食	16.5	15.9	3.7	20.1	12.8	14.8
第 18 章 可可及可可制品	2.7	53.6	0.4	25.9	2.3	60.4
第 19 章 谷物、粮食粉、淀粉或乳的制品；糕饼点心	42.7	5.1	10.5	3.3	32.2	5.7
第 20 章 蔬菜、水果、坚果或植物其他部分的制品	4.3	38.7	2.5	135.1	1.7	–13.6
第 21 章 杂项食品	23.0	18.2	7.8	32.8	15.2	11.9
第 22 章 饮料、酒及醋	10.1	–18.1	2.9	56.9	7.2	–31.3
第 23 章 食品工业的残渣及废料；配制的动物饲料	170.7	40.5	5.8	63.7	164.9	39.8
第 24 章 烟草、烟草及烟草代用品的制品；非经燃烧吸用的产品，不论是否含有尼古丁；其他供人体摄入尼古丁的含尼古丁的产品	23.3	8.7	23.3	8.6	0.0	56.7
第五类　矿产品	533.8	15.2	168.0	83.8	365.8	–1.6
第 25 章 盐；硫磺；泥土及石料；石膏料、石灰及水泥	12.7	–28.4	7.2	–1.3	5.4	–47.5
第 26 章 矿砂、矿渣及矿灰	85.7	11.0	0.1	–35.3	85.6	11.1
第 27 章 矿物燃料、矿物油及其蒸馏产品；沥青物质；矿物蜡	435.5	18.2	160.7	91.5	274.8	–3.4

续表 2

商品类章	进出口		出口		进口	
	人民币（亿元）	同比（%）	人民币（亿元）	同比（%）	人民币（亿元）	同比（%）
第六类 化学工业及其相关工业的产品	581.3	–1.5	218.3	7.0	363.0	–6.1
第 28 章 无机化学品；贵金属、稀土金属、放射性元素及其同位素的有机及无机化合物	134.1	1.2	102.4	–4.3	31.7	24.2
第 29 章 有机化学品	136.5	3.3	24.0	64.5	112.5	–4.3
第 30 章 药品	14.4	–36.7	3.2	–46.7	11.2	–33.2
第 31 章 肥料	27.7	19.3	0.6	153.2	27.0	17.8
第 32 章 鞣料浸膏及染料浸膏；鞣酸及其衍生物；染料、颜料及其他着色料；油漆及清漆；油灰及其他类似胶粘剂；墨水、油墨	24.9	–12.4	7.1	–9.1	17.8	–13.6
第 33 章 精油及香膏；芳香料制品及化妆盥洗品	74.4	–19.5	25.1	–15.0	49.2	–21.7
第 34 章 肥皂、有机表面活性剂、洗涤剂、润滑剂、人造蜡、调制蜡、光洁剂、蜡烛及类似品、塑型用膏、“牙科用蜡”及牙科用熟石膏制剂	34.7	2.4	10.7	42.3	24.0	–9.0
第 35 章 蛋白类物质；改性淀粉；胶；酶	25.1	–15.8	7.8	–10.2	17.3	–18.1
第 36 章 炸药；烟火制品；引火合金；易燃材料制品	0.0	–100.0	0.0	–100.0	0.0	—
第 37 章 照相及电影用品	6.0	–6.1	1.2	–17.1	4.8	–2.9
第 38 章 杂项化学产品	103.7	16.6	36.2	71.0	67.4	–0.4
第七类 塑料及其制品；橡胶及其制品	926.4	–4.2	263.2	7.0	663.3	–8.1
第 39 章 塑料及其制品	874.6	–4.2	248.0	7.4	626.7	–8.2
第 40 章 橡胶及其制品	51.8	–4.2	15.2	0.9	36.6	–6.2
第八类 生皮、皮革、毛皮及其制品；鞍具及挽具；旅行用品、手提包及类似品；动物肠线（蚕胶丝除外）制品	101.1	15.7	83.5	20.3	17.6	–2.0
第 41 章 生皮（毛皮除外）及皮革	17.5	–11.1	3.8	–3.0	13.6	–13.1
第 42 章 皮革制品；鞍具及挽具；旅行用品、手提包及类似容器；动物肠线（蚕胶丝除外）制品	83.0	23.8	79.3	22.3	3.8	68.8
第 43 章 毛皮、人造毛皮及其制品	0.7	–10.6	0.4	–36.4	0.3	144.3

续表 3

商品类章	进出口		出口		进口	
	人民币（亿元）	同比（%）	人民币（亿元）	同比（%）	人民币（亿元）	同比（%）
第九类　木及木制品；木炭；软木及软木制品；稻草、秸秆、针茅或其他编结材料制品；篮筐及柳条编结品	51.2	–8.8	17.4	4.8	33.8	–14.5
第 44 章 木及木制品；木炭	50.8	–8.6	17.0	6.2	33.8	–14.5
第 45 章 软木及软木制品	0.0	–19.1	0.0	–25.7	0.0	–14.3
第 46 章 稻草、秸秆、针茅或其他编结材料制品；篮筐及柳条编结品	0.4	–31.8	0.4	–32.6	0.0	15.2
第十类　木浆及其他纤维状纤维素浆；回收（废碎）纸或纸板；纸、纸板及其制品	142.7	–0.1	81.3	22.1	61.4	–19.5
第 47 章 木浆及其他纤维状纤维素浆；回收（废碎）纸及纸板	25.9	–3.0	0.4	52.1	25.5	–3.6
第 48 章 纸及纸板；纸浆、纸或纸板制品	91.3	–4.5	56.6	18.5	34.7	–27.5
第 49 章 书籍、报纸、印刷图画及其他印刷品；手稿、打字稿及设计图纸	25.6	23.7	24.3	31.0	1.3	–38.7
第十一类 纺织原料及纺织制品	354.7	–9.2	305.1	–4.5	49.6	–30.5
第 50 章 蚕丝	0.3	180.7	0.2	216.2	0.0	53.5
第 51 章 羊毛、动物细毛或粗毛；马毛纱线及其机织物	2.9	–29.5	1.0	–36.3	1.8	–25.0
第 52 章 棉花	17.1	–40.8	2.3	–22.8	14.7	–42.9
第 53 章 其他植物纺织纤维；纸纱线及其机织物	1.5	–53.3	0.1	38.4	1.4	–54.8
第 54 章 化学纤维长丝；化学纤维纺织材料制扁条及类似品	10.2	–30.3	4.5	–23.2	5.7	–35.1
第 55 章 化学纤维短纤	6.1	–16.0	2.1	31.1	4.0	–29.2
第 56 章 絮胎、毡呢及无纺织物；特种纱线；线、绳、索、缆及其制品	12.7	–21.5	8.7	–14.2	4.0	–33.9
第 57 章 地毯及纺织材料的其他铺地制品	1.0	26.5	0.9	29.0	0.1	7.0
第 58 章 特种机织物；簇绒织物；花边；装饰毯；装饰带；刺绣品	12.4	–14.8	11.0	–11.9	1.4	–31.7
第 59 章 浸渍、涂布、包覆或层压的纺织物；工业用纺织制品	14.0	–7.4	8.0	–3.0	6.0	–12.6

续表 4

商品类章	进出口		出口		进口	
	人民币（亿元）	同比（%）	人民币（亿元）	同比（%）	人民币（亿元）	同比（%）
第 60 章 针织物及钩编织物	51.0	–11.5	46.8	–9.0	4.2	–32.7
第 61 章 针织或钩编的服装及衣着附件	94.0	7.2	90.4	5.5	3.6	81.9
第 62 章 非针织或非钩编的服装及衣着附件	105.7	–11.0	103.6	–11.7	2.2	41.9
第 63 章 其他纺织制成品；成套物品；旧衣着及旧纺织品；碎织物	25.9	18.6	25.5	20.2	0.4	–34.5
第十二类 鞋、帽、伞、杖、鞭及其零件；已加工的羽毛及其制品；人造花；人发制品	141.5	25.8	136.1	28.0	5.3	–12.4
第 64 章 鞋靴、护腿和类似品及其零件	113.9	39.5	109.2	43.0	4.7	–10.9
第 65 章 帽类及其零件	8.0	23.5	7.4	29.1	0.5	–23.2
第 66 章 雨伞、阳伞、手杖、鞭子、马鞭及其零件	1.5	1.4	1.5	1.6	0.0	–25.0
第 67 章 已加工羽毛、羽绒及其制品；人造花；人发制品	18.1	–20.8	18.0	–20.8	0.0	–17.3
第十三类 石料、石膏、水泥、石棉、云母及类似材料的制品；陶瓷产品；玻璃及其制品	144.4	13.2	119.5	32.4	24.8	–33.3
第 68 章 石料、石膏、水泥、石棉、云母及类似材料的制品	36.4	37.0	32.5	48.7	3.9	–17.0
第 69 章 陶瓷产品	61.2	40.9	60.2	43.9	1.0	–37.0
第 70 章 玻璃及其制品	46.7	–18.7	26.8	1.0	19.9	–35.6
第十四类 天然或养殖珍珠、宝石或半宝石、贵金属、包贵金属及其制品；仿首饰；硬币	15.5	–52.7	11.7	–54.7	3.8	–45.5
第 71 章 天然或养殖珍珠、宝石或半宝石、贵金属、包贵金属及其制品；仿首饰；硬币	15.5	–52.7	11.7	–54.7	3.8	–45.5
第十五类 贱金属及其制品	1070.8	4.9	337.4	6.3	733.3	4.3
第 72 章 钢铁	114.4	–31.3	16.6	–24.1	97.8	–32.3
第 73 章 钢铁制品	120.7	5.5	101.8	11.8	18.9	–18.9
第 74 章 铜及其制品	368.9	5.5	15.7	–41.7	353.1	9.5
第 75 章 镍及其制品	154.0	144.0	8.8	3641.4	145.2	130.8
第 76 章 铝及其制品	70.9	–41.4	44.8	78.0	26.1	–72.8
第 78 章 铅及其制品	1.5	–48.5	0.9	–47.5	0.6	–50.0

续表 5

商品类章	进出口		出口		进口	
	人民币（亿元）	同比（%）	人民币（亿元）	同比（%）	人民币（亿元）	同比（%）
第 79 章 锌及其制品	2.8	–9.1	1.0	518.0	1.8	–39.1
第 80 章 锡及其制品	41.6	92.7	21.0	21.3	20.5	384.5
第 81 章 其他贱金属、金属陶瓷及其制品	87.0	26.0	27.9	–26.1	59.1	89.1
第 82 章 贱金属工具、器具、利口器、餐匙、餐叉及其零件	36.3	–6.4	29.5	–1.1	6.8	–24.0
第 83 章 贱金属杂项制品	72.8	3.3	69.3	6.1	3.5	–32.5
第十六类 机器、机械器具、电气设备及其零件；录音机及放声机、电视图像、声音的录制和重放设备及其零件、附件	8912.1	–6.1	4972.5	–3.0	3939.6	–9.8
第 84 章 核反应堆、锅炉、机器、机械器具及零件	1596.8	1.3	1157.9	2.1	438.8	–0.8
第 85 章 电机、电气设备及其零件；录音机及放声机、电视图像、声音的录制和重放设备及其零件、附件	7315.4	–7.6	3814.6	–4.4	3500.8	–10.8
第十七类 车辆、航空器、船舶及有关运输设备	1584.0	5.8	351.7	–9.7	1232.3	11.3
第 86 章 铁道及电车道机车、车辆及其零件；铁道及电车道轨道固定装置及其零件；附件；各种机械（包括电动机械）交通信号设备	36.6	–65.2	36.4	–65.4	0.2	6.4
第 87 章 车辆及其零件、附件，但铁道及电车道车辆除外	1496.5	13.3	265.1	21.0	1231.4	11.8
第 88 章 航空器、航天器及其零件	0.5	91.0	0.5	136.8	0.0	–96.0
第 89 章 船舶及浮动结构体	50.4	–28.8	49.7	–23.7	0.7	–86.9
第十八类 光学、照相、电影、计量、检验、医疗或外科用仪器及设备、精密仪器及设备；钟表；乐器；上述物品的零件、附件	431.3	–45.2	273.6	–31.9	157.8	–59.1
第 90 章 光学、照相、电影、计量、检验、医疗或外科用仪器及设备、精密仪器及设备；上述物品的零件、附件	370.2	–49.3	222.1	–37.3	148.1	–60.6
第 91 章 钟表及其零件	52.0	10.4	44.1	14.7	8.0	–8.5
第 92 章 乐器及其零件、附件	9.0	–7.9	7.4	–17.0	1.7	78.3

续表 6

商品类章	进出口		出口		进口	
	人民币（亿元）	同比（%）	人民币（亿元）	同比（%）	人民币（亿元）	同比（%）
第十九类 武器、弹药及其零件、附件	0.0	–56.1	0.0	–56.1	0.0	—
第 93 章 武器、弹药及其零件、附件	0.0	–56.1	0.0	–56.1	0.0	—
第二十类 杂项制品	693.4	4.8	663.8	6.2	29.6	–20.0
第 94 章 家具；寝具、褥垫、弹簧床垫、软坐垫及类似的填充制品；未列名灯具及照明装置；发光标志、发光铭牌及类似品；活动房屋	306.8	11.5	300.5	13.0	6.3	–31.5
第 95 章 玩具、游戏品、运动用品及其零件、附件	349.6	1.0	335.4	1.6	14.2	–12.3
第 96 章 杂项制品	37.0	–8.6	27.9	–3.3	9.1	–21.8
第二十一类 艺术品、收藏品及古物	0.2	343.2	0.1	166.6	0.1	739.5
第 97 章 艺术品、收藏品及古物	0.2	343.2	0.1	166.6	0.1	739.5
第二十二类 特殊交易品及未分类商品	429.7	13.8	429.7	13.8	0.0	–100.0
第 98 章 特殊交易品及未分类商品	364.9	10.6	364.9	10.6	0.0	–100.0
第 99 章 跨境电商 B2B 简化申报商品	64.7	35.3	64.7	35.3	0.0	—

附录

名词解释

“12个必”：口岸疫情防控海关必坚守，建设贸易强国海关必要强，促进高水平开放海关必作为，共建“一带一路”海关必贡献，海南自由贸易港建设海关必担当，确保粮食、能源资源、重要产业链供应链安全海关必尽责，防范化解重大风险海关必上心，国门生物安全关口海关必把牢，多双边合作海关必促进，建设堪当民族复兴重任的高素质干部队伍海关必力推，青年工作海关必远谋，正风肃纪反腐败斗争攻坚战持久战海关必打赢。

12360海关热线：中国海关于2012年10月1日对外公布的社会公益服务号码，用于受理海关业务咨询。

AEO：经认证的经营者。在世界海关组织（WCO）制定的《全球贸易安全与便利标准框架》中将其定义为“以任何一种方式参与货物国际流通，并被海关当局认定符合世界海关组织或相应供应链安全标准的一方”。

CNAS：中国合格评定国家认可委员会。

CMA：检验检测机构资质认定。

H2018：新一代海关信息系统，是目前海关办理通关业务的主要应用系统。

HLS 2017：海关内部控制与监督子系统。

IPPC：《国际植物保护公约》，是1951年联合国粮食农业组织通过的一个有关植物保护的多边国际协议，1952年生效。中国于2005年加入该公约。

RCEP：《区域全面经济伙伴关系协定》。

SPS协定：《实施卫生与植物卫生措施协定》。

WTO：世界贸易组织。

TBT协定：世界贸易组织（WTO）《技术性贸易壁垒协定》，由15个条款和3个附件组成。

SAFE：《全球贸易安全与便利标准框架》。

GIIS：全球情报与信息战略工作组。

“单一窗口”：参与国际贸易和运输的各方，通过单一的平台提交标准化的信息和单证以满足相关法律法规及管理的要求。

“两简”案件：海关行政处罚简易程序案件、简单案件。

“两仓”：保税仓库及出口监管仓库。

基层党建“双提升”：支部建设与科室建设两促进、党建质量与业务绩效双提升。

“两步申报”：企业无须一次性提交全部申报信息及单证，第一步凭提单概要申报即可提货，第二步在规定时间内完成完申报。

“两段准入”：将进口货物准予提离口岸监管作业场所视为口岸放行，以口岸放行为界，根据“是否允许货物入境”和“是否允许货物进入国内市场销售或使用”，分段实施“准许入境”“合格入市”监管。

两用物项和技术进出口许可证： 商务部授权发证机关准予两用物项和技术进出口签发的许可证件。进口两用物项包括监控化学品、易制毒化学品和放射性同位素3大类。出口两用物项包括核、核两用品及相关技术、生物两用品及相关技术、监控化学品，有关化学品及相关技术，导弹及相关物项和技术，易制毒化学品等两用物项和技术。

“三智”： 智慧海关、智能边境、智享联通。

“三应”： 下对上响应、左与右呼应、上对下反应。

“三专”： 专家、专班、专题。

“三实”： 求实、扎实、朴实。

“三不腐”： 不敢腐、不能腐、不想腐。

“三项制度”： 行政执法公示制度、执法全过程记录制度和重大执法决定法制审核制度。

“三个突出问题”： 制度执行不力、管理不规范、精气神不足。

“三查三排一转运”： 三查：百分之百查验健康申报、体温监测筛查、医学巡查；三排：流行病学排查、医学排查、实验室检测排查；一转运：对判定的确诊病例、疑似病例、有症状人员和密切接触者等“四类人员”按照联防联控机制要求落实转运、隔离、留观等防控措施。

“四风”： 形式主义、官僚主义、享乐主义、奢靡之风。

“四不两直”： 不发通知、不打招呼、不听汇报、不用陪同接待，直奔基层、直插现场。

“四个最严”： 最严谨的标准、最严格的监管、最严厉的处罚、最严肃的问责。

“四强”党支部： 政治功能强、支部班子强、党员队伍强、发挥作用强支部。

“四自一简”： 综合保税区内企业自主备案、合理自定核销周期、自主核报、自主补缴税款，海关简化业务核准手续。

“提前申报”： 在进出口货物的品名、规格、数量等已确定无误的情况下，经海关批准的企业可以在进口货物启运后、抵港前或出口货物运入海关监管场所前3日内，提前向海关办理报关手续，并按照海关的要求交验有关随附单证、进出口货物批准文件及其他需提供的证明文件。

监督执纪“四种形态”： “第一种形态”，即经常开展批评与自我批评、约谈函询，让“红红脸、出出汗”成为常态。“第二种形态”，即党纪轻处分、组织调整成为违纪处理的大多数。“第三种形态”，即党纪重处分、重大职务调整的成为违纪处理的少数。“第四种形态”，即严重违纪涉嫌违法立案审查的成为违纪处理的极少数。

基层党建“五个规范”： 规范党组织设置、规范组织生活、规范党员发展、规范党员教育管理监督、规范党建台账资料。

“五岗同创”： 党员先锋岗、战疫突击岗、青年示范岗、巾帼文明岗、志愿服务岗。

“五学联动”： 党委领学、机关党委督学、党支部研学、党小组促学、党员自学。

中欧班列： 按照固定车次、线路等条件开行，往来于中国、欧洲及“一带一路”共建各国（地区）的集装箱国际铁路联运班列。

“龙腾行动”： 全国海关知识产权保护专项行动。

"蓝网"行动：寄递渠道知识产权保护专项行动。

"净网"行动：出口转运货物知识产权保护专项行动。

海空快邮专线：东莞互换局验放—陆路转运运输—东莞港码头出境—香港机场发全球。

"简快"案件：海关行政处罚简易程序案件、快速办理案件。

"汇总征税"：海关对进出口纳税义务人在一定时期内多次进出口货物应纳税款实施汇总计征。

"陆转海"：跨境电商出口货物由陆路运输转为海运运输。

"陆改水"：陆路运输改为水路运输。

"直装直提"：进口货物"船边直提"和出口货物"抵港直装"。

"全接驳"：香港跨境司机需线上预约申报，入境后不参与作业，而是交由接驳司机驾车至接驳站装货。

"一案双查"：外查走私案件与内查违纪违法问题同步进行。

"双百"：海关总署开展的"百名科长百日督查"工作。

"双特"：存在特殊关系的买卖双方之间进出口货物的成交价格和进口货物特许权使用费。

“中国海关史料丛书”
编委会